# DECISÕES
# CONTROVERSAS
# DO STF

O GEN | Grupo Editorial Nacional – maior plataforma editorial brasileira no segmento científico, técnico e profissional – publica conteúdos nas áreas de concursos, ciências jurídicas, humanas, exatas, da saúde e sociais aplicadas, além de prover serviços direcionados à educação continuada.

As editoras que integram o GEN, das mais respeitadas no mercado editorial, construíram catálogos inigualáveis, com obras decisivas para a formação acadêmica e o aperfeiçoamento de várias gerações de profissionais e estudantes, tendo se tornado sinônimo de qualidade e seriedade.

A missão do GEN e dos núcleos de conteúdo que o compõem é prover a melhor informação científica e distribuí-la de maneira flexível e conveniente, a preços justos, gerando benefícios e servindo a autores, docentes, livreiros, funcionários, colaboradores e acionistas.

Nosso comportamento ético incondicional e nossa responsabilidade social e ambiental são reforçados pela natureza educacional de nossa atividade e dão sustentabilidade ao crescimento contínuo e à rentabilidade do grupo.

# DECISÕES CONTROVERSAS DO STF

## Direito CONSTITUCIONAL em CASOS

Alberto Zacharias Toron
André Rufino do Vale
Fábio Lima Quintas
Fernando Hugo R. Miranda
Gabrielle Bezerra Sales Sarlet
Ingo Wolfgang Sarlet
João Paulo Bachur
João Trindade Cavalcante Filho
Jorge Octávio Lavocat Galvão
Lenio Luiz Streck
Marco Túlio Reis Magalhães
Matheus Pimenta de Freitas
Rodrigo de Oliveira Kaufmann
Rodrigo de Bittencourt Mudrovitsch
Tiago Fensterseifer
Victor Marcel Pinheiro

■ A EDITORA FORENSE se responsabiliza pelos vícios do produto no que concerne à sua edição (impressão e apresentação a fim de possibilitar ao consumidor bem manuseá-lo e lê-lo). Nem a editora nem o autor assumem qualquer responsabilidade por eventuais danos ou perdas a pessoa ou bens, decorrentes do uso da presente obra.

■ Nas obras em que há material suplementar *on-line*, o acesso a esse material será disponibilizado somente durante a vigência da respectiva edição. Não obstante, a editora poderá franquear o acesso a ele por mais uma edição.

■ Todos os direitos reservados. Nos termos da Lei que resguarda os direitos autorais, é proibida a reprodução total ou parcial de qualquer forma ou por qualquer meio, eletrônico ou mecânico, inclusive através de processos xerográficos, fotocópia e gravação, sem permissão por escrito do autor e do editor.

Impresso no Brasil – *Printed in Brazil*

■ Direitos exclusivos para o Brasil na língua portuguesa
Copyright © 2020 by
**EDITORA FORENSE LTDA.**
Uma editora integrante do GEN | Grupo Editorial Nacional
Travessa do Ouvidor, 11 – Térreo e 6º andar – 20040-040 – Rio de Janeiro – RJ
Tel.: (21) 3543-0770 – Fax: (21) 3543-0896
faleconosco@grupogen.com.br | www.grupogen.com.br

■ O titular cuja obra seja fraudulentamente reproduzida, divulgada ou de qualquer forma utilizada poderá requerer a apreensão dos exemplares reproduzidos ou a suspensão da divulgação, sem prejuízo da indenização cabível (art. 102 da Lei n. 9.610, de 19.02.1998). Quem vender, expuser à venda, ocultar, adquirir, distribuir, tiver em depósito ou utilizar obra ou fonograma reproduzidos com fraude, com a finalidade de vender, obter ganho, vantagem, proveito, lucro direto ou indireto, para si ou para outrem, será solidariamente responsável com o contrafator, nos termos dos artigos precedentes, respondendo como contrafatores o importador e o distribuidor em caso de reprodução no exterior (art. 104 da Lei n. 9.610/98).

■ Capa: Aurélio Corrêa

■ Data de fechamento: 20.09.2019

■ **CIP – BRASIL. CATALOGAÇÃO NA FONTE.**
**SINDICATO NACIONAL DOS EDITORES DE LIVROS, RJ.**

T639d
Toron, Alberto Zacharias et al.

Decisões controversas do STF: Direito constitucional em casos / Alberto Zacharias Toron. et al. – Rio de Janeiro: Forense, 2020.

Inclui bibliografia
ISBN 978-85-309-8793-0

1. Brasil. Supremo Tribunal Federal. 2. Direito constitucional – Estudo de casos – Brasil. 3. Juízes – Decisões. I. Título.

19-59796                                                                    CDU: 347.95(81)

Meri Gleice Rodrigues de Souza – Bibliotecária CRB-7/6439

# APRESENTAÇÃO

Em comemoração aos 30 anos da Constituição da República Federativa do Brasil, de 5 de outubro de 1988, organizamos coletivamente uma obra composta por comentários acadêmicos a respeito de algumas decisões do Supremo Tribunal Federal que podem ser consideradas, do ponto de vista de cada autor, as mais polêmicas ou controversas das últimas três décadas.

A ideia original é oferecer ao público uma crítica acadêmica, segundo parâmetros técnicos e científicos, de possíveis equívocos perpetrados pela Suprema Corte brasileira em determinadas decisões, sejam elas colegiadas ou monocráticas.

A história da jurisdição constitucional pode demonstrar que as Cortes Constitucionais cometem erros, muitos deles constatados tempos depois na evolução jurisprudencial e reconhecidos pelas próprias Cortes. Tanto é assim que se tornou lugar-comum afirmar que, no sistema judicial de cada país, essas Cortes possuem o exclusivo direito de errar por último.

Na literatura jurídica, são numerosos os estudos científicos destinados à identificação empírica e à análise crítico-normativa de decisões ou posicionamentos equivocados no âmbito da jurisdição constitucional. Entre várias, um exemplo de destaque pode ser encontrado na obra *Constitutional Stupidities, Constitutional Tragedies*, organizada pelos professores norte-americanos William Eskridge e Sanford Levinson, a qual contém diversos estudos críticos sobre os apontados equívocos presentes no texto da Constituição norte-americana ou nas suas possíveis interpretações.

Seguindo nessa linha tradicionalmente presente no direito comparado, a obra coletiva tem o objetivo de produzir críticas construtivas sobre a jurisprudência do Supremo Tribunal Federal, portanto sempre com o elevado propósito de oferecer parâmetros acadêmicos para o aperfeiçoamento institucional e a qualificação do processo decisório na Suprema Corte brasileira.

Com o objetivo de suscitar discussões no âmbito acadêmico, a obra foi elaborada em formato adequado para a metodologia do estudo de casos. Ao final de cada texto, o leitor encontrará questionamentos sobre o(s) caso(s) em exame, que têm o propósito de levantar os pontos fundamentais para o debate sobre a argumentação e a decisão adotadas pelo STF. Desse modo, além de oferecer ao público em geral uma visão crítico-construtiva da atuação da Suprema Corte, a obra poderá ser amplamente utilizada por alunos e professores dos cursos de Direito para estudos de casos em sala de aula.

*André Rufino do Vale*

# SUMÁRIO

## PARTE 1 – PRELIMINARMENTE

A inconstitucionalidade das decisões cautelares monocráticas no controle abstrato de constitucionalidade – *André Rufino do Vale* ............................... 3

## PARTE 2 – DIREITOS FUNDAMENTAIS

**Caso 1 – ADPF 54/DF (Direito à vida)**
O Supremo Tribunal Federal e o direito à vida – comentários à decisão na ADPF 54 sobre a interrupção da gravidez nos casos de anencefalia fetal – *Ingo Wolfgang Sarlet* e *Gabrielle Bezerra Sales Sarlet* ................................................ 19

**Caso 2 – RE 727.864 (Direito à saúde)**
Um típico caso de judicialização de políticas públicas: RE 727.864 e a questão das UTIs – *Victor Marcel Pinheiro* ....................................................................... 35

**Caso 3 – HC 105.959/DF (Liberdade)**
Restringir o cabimento de *habeas corpus* significa ignorar o caótico sistema prisional brasileiro – *Lenio Luiz Streck* e *Matheus Pimenta de Freitas* ........... 53

**Caso 4 – HC 82.424/RS (Racismo)**
A Bíblia, o genoma e o holocausto; ou quando o STF "inventou" um dos poucos tipos de racismo que não havia no Brasil – *João Trindade Cavalcante Filho* .... 69

**Caso 5 – ADI 4.983/CE (Dignidade da vida animal)**
O STF, a proibição de crueldade com os animais e o caso da Vaquejada (ADI 4.983/CE) – *Ingo Wolfgang Sarlet* e *Tiago Fensterseifer* ..................................... 87

**Caso 6 – QO do Inq. 687 (Foro por prerrogativa de função)**
O STF e a bananosa do foro por prerrogativa de função – *Alberto Zacharias Toron* ............................................................................................................................ 99

**Caso 7 – HC 152.752 (Presunção de inocência)**
A colegialidade e o julgamento do HC Preventivo 152.752 – *Lenio Luiz Streck*.... 115

# PARTE 3 – EQUILÍBRIO CONSTITUCIONAL DOS PODERES

**Caso 8 – ADPF 402/DF**
O dia em que um ministro do Supremo Tribunal Federal afastou um presidente de poder – *João Trindade Cavalcante Filho* ............................ 131

**Caso 9 – ADI 1.351-3/DF e 1.354-8/DF**
O guardião da coalizão: o STF e a fragmentação partidária – *João Paulo Bachur* ...................................................................................................... 145

**Caso 10 –MS 32.326 MC/DF**
A cassação do deputado Donadon e a peça *Medida por Medida*, de William Shakespeare – *Lenio Luiz Streck* ........................................................ 161

**Caso 11 – ADI 1.721 e 1.770**
A Constituição onipresente e os riscos a interações intrassistêmicas: a experiência do STF no julgamento dos efeitos da aposentadoria espontânea – *Fábio Lima Quintas* e *Fernando Hugo R. Miranda* ....................................... 173

**Caso 12 – ADI 4.029/DF**
Segurança jurídica por um fio: o STF, o Congresso Nacional e a (in)constitucionalidade da regulamentação da comissão mista do art. 62, § 9º, da Constituição Federal (ADI 4.029/DF) – *Marco Túlio Reis Magalhães* ........ 189

**Caso 13 – RE 630.147/DF**
Critérios para proclamação de resultado nos casos de empate no STF: lições de uma (não) decisão que arruinou as eleições de 2010 no Distrito Federal – *Jorge Octávio Lavocat Galvão* ........................................................ 209

# PARTE 4 –ATIVISMO JUDICIAL E CONTROLE DE CONSTITUCIONALIDADE

**Caso 14 – ADPF 54/DF**
O aborto e o explícito ativismo judicial – *Lenio Luiz Streck* ............................ 221

**Caso 15 – PET 3.388/RR**
O STF e a Raposa Serra do Sol – *Rodrigo de Oliveira Kaufmann* ................. 231

**Caso 16 – MI-QO 107**
Mandado de injunção e uma crônica sobre os dilemas da jurisdição constitucional – *Fábio Lima Quintas* ........................................................ 251

**Caso 17 – ADIs 4.357/DF e 4.425/DF**
O caso dos precatórios – As consequências das decisões que não se atentam ao exame dos fatos e das prognoses legislativas – *Rodrigo de Bittencourt Mudrovitsch* e *Matheus Pimenta de Freitas* ...................................... 261

# PARTE 1
# PRELIMINARMENTE

# A INCONSTITUCIONALIDADE DAS DECISÕES CAUTELARES MONOCRÁTICAS NO CONTROLE ABSTRATO DE CONSTITUCIONALIDADE

ANDRÉ RUFINO DO VALE

Doutor em Direito pela Universidade de Alicante (Espanha) e pela Universidade de Brasília. Mestre em Direito pela Universidade de Brasília. Mestre em Argumentação Jurídica pela Universidade de Alicante. Procurador Federal. Professor dos cursos de graduação e pós-graduação do Instituto Brasiliense de Direito Público (IDP).

**Sumário:** 1. Uma patente ilegalidade, uma evidente inconstitucionalidade – 2. Déficits de colegialidade no STF – 3 . Problemas de legitimidade democrática – 4. Quem fiscaliza o guardião da Constituição? – Referências.

## 1. UMA PATENTE ILEGALIDADE, UMA EVIDENTE INCONSTITUCIONALIDADE

Há alguns anos venho chamando a atenção para um fenômeno extremamente preocupante no processo decisório no âmbito do Supremo Tribunal Federal: a prática, cada vez mais comum, das decisões monocráticas de Ministros do STF que concedem medidas cautelares em ações diretas de inconstitucionalidade (ADI)[1].

---

[1] Essa constatação já havia sido feita no artigo Questões atuais sobre medidas cautelares no controle abstrato de constitucionalidade, escrito com o Professor Gilmar Ferreira Mendes, publicado no *Observatório da Jurisdição Constitucional*, ano 5, 2011/2012 (disponível em: http://www.portaldeperiodicos.idp.edu. br/index.php/observatorio/article/view/661/454). Em rápido levantamento (não exaustivo) realizado naquele artigo, após o advento da Lei 9.868/1999,

O fenômeno passou a ser mais perceptível a partir do ano de 2009, quando se tornou recorrente o uso desse tipo de decisão. Elas são proferidas, comumente, em dias que antecedem os períodos de recesso e férias do tribunal (próximos aos dias 19 de dezembro e 1º de julho). O motivo alegado normalmente como justificativa – nem sempre exposto na fundamentação das decisões – é o de que o conhecido congestionamento da pauta de julgamentos do Plenário da Corte não tem permitido, ou pelo menos não tornou possível no semestre específico a que faz referência, o julgamento da medida cautelar nas sessões ordinárias e extraordinárias realizadas pelo tribunal todas as quartas e quintas-feiras. Assim sendo, a solução encontrada é a decisão monocrática, adotada isoladamente pelo Ministro dias antes das pausas nas atividades judicantes do tribunal, quando a competência para proferir esse tipo de decisão é então assumida (legitimamente) pelo Presidente da Corte.

Em artigo publicado no Observatório da Jurisdição Constitucional, no ano de 2012, escrito com o Professor e Ministro do STF Gilmar Ferreira Mendes, já alertávamos para a ilegalidade (porque descumpre patentemente a Lei 9.868/1999) e, sobretudo, para a evidente inconstitucionalidade (porque viola claramente a regra constitucional da reserva de plenário, art. 97) das decisões monocráticas que, sem estar justificadas por alguma circunstância jurídica muito excepcional, suspendem a vigência de leis e atos normativos. Em tempos mais recentes, em sua coluna publicada na conhecida revista eletrônica *Conjur* (em 04.12.2014), o Professor Lenio Streck também denunciou essa prática, ressaltando o frequente descumprimento, por parte do STF, da Lei 9.868/1999 e da regra do *full bench* prevista no art. 97 da Constituição.

Os problemas que tornam gravíssima a prática de algumas dessas decisões monocráticas decorrem de dois fatores principais. O primeiro está na ausência, na maioria das decisões, de uma excepcional urgência que justifique a atuação monocrática, fora dos períodos de recesso e férias do Tribunal, para suspender a vigência de uma lei.

---

identificaram-se as seguintes decisões: ADI-MC 2.849, Rel. Min. Sepúlveda Pertence, *DJ* 03.04.2003; ADI 3.273-MC, Rel. Min. Carlos Britto, j. 16.08.2004, *DJ* 23.08.2004; ADI-MC 4.232, Rel. Min. Menezes Direito, *DJe* 25.05.2009; ADI 4.190-MC, Rel. Min. Celso de Mello, decisão monocrática, j. 1º.07.2009, *DJe* de 04.08.2009; ADI 4.307-MC, Rel. Min. Cármen Lúcia, decisão monocrática, j. 02.10.2009, *DJe* 08.10.2009; ADI-MC 4.451, Rel. Min. Carlos Britto, *DJe* 1º.09.2010; ADI-MC 4.598, Rel. Min. Luiz Fux, *DJe* 02.08.2011; ADI-MC 4.663, Rel. Min. Luiz Fux, decisão proferida em 15.12.2011; ADI-MC 4.638, Rel. Min. Marco Aurélio, decisão proferida em 19.12.2011; ADI 4.705, Rel. Min. Joaquim Barbosa, decisão proferida em 19.12.2011.

Parte 1 · A INCONSTITUCIONALIDADE DAS DECISÕES CAUTELARES MONOCRÁTICAS | 5

A Lei 9.868/1999 não deixa qualquer espaço para decisões individuais dos Ministros do STF nas ações diretas de inconstitucionalidade. A única exceção encontra-se no poder conferido ao presidente do Tribunal para decidir cautelarmente nos períodos de recesso e de férias (art. 10, *caput*), a qual se justifica não apenas em razão do caráter urgente de eventual medida, mas tendo em vista a impossibilidade prática de reunião de todos os membros do colegiado. No decorrer do ano judiciário, pressupõe-se que sempre haverá a realização periódica das sessões plenárias ordinárias e extraordinárias, que constantemente oferecem a oportunidade para o julgamento *en banc* das medidas cautelares urgentes e necessárias.

A única via aberta para a decisão liminar monocrática em ADI, durante as atividades ordinárias do ano judiciário, encontra-se nos casos em que se verifique que a espera pelo julgamento da Sessão Plenária seguinte ao pedido da cautelar leve à perda de sua utilidade. Essa possibilidade não decorre, portanto, diretamente da sistemática da Lei 9.868/1999, mas de um poder geral de cautela do Relator para evitar a consolidação de situações irremediáveis e preservar o resultado útil da ação. Seria possível conceber, também, em alguma medida, a aplicação analógica do art. 5º, § 1º, da Lei 9.882/1999, referente à arguição de descumprimento de preceito fundamental, que permite a decisão cautelar monocrática "em caso de extrema urgência ou perigo de lesão grave".

É preciso deixar claro e ressaltar, não obstante, que essas hipóteses serão sempre excepcionalíssimas, pois a própria Lei 9.868/1999 prevê um mecanismo para evitar perecimento de direito e assegurar o futuro pronunciamento definitivo do Tribunal, que é a possibilidade de concessão da medida liminar com efeitos *ex tunc*, para suspender a vigência da norma atacada desde a sua publicação. Dessa forma, se o colegiado, no julgamento da medida liminar, pode fazer uso da técnica da modulação dos efeitos da cautelar, ficam praticamente eliminadas as hipóteses em que seja necessária a atuação monocrática urgente do Relator. Restariam apenas as demais hipóteses, de muito difícil ocorrência, em que a imediata suspensão da vigência da norma impugnada seja impreterível em razão da necessidade de paralisar, antes mesmo da próxima reunião colegiada, a produção de eventuais efeitos concretos irreversíveis.

O segundo fator problemático na concessão individual dessas cautelares é que, em alguns casos, elas sequer chegam a ser submetidas ao referendo do Plenário do Tribunal. Seja qual for a razão existente para tanto – congestionamento da pauta de julgamentos, eventual falta de organização e planejamento dos trabalhos internos de gabinetes etc. –, o fato é que há algum tempo é possível identificar uma grande quantidade de medidas cautelares em ADI, concedidas monocraticamente, que produzem há meses (ou até anos) os seus plenos efeitos, sem nunca terem sido devidamente apreciadas pelo órgão colegiado.

Em levantamento (não exaustivo) realizado em 2012 para as conclusões do citado artigo, identificou-se uma série preocupante de decisões mono-cráticas que concediam medidas cautelares suspendendo a vigência de leis e que não foram levadas à apreciação do colegiado[2], demonstrando que, já naquele ano, o fenômeno suscitava atenção.

---

[2]   Entre outras: 1) a decisão proferida em 28.03.2003 pelo Ministro Sepúlveda Pertence na ADI 2.849 (ADI-MC 2.849, Rel. Min. Sepúlveda Pertence, *DJ* 03.04.2003). Registre-se que não houve referendo do Plenário e, em 15.05.2010, o processo foi extinto por perda superveniente de objeto, devido à revogação da lei impugnada; 2) a decisão proferida em 16.08.2004 pelo Ministro Carlos Britto na ADI 3.273 (ADI 3.273-MC, Rel. Min. Carlos Britto, j. 16.08.2004, *DJ* 23.08.2004). Ressalte-se que essa decisão foi logo suspensa por decisão do pre-sidente, Ministro Nelson Jobim, no MS 25.024. Naquela ocasião, considerou-se que a decisão monocrática violava a reserva de plenário estabelecida pelo art. 10 da Lei 9.868/1999 (MS 25.024-MC, Rel. Min. Eros Grau, decisão monocrática proferida pelo presidente Min. Nelson Jobim, j. 17.08.2004, *DJ* 23.08.2004); 3) a decisão proferida em 19.05.2009 pelo Ministro Menezes Direito na ADI 4.232 (ADI-MC 4.232, Rel. Min. Dias Toffoli, *DJe* 25.05.2009). A referida liminar monocrática não chegou a ser referendada pelo Plenário, ante o falecimento do Ministro Menezes Direito pouco tempo depois. Atualmente, ela se encontra incluída em pauta para julgamento (desde 22.02.2010), sob a relatoria do Minis-tro Dias Toffoli, que sucedeu o Ministro Menezes Direito; 4) a decisão proferida em 1º.07.2009 pelo Ministro Celso de Mello na ADI 4.190, referendada pelo Plenário do STF somente no ano posterior, em 10.03.2010 (ADI 4.190-MC, Rel. Min. Celso de Mello, decisão monocrática, j. 1º.07.2009, *DJe* 04.08.2009); 5) a decisão proferida em 02.10.2009 pela Ministra Cármen Lúcia na ADI 4.307, referendada pelo Plenário do STF em 11.11.2009 (ADI 4.307-MC, Rel. Min. Cármen Lúcia, decisão monocrática, j. 02.10.2009, *DJe* 08.10.2009). Nesse caso, é preciso registrar que se tratava da Emenda Constitucional 58, de 23.09.2009, que alterou a forma de recomposição das Câmaras Municipais, fixando os limites dos números de vereadores nos Municípios brasileiros. Em 29.09.2009, o Procu-rador-Geral da República ajuizou a ação direta e, em 02.10.2009, veio a liminar da Ministra Cármen Lúcia. Na ocasião, a decisão monocrática justificou-se com base na urgente necessidade de impedir a imediata recomposição das Câmaras Municipais, com a consequente diplomação e posse de milhares de vereadores e alteração dos cálculos eleitorais de votação com efeitos retroativos ao período eleitoral anterior (do ano de 2008), antes mesmo da realização da Sessão Plenária do STF seguinte à publicação da Emenda Constitucional. Naquela ocasião, a petição inicial do Procurador-Geral da República dava notícia da efetiva posse de alguns vereadores. Havia o risco iminente de que, ante a posse, pudessem ser produzidas, inclusive, novas leis municipais, com graves danos à segurança

Parte 1 · A INCONSTITUCIONALIDADE DAS DECISÕES CAUTELARES MONOCRÁTICAS | 7

Em seu artigo (supramencionado), Lenio Streck bem citou o exemplo da ADI dos *Royalties* (ADI 4.917/RJ), cuja medida cautelar estava há quase dois anos sem ser submetida ao julgamento plenário. De fato, concedida monocraticamente em 18 de março de 2013, a medida cautelar nunca (dados atualizados em junho de 2018) chegou a ser apresentada ao crivo do plenário do STF[3].

No entanto, existem casos ainda mais graves. Apenas como exemplo, ressalte-se a decisão liminar na ADI 4.598 (que suspende a Resolução CNJ 130, de 2011), monocraticamente concedida no dia 1º de julho de 2011, e que até hoje – portanto, passados sete anos – não foi submetida ao referendo do Plenário da Corte[4].

---

jurídica; 6) a decisão proferida em 26.08.2010 pelo Ministro Carlos Britto na ADI 4.451, referendada pelo Plenário do STF em 02.09.2010 (ADI-MC 4.451, Rel. Min. Carlos Britto, *DJe* 1º.09.2010); 7) a decisão proferida em 1º.07.2011 pelo Ministro Luiz Fux na ADI 4.598, a qual ainda não foi submetida pelo referido Relator ao referendo do Plenário do Tribunal (ADI-MC 4.598, Rel. Min. Luiz Fux, *DJe* 02.08.2011); 8) a decisão proferida em 15.12.2011 pelo Min. Luiz Fux na ADI 4.663, a qual foi trazida à apreciação do Plenário em 07.03.2012; 9) a decisão proferida em 19.12.2011 pelo Ministro Marco Aurélio na ADI 4.638, trazida ao referendo do Plenário do Tribunal em 1º.02.2012; 10) a decisão proferida em 19.12.2011 pelo Ministro Joaquim Barbosa na ADI 4.705, referendada na Sessão Plenária de 23.02.2012.

[3] Em 28.11.2013, a Ministra Relatora Cármen Lúcia aplicou ao feito o rito do art. 12 da Lei 9.868/1999, e, dessa forma, o processo somente será levado ao Plenário para o julgamento definitivo do mérito da ação.

[4] Além de não levar a medida cautelar à apreciação ao Plenário, o Ministro Luiz Fux concedeu outra medida cautelar, em 09.06.2016, nos seguintes termos: "[...] *Ex positis*, defiro o primeiro pedido formulado, a fim de determinar que, em caráter preventivo, seja mantido o expediente forense/horário de atendimento, sem qualquer redução ou alteração, no âmbito do Tribunal Regional do Trabalho da 5ª Região e, também do Tribunal Regional do Trabalho da 22ª Região. [...] Quanto ao segundo pedido cautelar, de natureza preventivo (em razão especificamente do requerimento recentemente protocolizado nos autos pela Petição 29.132/2016), concedo o pedido cautelar incidental para que seja determinado a todos os demais Tribunais brasileiros que se abstenham de promover quaisquer alterações no expediente forense/horário de atendimento ao público, enquanto não julgado, definitivamente, o mérito da presente Ação Direta de Inconstitucionalidade (ADI). Com o objetivo de manter o saneamento processual regular dos presentes autos, reitero o estrito cumprimento dos prazos e providências fixadas pela decisão monocrática, de minha lavra e datada de 04.05..2016 (*DJe* 92, divulgado em 06.05.2016). Publique-se. Intimem-se".

Exemplos interessantes estão nas decisões monocráticas que suspendem a vigência de emendas constitucionais. Em 18 de julho de 2013, o Ministro Joaquim Barbosa deferiu liminar para suspender os efeitos da Emenda Constitucional 73/2013, que criou quatro novos Tribunais Regionais Federais (ADI 5017). Apesar de ter sido proferida no âmbito normativo da competência do presidente do STF para proferir medidas cautelares no período de férias do Tribunal, a decisão ainda não foi levada à análise do colegiado (dados atualizados em julho de 2018).

Apesar dos alertas da doutrina, a prática desse tipo de decisão continua em pleno vigor, como demonstram os dados atualizados neste ano de 2018[5], e muitas das referidas liminares monocráticas concedidas há vários anos permanecem sem apreciação do órgão colegiado. Ante esse quadro, não é demais afirmar ser inconcebível que, durante todo um ano judiciário (ou mais de um, para os referidos exemplos), não seja possível ao Plenário, apesar de todos os reconhecidos problemas da agenda de julgamentos, referendar uma medida liminar.

## 2. DÉFICITS DE COLEGIALIDADE NO STF

Além da patente ilegalidade e da evidente inconstitucionalidade, a prática das decisões cautelares monocráticas no controle abstrato de constitucionalidade configura uma completa transgressão de um dos componentes fundamentais da deliberação de uma Corte Constitucional: a colegialidade.

A colegialidade representa uma das principais diretrizes para a prática deliberativa de órgãos judiciais colegiados. Como afirmei em estudo aprofundado sobre o tema[6], o termo colegialidade possui uma ambiguidade intrínseca, que o torna plurissignificativo com relação ao fenômeno da deliberação no seio de um órgão colegiado. Desse modo, ele pode fazer alusão a distintos matizes e nuances de uma mesma prática deliberativa – as posturas argumentativas de cada membro em face do colegiado e suas respectivas interações; as posições

---

[5] Entre dezembro de 2017 e junho de 2018, foram concedidas monocraticamente medidas cautelares em pelo menos oito ações diretas de inconstitucionalidade: ADI 5.814, Rel. Min. Roberto Barroso; ADI 5.907, Rel. Min. Dias Toffoli; ADI 5.855, Rel. Min. Alexandre de Moraes; ADI 5.882, Rel. Min. Gilmar Mendes; ADI 5.874, Rel. Min. Roberto Barroso; ADI 5.353, Rel. Min. Alexandre de Moraes; ADI 5.809, Rel. Min. Ricardo Lewandowski; e ADI 5.838, Rel. Min. Gilmar Mendes.

[6] VALE, André Rufino do. *Argumentação constitucional*: um estudo sobre a deliberação nos Tribunais Constitucionais. São Paulo: Almedina, 2019.

institucionais e os comportamentos sociais e psicológicos individuais e do grupo; os atos e as formas de atuação deliberativa e de tomada de decisão coletiva; etc. – dependendo da perspectiva de análise que se queira adotar.

O aspecto mais saliente das práticas deliberativas de tribunais constitucionais diz respeito à noção que os magistrados cultivam em torno da colegialidade como uma exigência de *imparcialidade* e de *impessoalidade* do órgão judicial, independentemente das figuras individuais de seus membros. Levando esse aspecto em conta, a colegialidade deve fazer do tribunal constitucional, no plano interno, um *corpo decisório unitário* que impede o desenvolvimento do individualismo e, com isso, contribui com a *despersonalização dos magistrados* e a *impessoalidade do órgão judicial*.

Nesse sentido, como se pode perceber, a *unidade institucional*[7] e a *colegialidade* correspondem, respectivamente, aos aspectos externo e interno da ideia de coesão do órgão judicial. Quanto mais conscientes estiverem os membros do colegiado de que constituem apenas uma parte do todo, e quanto maior for a convicção de todos em torno da totalidade de seu conjunto, maior será o grau de colegialidade desse órgão.

Apesar de depender em grande parte das posturas deliberativas individuais (que podem estar vinculadas ao caráter, à personalidade e às virtudes de cada indivíduo), seria possível trabalhar com regras, procedimentos e práticas que favoreçam a colegialidade. Exemplo claro está nas normas e procedimentos que asseguram a isonomia das posições institucionais de cada membro do órgão colegiado – ainda que isso não impeça estabelecer certas prerrogativas próprias da figura distinta de seu presidente –, como a que atribui valor igual de voto a todos – excetuado o voto de qualidade do presidente na hipótese de empate na votação.

Nesse contexto, é crucial o grau de abertura que cada sistema atribui à atuação monocrática dos magistrados. Quanto maiores as possibilidades previstas pelo ordenamento de solução de casos por meio de decisões monocráticas, menor o papel do órgão colegiado e, portanto, menor o grau de colegialidade do tribunal constitucional em questão.

No direito comparado, é possível observar que outras Cortes Constitucionais não abrem espaço para a atuação monocrática de seus magistrados.

---

[7] Aqui se trata, especialmente, da unidade institucional do tribunal constitucional com relação ao seu exterior, que exige que o órgão colegiado que o representa se dirija ao público externo com uma única e unívoca voz institucional. As deliberações colegiadas devem sempre se desenvolver tendo como norte a produção dessa manifestação institucional una e inequívoca do tribunal.

É o caso, por exemplo, do Tribunal Constitucional da Espanha, que mantém uma colegialidade muito forte no seio de seu órgão pleno pelo fato de que naquele tribunal não há nenhuma abertura processual e procedimental para a atuação jurisdicional individual por meio de decisões monocráticas.

A colegialidade é um princípio que deve ser cultivado e preservado na prática deliberativa. Além da previsão e do respeito a certas normas e procedimentos de deliberação, ela exige o empenho e a participação efetiva de todos os integrantes nos momentos deliberativos do tribunal[8]. Pressupõe, igualmente, a consideração por parte de cada membro de que as decisões são tomadas por todo o colegiado, e não por suas frações ou unidades[9].

A colegialidade, dessa forma, é contrária às posturas individualistas de magistrados e, portanto, pressupõe normas e procedimentos que inibam comportamentos que visem fazer sobressair sua figura ou seus atos individuais em relação ao grupo.

O Supremo Tribunal Federal possui atualmente um sistema de normas, procedimentos e práticas de deliberação que pouco favorecem essa noção de colegialidade. Cultiva-se abertamente no tribunal uma cultura de individualismo e de atuação monocrática por parte de cada magistrado.

Essa característica está presente em diversos aspectos da conformação institucional do tribunal e de sua prática deliberativa, tais como: a ausência

---

[8]   Importante mencionar aqui que, na realidade italiana, Giuseppe Branca, então presidente da *Corte Costituzionale* (em 1970), fez um estudo descritivo e sintético de todo o processo decisório na Corte italiana para concluir que a colegialidade está presente quando existe a participação ativa e efetiva de todos os magistrados (*partecipazione attiva, efetiva di tutti i giudici*) em todos os momentos deliberativos no interior do tribunal. Ao final, também atribui à colegialidade um significado muito semelhante ao esboçado neste tópico, no sentido de que ela constitui uma exigência de que as diversas posições individuais componham uma linha comum que seja ou aparente ser objetiva: "La collegialità, soltanto la collegialità effettiva, del resto, consente alle diverse posizioni individuali di comporsi in uma linea comune che finisce per essere il apparire obiettiva" (BRANCA, Giuseppe. *Collegialità nei giudizi della Corte Costituzionale*. Padova: Cedam, 1970).

[9]   Essa noção de totalidade do grupo também corresponde à ideia de colegialidade esboçada por Harry T. Edwards com base em sua experiência de juiz de circuito nos Estados Unidos (United States Court of Appeals for the D.C. Circuit), em que ele deixa enfatizado que "the fundamental principle of collegiality is the recognition that judging on the appellate bench is a *group* process" (EDWARDS, Harry T. The effects of collegiality on judicial decision making. *University of Pennsylvania Law Review*, v. 151, n. 5, p. 1656, May 2003).

de deliberações prévias que impliquem contatos e trocas internas entre os magistrados; a estrutura organizativa e administrativa muito autônoma e independente dos gabinetes dos juízes, que não favorece a prática da intercomunicação; a previsão de amplos poderes concedidos aos magistrados para solucionar definitivamente os processos e recursos por meio de decisões monocráticas; a sistemática de votos individuais em série nas sessões deliberativas, os quais posteriormente são todos individualmente publicados em sua íntegra e também em formato *seriatim* nos acórdãos; a manutenção, por parte de cada magistrado, de contatos diretos com os meios de comunicação, conformando um tribunal institucionalmente fragmentado em suas relações político-institucionais com a imprensa etc.

A diretriz de colegialidade, com todas as características aqui ressaltadas, deve servir como norte para reformas institucionais em todos esses aspectos da prática deliberativa do STF.

## 3.    PROBLEMAS DE LEGITIMIDADE DEMOCRÁTICA

O fato da existência de leis e atos normativos com vigência suspensa (há anos) por decisão judicial de apenas um indivíduo deveria ser motivo de muita preocupação, especialmente do próprio Supremo Tribunal Federal. A manutenção dessas decisões enseja um estado de coisas inconstitucional, que afronta especialmente a regra constitucional da reserva de plenário, mas que também significa uma afronta a todo o sistema de divisão funcional de poderes e, enfim, à própria democracia representativa.

Como é sabido, a jurisdição constitucional sempre foi alvo de contestações quanto à sua (i)legitimidade democrática. Desde as primeiras ideias relacionadas ao poder de revisão judicial dos atos políticos emanados dos parlamentos democraticamente eleitos, muito se discutiu (e ainda muito se discute) sobre a (in)compatibilidade desse poder com a democracia, o que pode ser traduzido como uma tensão imanente entre controle judicial das leis *vs.* soberania parlamentar (se o foco da discussão é institucional) ou entre direitos fundamentais (ou humanos) *vs.* soberania popular (se o debate se concentra nos valores protegidos), de modo que a questão central remete, ao fim e ao cabo, às relações entre constitucionalismo *vs.* democracia.

Em um esforço de síntese, pode-se dizer que as diversas teses teóricas e filosóficas construídas em torno do problema oscilam (como um pêndulo de Foucault) entre as diferentes concepções sobre esses dois ideais políticos e as variadas combinações possíveis entre elas. A democracia concebida como sistema de decisão essencialmente fundado na vontade da maioria (regra da maioria) transforma a questão em "dificuldade contramajoritária" (*countermajoritarian difficulty*) e serve de premissa para a caracterização da jurisdição constitucional como um poder contramajoritário que se justifica apenas se visa proteger direitos (das minorias) e valores constitucionais fundamentais (se se adota alguma concepção de constitucionalismo substancial) ou, de forma mais contida, somente se fica limitado a funcionar como um mecanismo de desobstrução dos canais de participação política e de proteção da regularidade dos processos democráticos (se a premissa se funda numa concepção procedimental do constitucionalismo). A democracia entendida como princípio de autogoverno do povo (*self-government*), que ressalta a importância fundamental da participação e controle dos cidadãos no sistema de tomada decisões políticas, serve de base para determinadas críticas que, também partindo de concepções procedimentais (e/ou mesmo deliberativas) a respeito do constitucionalismo, alertam sobre (e assim atacam o) caráter paternalista de uma fiscalização judicial dessas decisões políticas. A defesa da jurisdição constitucional e de sua importância para a democracia fica por conta das teses que intentam conciliar as concepções materiais ou substantivas sobre a democracia com as visões igualmente substanciais de constitucionalismo. As mais recentes teorias que propugnam por uma democracia deliberativa reivindicam modelos institucionais de jurisdição constitucional que favoreçam o debate público e o diálogo institucional entre poderes, com diferentes matizes, conforme se adote uma concepção procedimental, substancial ou deliberativa de constitucionalismo. E existem, ainda, as teses que, de modo mais incisivo, defendem a absoluta primazia dos valores fundamentais (soberania, autonomia, participação popular etc.), das instituições (assembleias legislativas) e dos mecanismos de tomada de decisão (regra da maioria), próprios da democracia (em sentido formal, participativo e/ou deliberativo), e rechaçam por completo a necessidade de canonizar direitos em um documento normativo e de estabelecer institucionalmente o controle judicial da constitucionalidade das leis, corolários do constitucionalismo.

O debate teórico em torno dessas questões sempre foi infindável, o que explica que sua importância seja diretamente proporcional à imensa quantidade (hoje praticamente imensurável) de estudos nessa temática, os quais já oferecem abordagens bastante adequadas e contribuições relevantes para os problemas enfrentados, de modo que, a menos que se quisesse focar especificamente o tema e entrar no debate (o que não é a pretensão deste estudo), torna-se desnecessário revolver, explicar e discutir todas essas questões.

Enquanto a teoria e a filosofia do direito e da política permanecem discutindo a fundo sobre a (i)legitimidade democrática do poder conferido a um grupo de juízes para suspender e/ou anular (com efeitos gerais) os atos

Parte 1 · A INCONSTITUCIONALIDADE DAS DECISÕES CAUTELARES MONOCRÁTICAS

políticos dos demais Poderes, é certo que não resta mais a menor dúvida de que, em uma democracia, um único juiz não deve deter todo esse poder.

## 4.    QUEM FISCALIZA O GUARDIÃO DA CONSTITUIÇÃO?

Portanto, as medidas liminares decididas de forma monocrática são em regra ilegais, por violação à Lei 9.868/1999 (art. 10), e inconstitucionais, por afronta ao art. 97 da Constituição. As hipóteses excepcionalíssimas deveriam ser bem delimitadas e definidas no Regimento Interno do Tribunal. O quadro atual assim o exige e, dessa forma, é preciso regulamentar o uso do poder geral de cautela pelo Relator nas ações do controle abstrato de constitucionalidade. Se o próprio STF não o fizer, caberá ao Poder Legislativo realizar essa regulamentação, com o objetivo último e primordial de defesa da Constituição.

Em um quadro no qual a violação da Constituição advém do tribunal constitucionalmente encarregado de ser o guardião da própria Constituição, é bastante previsível, no âmbito dos naturais jogos de poder que permeiam as relações político-institucionais entre Poder Legislativo e Poder Judiciário, que o Congresso Nacional reaja de alguma maneira exercendo um papel de fiscalizador do excesso de poder do STF e, dessa forma, assumindo o papel de guardião da ordem constitucional.

Como era de esperar, a reação político-institucional do Congresso Nacional veio por meio do Projeto de Lei 7.104/2017, o qual contém proposta legislativa para vedar as decisões monocráticas de Ministros do STF no controle abstrato de constitucionalidade, tornando-as de competência exclusiva do Plenário da Corte[10]. Conforme o projeto, o art. 10 da Lei 9.868/1999 passaria a conter a seguinte redação:

---

[10]    O Projeto de Lei 7.104/2017, de autoria do Deputado Rubens Pereira Júnior, tem a seguinte justificativa: "O sistema de controle de constitucionalidade brasileiro é um dos mais complexos do mundo, tendo em vista suas nuances, procedimento e, especialmente, em face dos resultados oriundos de suas decisões de mérito ou mesmo cautelares e liminares. Estamos em um momento de extensa e profunda judicialização em todos os aspectos da sociedade, especialmente no que tange às questões políticas. Temos recentemente um sem-número de decisões em sede de ações específicas do controle de constitucionalidade que geraram situações conturbadas de imenso alcance. E o maior complicador é que tais decisões se efetivam, via de regra, em sede de decisões cautelares, precárias por sua própria natureza jurídica o que, indubitavelmente, gerou uma maior insegurança em seu alcance. O presente Projeto de Lei visa, basicamente, impedir que se concedam decisões de natureza cautelar, liminar ou similares nas ações

Art. 10. Poderá ser concedida medida cautelar na ação direta, exclusivamente, por decisão da maioria absoluta dos membros do Tribunal, observado o disposto no art. 22, após a audiência dos órgãos ou autoridades dos quais emanou a lei ou ato normativo impugnado, que deverão pronunciar-se no prazo de cinco dias.

O projeto também prevê a revogação do atual § 1º do art. 5º da Lei 9.882/1999 (ADPF), cujo *caput* passaria a ter este texto:

Art. 5º O Supremo Tribunal Federal, exclusivamente, por decisão da maioria absoluta de seus membros, poderá deferir pedido de medida liminar na arguição de descumprimento de preceito fundamental.

O referido projeto foi aprovado pela Comissão de Constituição e Justiça (CCJ) da Câmara dos Deputados no dia 3 de junho de 2018.

É certo que, no seio dessa tensão institucional, um profícuo *diálogo institucional* entre poderes deve ser incessantemente buscado, com o objetivo de adotar soluções minimamente consensuais com relação à preservação das competências institucionais de cada poder. Nesse sentido, não se poderão fechar os olhos para a realidade da sobrecarga de processos na pauta do Plenário do STF (há mais de uma década situados em um patamar médio de 600 processos), dado fático que faz vislumbrar o potencial de medidas mais drásticas para praticamente inviabilizar o próprio funcionamento do tribunal.

## REFERÊNCIAS

BRANCA, Giuseppe. *Collegialità nei giudizi della Corte Costituzionale*. Padova: Cedam, 1970.

---

do controle concentrado de constitucionalidade que não pelo próprio pleno do Supremo Tribunal Federal e por quórum de maioria absoluta dos seus membros. Tal medida, a nosso julgo, é extremamente necessária, visto que dessa forma se impedem decisões liminares de natureza monocrática nas aludidas ações, o que tem, a nosso ver, o condão de evitar maiores traumas na ordem jurídica. Modos que nobres pares, a proposta que ora apresentamos vem no sentido de evitar danos de grande monta no que tange à própria segurança jurídica, nesse sentido o julgamos importante e esperamos contar com a aquiescência de Vossas Excelências para sua aprovação".

EDWARDS, Harry T. The effects of collegiality on judicial decision making. *University of Pennsylvania Law Review*, v. 151, n. 5, p. 1656, May 2003.

VALE, André Rufino do. *Argumentação constitucional*: um estudo sobre a deliberação nos Tribunais Constitucionais. São Paulo: Almedina, 2019.

_____; André Rufino do; MENDES, Gilmar Ferreira. Questões atuais sobre medidas cautelares no controle abstrato de constitucionalidade. *Observatório da Jurisdição Constitucional*, ano 5, 2011/2012. Disponível em: http://www.portaldeperiodicos.idp.edu.br/index.php/observatorio/article/view/661/454.

---

## Questões para discussão

1. Por que as decisões cautelares monocráticas nas ações diretas de inconstitucionalidade seriam ilegais e inconstitucionais, conforme defende o autor do texto?

2. Quais os problemas que podem ser identificados na prática das decisões cautelares monocráticas no controle abstrato de constitucionalidade?

3. Em quais hipóteses a Lei. 9.868/1999 permite excepcionalmente o uso do poder de cautela por parte de Ministros do STF no controle abstrato de constitucionalidade?

4. Segundo o texto, a prática das decisões cautelares monocráticas no controle abstrato de constitucionalidade configuraria uma transgressão a um dos componentes fundamentais da deliberação de uma Corte Constitucional. Qual seria esse componente e como essa transgressão pode ocorrer?

5. Por que a prática das decisões cautelares no controle abstrato de inconstitucionalidade significaria uma afronta a todo o sistema de divisão funcional de poderes e à própria democracia representativa?

# PARTE 2
# DIREITOS FUNDAMENTAIS

# Caso 1 – ADPF 54/DF (Direito à Vida)

## O SUPREMO TRIBUNAL FEDERAL E O DIREITO À VIDA – COMENTÁRIOS À DECISÃO NA ADPF 54 SOBRE A INTERRUPÇÃO DA GRAVIDEZ NOS CASOS DE ANENCEFALIA FETAL

### Ingo Wolfgang Sarlet

Doutor e Pós-Doutor em Direito, Munique, Alemanha. Professor Titular da Faculdade de Direito e dos Programas de Pós-Graduação em Direito e em Ciências Criminais da PUC-RS. Professor da Escola Superior da Magistratura (Ajuris). Desembargador no TJRS.

### Gabrielle Bezerra Sales Sarlet

Graduada e mestre em Direito pela Universidade Federal do Ceará (UFC). Doutora em Direito pela Universidade de Augsburg – Alemanha. Pós- doutoranda em Direito pela PUC-RS e pela Universidade de Hamburgo – Alemanha. Advogada e professora da graduação e do programa de mestrado em Direitos Humanos do Centro Universitário Uniritter – RS.

**Sumário:** 1. Notas introdutórias – 2. Breves notas sobre o direito à vida como direito humano e fundamental: 2.1 Notícia histórica; 2.2 Âmbito de proteção do direito à vida e sua dupla dimensão objetiva e subjetiva – 3. Limites das intervenções no direito à vida – uma análise a partir do exemplo da interrupção da gravidez nos casos de anencefalia e da decisão do STF sobre a matéria – Referências.

## 1.    NOTAS INTRODUTÓRIAS

O julgamento, pelo Supremo Tribunal Federal brasileiro (doravante STF), da ADPF nº 54, relatada pelo Ministro Marco Aurélio e julgada em

12.12.2012, que apreciou a legitimidade constitucional da possibilidade da interrupção da gravidez nos casos de fetos com anencefalia recolocou na esfera pública aspectos relevantes da relativamente antiga controvérsia em torno da descriminalização do aborto, bem como, em uma perspectiva mais ampla, do valor da vida humana para a ordem jurídica brasileira, na qual, de acordo com o disposto no art. 5º, *caput*, da Constituição Federal de 1988 (doravante apenas CF), o direito à vida pontifica como um dos principais e – utilizando aqui a simbólica dicção do constituinte – invioláveis direitos fundamentais consagrados logo no pórtico do catálogo constitucional de direitos e garantias.

Assim, dada a sua relevância e considerando a existência de relativamente poucas decisões do STF que envolvem diretamente a sua proteção e promoção (como direito fundamental autônomo), o direito à vida, especialmente por suas conexões com outros direitos e princípios fundamentais, mas também em virtude da atualidade de algumas discussões relevantes que dizem respeito à vida humana como bem jurídico-constitucional, como é o caso justamente da própria controvérsia em torno da descriminalização do aborto (e não apenas na hipótese de anencefalia), merece ser objeto de continuada atenção e debate.

À vista de tais considerações, pretende-se neste ensaio precisamente situar a decisão a ser comentada no contexto mais amplo do direito à vida, especialmente no que diz com suas relações com outros direitos e princípios fundamentais (no caso, com ênfase na dignidade da pessoa humana), mas também no que concerne aos seus limites, ou seja, quando está em causa a legitimidade constitucional de intervenções no direito à vida, sempre com foco na discussão em torno da interrupção da gravidez nos casos de anencefalia e no julgamento do STF sobre a matéria.

## 2. BREVES NOTAS SOBRE O DIREITO À VIDA COMO DIREITO HUMANO E FUNDAMENTAL

### 2.1 Notícia histórica

No âmbito da evolução legislativa (constitucional e supranacional), sabe-se que o primeiro documento a consagrar um direito à vida, em uma acepção que já pode ser considerada muito próxima da moderna noção de direitos humanos e fundamentais, foi a Declaração de Direitos da Virgínia, de 1776, que, no seu art. 1º, incluía a vida no rol dos direitos inerentes da pessoa humana. A Constituição Federal norte-americana de 1787, por sua vez, não contemplava um "catálogo" de direitos e garantias, tendo sido apenas mediante a aprovação da quinta emenda, de 1791, que o direito à vida passou a assumir a condição de direito fundamental na ordem jurídico-constitucional dos Estados Unidos da América, de resto, a primeira consagração do direito à vida como direito fundamental (de matriz constitucional) da pessoa humana na história constitucional. De acordo com a dicção da quinta emenda, "Nenhuma pessoa [...] será desprovida de sua vida, liberdade ou propriedade sem o devido processo legal".

Ainda no contexto da fase inaugural do constitucionalismo moderno, importa anotar que as constituições da Revolução Francesa, bem como a posterior Carta Constitucional de 1814, não faziam menção explícita ao direito à vida, utilizando apenas o conceito de uma garantia da segurança. Desde então, ressalvadas algumas exceções, o direito à vida acabou não merecendo, durante muito tempo, um reconhecimento no plano do direito constitucional positivo da maior parte dos Estados, o que apenas acabou com a viragem provocada pela Segunda Grande Guerra Mundial, que não apenas alterou a ordem mundial, mas também afetou profundamente o próprio conteúdo e em parte também o papel das constituições, além da influência gerada pela Declaração dos Direitos Humanos da ONU (1948) e dos posteriores pactos internacionais para proteção dos direitos humanos (com destaque, numa primeira fase, para o Pacto Internacional de Direitos Civis e Políticos, de 1966) sobre as constituições promulgadas na segunda metade do século XX. Nesse período, destaca-se a Lei Fundamental da Alemanha, de 1949, que não apenas reconheceu o direito à vida como direito fundamental, mas também foi a primeira a vedar completamente, em qualquer hipótese, a pena de morte.

No âmbito da evolução constitucional brasileira, verifica-se que na Constituição de 1824, a exemplo do paradigma da França de então, não havia previsão de um direito à vida, mas apenas de um direito à segurança individual, o mesmo ocorrendo com a Constituição de 1891. Também nas Constituições de 1934 e de 1937 o direito à vida não foi contemplado, muito embora a proibição da pena de morte, ainda que admitidas exceções. Foi, portanto, apenas na Constituição de 1946 que o direito à vida mereceu reconhecimento e proteção como direito individual (art. 141, *caput*), retomando-se a técnica da Constituição de 1934, no que diz com o banimento da pena de morte, salvo nos casos de guerra com nação estrangeira e nos termos da legislação militar, o que foi mantido na Constituição de 1967 (art. 150, *caput*, § 11), com a ressalva de que o texto constitucional se refere ao caso de guerra externa (e não de guerra com outro país), embora a equivalência das situações, o que, por sua vez, foi reproduzido no texto resultante da alteração promovida pela Emenda Constitucional nº 1, de 1969 (art. 153, *caput*, § 11).

Na Constituição Federal de 1988, o direito à vida foi expressamente contemplado no elenco do art. 5º, *caput*, na condição mesmo – a teor do texto constitucional – de direito "inviolável". Além da proteção genérica já referida, a vida encontrou proteção constitucional adicional, mediante a proibição da pena de morte, salvo em caso de guerra declarada (art. 5º, XLVII, "a"), guardando, portanto, sintonia textual com o sistema internacional (Pacto de Direitos Civis e Políticos e Protocolo Adicional) e regional (interamericano) de proteção dos direitos humanos.

## 2.2 Âmbito de proteção do direito à vida e sua dupla dimensão objetiva e subjetiva

De acordo com a tradição do constitucionalismo contemporâneo – especialmente a partir do segundo Pós-Guerra (segunda metade do século XX), o conceito de "vida", para efeitos da proteção como direito fundamental (mas também no plano de uma proteção na perspectiva jurídico-objetiva), é aquele de existência física. Cuida-se, portanto, de critério meramente biológico, sendo considerada vida humana toda aquela baseada no código genético humano. Em apertada síntese, pautando-se pelo que fora anteriormente mencionado, é possível afirmar que o direito à vida consiste no direito de todos os seres humanos de viver, abarcando a existência corporal no sentido da existência biológica e fisiológica do ser humano[1]. Com isso, busca-se afastar toda e qualquer concepção de ordem moral, social, política, religiosa ou racial acerca da vida humana, especialmente aquelas que pretendem uma diferenciação entre uma vida digna e a vida indigna de ser vivida e, nesse sentido, reconhecida e protegida pela ordem jurídica[2].

A noção de vida digna (que pode assumir uma feição positiva – legítima na perspectiva da moralidade e do Direito, no que diz com a proteção e promoção de uma vida que corresponda às exigências da dignidade humana), portanto, não poderá servir de fundamento para a imposição de uma condição de inferioridade a determinados indivíduos, tal qual ocorreu, em tempos mais recentes, sob a égide da ideologia nacional-socialista, justificando práticas eugênicas, que, convém frisar, já existiam em diversos locais bem antes da instauração do nacional-socialismo.

---

[1]  Cf. Michael Kloepfer, *Verfassungsrecht II*, München: C.H. Beck, 2010, p. 167.

[2]  Cf. Christian Starck, *Kommentar zum Grundgesetz*, 6. ed., München: Verlag Franz Vahlen, 2010, v. 1, p. 255.

Importa sublinhar, no contexto, que a noção de uma vida indigna deve ser tida como completamente dissociada da ordem constitucional[3]. De qualquer forma, sem que se possa aqui aprofundar a questão, pelo menos merece referência o fato de que no campo da proteção da vida intrauterina e da reprodução assistida, apenas para ilustrar com os exemplos mais emblemáticos na atualidade, mas também no que concerne à discussão sobre a eutanásia, o problema ético e jurídico da eugenia segue, de alguma maneira, com relevância, ainda que evidentemente de modo muito distinto das práticas eugênicas baseadas em critérios de pureza racial ou similares, que merecem total repúdio da ordem jurídica.

Certo é que o direito à vida opera, para além de sua condição de direito fundamental autônomo, como "pressuposto fundante de todos os demais direitos fundamentais"[4], "verdadeiro pré-requisito da existência dos demais direitos consagrados constitucionalmente"[5], ou, como enfatizado pelo Tribunal Constitucional Federal da Alemanha, como base vital da própria dignidade da pessoa humana[6]. Além e independentemente disso, a relação entre o direito à vida e os outros direitos fundamentais é diversificada e evidentemente não se verifica em todos os casos, o que, contudo, aqui não poderá ser desenvolvido, salvo no que guarde vínculo com o tema ora versado, destacando-se a relação entre o direito à vida e a dignidade da pessoa humana, precisamente em função do valor da vida para a pessoa e para a ordem jurídica, ademais do fato de que a vida é o substrato fisiológico (existencial no sentido biológico) da própria dignidade, mas também de acordo com a premissa de que toda vida humana é digna de ser vivida[7].

Todavia, é preciso enfatizar que, por mais forte que seja a conexão, dignidade e vida não se confundem! Cuida-se de princípios e de direitos humanos e fundamentais autônomos, que, além disso, podem estar em relação de tensão e mesmo de eventual conflito, por exemplo, quando se trata de, em nome da dignidade da pessoa humana, autorizar interrupção da gravidez, o que, aliás, foi amplamente discutido na decisão do STF na ADPF nº 54, que será objeto de comentário um pouco mais detido logo adiante. Importante é

---

[3]   Cf. Michael Kloepfer, *Verfassungsrecht II* cit., p. 167.

[4]   Cf. Jorge Miranda e Rui Medeiros, *Constituição portuguesa anotada*, Coimbra: Coimbra Editora, 2004, v. I, p. 223.

[5]   Cf. André Ramos Tavares, *Curso de direito constitucional*, 9. ed., São Paulo: Saraiva, 2011, p. 543.

[6]   Cf. BVerfGE 39, p. 42.

[7]   Cf. Luis Maria Díez-Picazo, *Sistema de derechos fundamentales*, 2. ed., Madrid: Civitas, 2005, p. 215.

deixar assente já nesta quadra que vida e dignidade são grandezas (valores, princípios, direitos) que não podem ser hierarquizados em abstrato, respeitando-se, ademais, a sua pelo menos parcial autonomia no que diz com seus respectivos âmbitos de proteção[8]. Para ilustrar, bastaria recordar que a dignidade da pessoa humana, de acordo com entendimento que aqui subscrevemos, não exige necessariamente uma proteção absoluta do direito à vida[9].

Compreendido – na esteira da conhecida fórmula de Robert Alexy – como um direito fundamental em sentido amplo, também o direito à vida abrange um complexo de posições subjetivas de cunho negativo (defensivo) e positivo (prestacional)[10]. Nessa perspectiva, o direito à vida tem uma dimensão negativa, quando assume a condição de direito de defesa, cujo objeto é uma obrigação de abstenção por parte do Estado e dos particulares, gerando, portanto, uma obrigação de respeito e de proibição de intervenções no âmbito do direito à vida, muito embora o objeto do direito de defesa inclua também situações de ameaça e riscos para a vida[11]. No entanto, o direito à vida também apresenta uma dimensão positiva, de um direito a prestações fáticas ou normativas, implicando a obrigação, por parte do Estado e mesmo de particulares (a depender do caso), de medidas ativas de proteção da vida, como se verá quando da decodificação dos deveres de proteção estatal e dos correspondentes direitos à proteção, logo a seguir.

Assim como se verifica com os demais direitos fundamentais (mas também dos princípios fundamentais em geral) no âmbito do que se convencionou designar de uma dimensão objetiva, o direito à vida representa um valor, um bem jurídico também objetivamente reconhecido e protegido, do qual decorrem efeitos jurídicos autônomos, que, por sua vez, refletem na própria esfera subjetiva, ampliando as possibilidades de proteção e promoção

---

[8] Cf., por todos, Michael Kloepfer, Vida e dignidade da pessoa humana, in: Ingo Wolfgang Sarlet (Org.)., *Dimensões da dignidade*. Ensaios de filosofia do direito e direito constitucional, 2. ed., Porto Alegre: Livraria do Advogado, 2009, p. 171 e ss.

[9] Cf. Hans-Detlef Horn, Allgemeines Freiheitsrecht, Recht auf Leben u.a., in: Klaus Stern; Florian Beckerm (Coord.), *Grundrechte Kommentar*, Köln: Carl Heymanns Verlag, 2010, p. 181.

[10] Cf. Robert Alexy, *Theorie der Grundrechte*, 2. ed., Frankfurt am Main: Suhrkamp, 1994, p. 159 e ss.

[11] Cf., por todos, Helmuth Schulze-Fielitz, Das Recht auf Leben und körperliche Unversehrtheit (Art. 2 II 1 GG), in: Horst Dreier (Ed.), *Grundrechte Kommentar*, Köln: Carl Heymanns Verlag, 2010, p. 210-211.

dos direitos fundamentais[12]. Nesse contexto, assume destaque a noção de um dever jurídico-constitucional de proteção do Estado, que, também e especialmente no caso do direito à vida, projeta-se muito além da simples proibição direta de violação, impondo diversas obrigações de atuação (prestação), que, por sua vez, especialmente no caso da ordem constitucional brasileira, correspondem, na esfera subjetiva e em diversas hipóteses (presentes certos pressupostos), a direitos subjetivos a prestações[13].

Em resumo, importa relembrar que os deveres de proteção vinculam todos os órgãos estatais, ressalvados os respectivos limites funcionais, implicando, em termos qualitativos, determinados níveis mínimos de proteção dos direitos e bens fundamentais (o que justifica o reconhecimento de uma proibição de proteção insuficiente), para além de um dever de correção e de melhoria quando se tratar de medidas estatais que estejam situadas aquém dos níveis mínimos de proteção constitucionalmente exigidos. Ademais, o dever de proteção não incide apenas nos casos de violação, mas também em situações de risco e ameaça de violação dos direitos fundamentais, destacando-se a conexão do dever de proteção com os deveres de precaução e prevenção.

Por derradeiro, para os limitados efeitos da presente abordagem, os deveres de proteção implicam medidas de cunho organizatório e procedimental, já que é mediante organização e procedimento que se logram obter níveis adequados de proteção e mesmo promoção de direitos fundamentais. Dentre as obrigações positivas do Estado, associadas aos deveres de proteção, podem ser referidas um dever de amparo financeiro (em espécie ou bens e serviços), como é o caso de prestações para garantia da sobrevivência física[14], ou mesmo, em perspectiva ampliada, de um mínimo existencial destinado a assegurar uma vida condigna, como se verifica a partir da invocação de precedentes do STF[15], destacando-se, contudo, o estabelecimento de normas

---

[12]   Sobre o tópico, v., entre outros, a síntese de Ingo Wolfgang Sarlet, *A eficácia dos direitos fundamentais*, 11. ed., Porto Alegre: Livraria do Advogado, 2012, p. 141 e ss., bem como as lições (ainda que em parte divergentes do primeiro autor citado e por isso relevantes também como contraponto) de Dimitri Dimoulis e Leonardo Martins, *Teoria geral dos direitos fundamentais*, 4. ed., São Paulo: Atlas, 2012, p. 111 e ss.

[13]   Cf., em caráter ilustrativo, Ingo Wolfgang Sarlet, *A eficácia dos direitos fundamentais* cit., p. 151 e ss.

[14]   Cf. Christian Starck, *Kommentar zum Grundgesetz* cit., p. 263.

[15]   Cf., entre tantas, especialmente a decisão no Agravo Regimental no Recurso Extraordinário nº 271.286-8/RS, Rel. Min. Celso de Mello, *DJU* 24.11.2000, bem como, mais recentemente, a decisão na STA nº 175/CE, j. 03.2010, Rel. Min. Gilmar Mendes.

de cunho organizacional e processual[16], por exemplo, a previsão da proibição de extradição de indivíduos que, em seu país de origem, serão ou já foram sentenciados com a pena de morte[17]. Para o caso da interrupção da gravidez nas hipóteses de anencefalia, por exemplo, estariam aqui incluídas normas estabelecendo critérios e procedimentos para o diagnóstico da malformação, acompanhamento e informação da grávida, inserção do procedimento na rede pública (SUS), entre outros aspectos.

Embora não se cuide de ato legislativo (mas ato normativo), assume relevo a Resolução nº 1.989/2012, do Conselho Federal de Medicina, que regulamentou a matéria após a decisão do STF. Por derradeiro, importa mencionar as proibições e sanções estatais direcionadas aos particulares, no âmbito das quais o Estado tem a obrigação de uma prestação jurídica no sentido de vincular, por meio da legislação, entes particulares ao respeito ao direito à vida. Nessa seara, enquadram-se a tipificação no direito penal de condutas que trazem dano ou ameaça de dano à vida, por exemplo, a própria proibição da interrupção da gravidez, da eutanásia, bem como as normas de responsabilidade civil extracontratual[18].

## 3. LIMITES DAS INTERVENÇÕES NO DIREITO À VIDA – UMA ANÁLISE A PARTIR DO EXEMPLO DA INTERRUPÇÃO DA GRAVIDEZ NOS CASOS DE ANENCEFALIA E DA DECISÃO DO STF SOBRE A MATÉRIA

A despeito de ter sido consagrado no art. 5º, *caput*, em que lhe foi solenemente assegurada a sua inviolabilidade, não se poderá reconhecer que o direito à vida assume a condição de um direito absoluto, no sentido de absolutamente imune às intervenções legítimas sob o ponto de vista jurídico-constitucional. Diversamente do que ocorreu na Alemanha, onde a Lei Fundamental estabeleceu uma expressa reserva legal, a CF assegurou uma proteção aparentemente mais forte ao direito à vida, o que, todavia, não

---

[16] Cf. Christian Starck, *Kommentar zum Grundgesetz* cit., p. 263-264.

[17] Para o caso brasileiro, v. o art. 91 do Estatuto do Estrangeiro, Lei 6.815/1980 e reiterada jurisprudência do STF nesse sentido. Na doutrina, v., por todos, Gilmar Ferreira Mendes, Direitos fundamentais de caráter judicial e garantias constitucionais do processo, in: Gilmar Ferreira Mendes e Paulo Gustavo G. Branco, *Curso de direito constitucional* cit., p. 565 e ss.

[18] Cf. Christian Starck, *Kommentar zum Grundgesetz* cit., p. 264-265.

procede, visto que bastaria apontar para a exceção, prevista na própria CF, de que em caso de guerra declarada, nos casos regulamentados pela legislação infraconstitucional, cabível a aplicação da pena de morte, o que não se verifica no caso da Alemanha. Da mesma forma, a mera previsão, ainda que de modo limitado, de hipóteses legais admitindo a interrupção da gravidez igualmente demonstra que a ordem jurídica reconhece situações nas quais a supressão da vida de um ser humano (sem prejuízo, no caso da interrupção da gravidez, da discussão sobre a existência de uma pessoa humana e de um direito subjetivo à vida) é tida como juridicamente tolerada, pelo menos no sentido de não implicar ato ilícito passível de sanção, o mesmo ocorrendo nos casos de legítima defesa, exercício regular de um direito etc., em que a ilicitude do ato de matar é afastada.

O exemplo do direito à vida, diversamente da generalidade dos direitos fundamentais, revela também que a assim chamada garantia do núcleo essencial poderá coincidir, a depender da concepção adotada, com o próprio conteúdo do direito, visto que qualquer intervenção no direito à vida implica a morte de seu titular. Por outro lado, também são classificadas como intervenções no direito à vida hipóteses de grave ameaça e risco para a vida, que, no caso de efetivadas, levariam à morte e, portanto, teriam caráter irreversível[19]. A questão, portanto, não é a de aqui discutir a legitimidade de intervenções restritivas, no sentido próprio do termo, mas sim a de verificar a consistência jurídico-constitucional de medidas que, para a proteção de bens fundamentais individuais ou coletivos de terceiros, implicam a cessação da vida de alguém, o que, na hipótese da decisão ora comentada, se revela de alta importância.

No que se verifica substancial consenso é no sentido de que, embora não se trate de um direito absoluto, intervenções no direito à vida somente poderão ser juridicamente justificadas em caráter excepcional e mediante requisitos materiais e formais sujeitos rigorosos, passíveis de pleno controle. Nesse contexto, a discussão sobre a descriminalização da prática do aborto, ou seja, da interrupção voluntária da gravidez, ou mesmo a controvérsia sobre a existência de um direito fundamental à interrupção da gravidez, segue polarizando as opiniões na esfera doutrinária, legislativa e jurisprudencial. No Brasil, onde, para efeitos da legislação infraconstitucional (à míngua de decisão expressa do constituinte sobre a matéria), a prática voluntária do aborto, salvo nos casos em que se verifique risco de vida para a mãe ou que

---

[19] Cf. Helmuth Schulze-Fielitz, Das Recht auf Leben und körperliche Unversehrtheit cit., p. 212-213.

esta tenha sido vítima de delito contra a dignidade sexual (estupro), segue sendo crime, o problema está longe de ser equacionado.

Muito embora o STF, independentemente de uma posição fechada sobre a titularidade de um direito à vida por parte do nascituro, entenda – levando em conta o teor das manifestações de parte dos seus integrantes e o silêncio dos demais relativamente ao ponto – que a vida intrauterina encontra-se, de algum modo, protegida em razão da dimensão objetiva do princípio da dignidade da pessoa humana e do próprio direito à vida, ainda não houve uma tomada de posição conclusiva acerca da obrigatoriedade (resultante dessa dimensão objetiva) de determinado nível de proteção, por exemplo, a necessidade de que tal proteção seja efetuada mediante a criminalização de determinadas condutas, no caso, da interrupção da gravidez, muito embora, especialmente no voto do Ministro Gilmar Mendes, substancialmente referendado na sequência do julgamento quanto a tais aspectos, tenha proposto algumas diretrizes de matriz organizatória e procedimental para garantir maior segurança nos casos de interrupção da gravidez, o que, aliás, foi objeto de consideração e de concretização pelo Conselho Federal de Medicina na sua Resolução nº 1.989/12, editada logo após o julgamento da matéria pelo STF.

No âmbito do direito comparado, diferentemente da solução adotada pela Suprema Corte dos EUA, que reconheceu um direito da mulher à prática do aborto nos primeiros meses de gestação[20], o Tribunal Constitucional Federal alemão afirmou que a proteção da dimensão objetiva do direito à vida não requer que o Estado efetue a salvaguarda da vida intrauterina por meio do direito penal, pois a decisão específica relativa ao "como" proteger a vida humana (e não apenas nessa fase) estaria reservada ao legislador, no âmbito de sua liberdade democrática de conformação, desde que – impende frisar – assegure alguma proteção eficaz à vida do nascituro e não a transforme em mero objeto da decisão alheia[21].

---

[20]  Cf. o famoso caso *Roe vs. Wade*, julgado em 1973, em que se entendeu que o direito à privacidade abrange a liberdade da mulher de decidir sobre a continuação da gravidez nos primeiros três meses de gestação, ao passo que no segundo trimestre, embora ainda cabível o aborto por decisão da gestante, o Estado poderia regulamentar o exercício do direito objetivando a proteção da saúde da própria gestante. A respeito da discussão sobre o aborto nos EUA, v. por todos Ronald Dworkin, *O domínio da vida*, Tradução Jefferson L. Camargo, São Paulo: Martins Fontes, 2003.

[21]  No que diz com a descriminalização do aborto na Alemanha, houve três importantes momentos na esfera legislativa, submetidos ao crivo do Tribunal Constitucional Federal (destaque para as decisões Aborto I e II, de 1975 e 1993,

Parte 2 · CASO 1 – ADPF 54/DF (DIREITO À VIDA) | 29

A polarização, no que toca aos casos de abortamento, entre a assim chamada "solução dos prazos" (que assegura a possibilidade da livre opção sobre a interrupção da gravidez dentro de determinado prazo) e a "solução" ou "modelo das indicações" (de acordo com o qual apenas em determinadas hipóteses, devidamente justificadas do ponto de vista constitucional, é possível chancelar a possibilidade do aborto), evidentemente não foi como tal resolvida na decisão do STF na ADPF n° 54. Contudo, tendo em conta o teor de boa parte dos votos, inclusive a referência de que não se estaria, com a procedência da demanda, a ampliar automaticamente as hipóteses de interrupção da gravidez para outros casos de malformação fetal ou outras justificativas, é possível concluir que também o STF, pelo menos no âmbito de uma proteção objetiva da vida do nascituro, não se revela receptivo à introdução – pelo menos enquanto preservada sua atual composição – da "solução dos prazos" no Brasil.

Considerando o silêncio da CF a respeito e a atual opção legislativa (que permite o aborto em duas hipóteses vinculadas a determinadas circunstâncias) e agregando-se a decisão do STF na ADPF n° 54, é possível arriscar a afirmação de que também no Brasil a tese de que a proteção do nascituro se dá no plano objetivo, por força dos deveres de proteção do Estado, assume, ao menos por ora, caráter prevalente. Mesmo considerando que, no plano do direito internacional dos direitos humanos, a Convenção Americana dos Direitos Humanos (Pacto de São José da Costa Rica) disponha que a vida humana é protegida desde a concepção – prescrição normativa que prevalece com relação a toda e qualquer norma legal ou infralegal no ordenamento brasileiro –, disso não resulta necessariamente que tal proteção deva se dar na forma de um direito subjetivo do nascituro (ou mesmo de que tal solução seja a constitucionalmente mais adequada), podendo, portanto, ser justificada no plano da dimensão objetiva. A essa altura, relevante é a decisão da Corte Interamericana no emblemático caso Artavia Murillo e outros *versus* Costa Rica, em que houve a discussão acerca de um direito humano à fertilização e que, de modo expresso, restou reafirmado o direito à vida.

De qualquer sorte, a dimensão objetiva não determina a maneira específica como o Estado deve realizar essa proteção nem implica necessariamente que a vida tenha exatamente o mesmo grau de proteção em todas as suas fases, o que, como registrado e particularmente bem pontuado por Paulo

---

respectivamente), que acabaram conduzindo a uma progressiva descriminalização, muito embora a legalização generalizada e o reconhecimento de um direito fundamental ao abortamento não tenham sido chancelados pelo Tribunal, especialmente a decisão conhecida como Aborto II.

Mota Pinto, não se revela necessariamente incompatível com a adoção de um modelo de indicações (justificativas)[22]. Aliás, entendimento diverso – por exemplo, na ótica de uma linha de argumentação que atribui caráter absoluto ao direito à vida – levaria fatalmente a um juízo de inconstitucionalidade pelo menos da hipótese legal do estupro, mas também poderia colocar em causa as demais hipóteses de exclusão da ilicitude, como é o caso da legítima defesa, do estado de necessidade, entre outras, o que por si só já revela que não se trata de um caminho razoável a ser trilhado.

Por outro lado, ainda que se possa avançar no debate em torno das diferenças substanciais (inclusive em termos de repercussão jurídica) da opção por uma proteção na perspectiva de um direito subjetivo à vida por parte do nascituro ou pela via objetiva (portanto, por força de deveres de proteção estatais), o fato é que em ambos os casos se verifica uma colisão de direitos e bens jurídicos constitucionalmente reconhecidos e protegidos. Mesmo uma presunção de prioridade para a dimensão subjetiva (a liberdade de opção da mulher e/ou dos pais) não poderá, no caso, ser resolvida no sentido de uma absoluta prioridade e ausência total de proteção da vida do nascituro. Assim, tanto num quanto noutro caso há que avaliar se a indicação (ou justificativa) para a interrupção da gravidez é constitucionalmente legítima e se guarda sintonia, entre outros critérios, como é o caso com as exigências da proporcionalidade e da razoabilidade (não compreendidos como categorias fungíveis!), resultando, ao fim e ao cabo, em uma solução que estabeleça uma efetiva "concordância prática" (Hesse) e que seja constitucionalmente sustentável, ou adequada, se assim se preferir. É, portanto, a consistência constitucional dos argumentos que poderá legitimar determinada resposta como correta. Precisamente no caso da ADPF nº 54, em que pese a em geral alentada e bem fundamentada argumentação dos Ministros do STF, verifica-se que a correção do resultado – que aqui vai enfatizada – não afasta nem deve tornar invisíveis evidentes equívocos ou pelo menos imprecisões e inconveniências reveladas por ocasião de alguns votos dos julgadores. Da mesma forma, tal como em outros julgados, percebe-se que alguns argumentos acabaram sendo reforçados mediante recurso a figuras retóricas de cunho não jurídico e que chegam a assumir, ainda que isso não corresponda à intenção de seu autor, caráter apelativo, o que não raras vezes não contribui para a solidez da decisão quanto à sua fundamentação.

---

[22] Cf. Paulo Mota Pinto, Breves considerações a propósito da interrupção da gravidez de fetos com anencefalia, p. 2 e ss. (texto disponibilizado pelo autor e aguardando publicação).

A partir de tais premissas, já embutida a crítica ao uso nem sempre apropriado, mas no mínimo dispensável, de figuras argumentativas de cunho eminentemente retórico, é o caso de tecer algumas considerações em diálogo com os principais argumentos esgrimidos por ocasião do julgamento. Uma primeira observação prende-se ao fato de que, embora em geral os votos tenham, em maior ou menor medida, buscado elementos oriundos de outras áreas do saber, especialmente a biologia e a medicina, também é verdade que a seleção de tais conhecimentos quanto à sua correção nem sempre foi objeto de atenção e, pelo contrário, ensejou até mesmo alguma confusão conceitual[23], como se constata no recurso ao argumento da morte cerebral como motivo para autorizar a interrupção da gravidez, pois cuida-se, no caso, de um argumento eminentemente utilitarista, dado que a aplicação do critério da morte cerebral aos casos de anencefalia – como dá conta a Resolução nº 1.949 de 2010 do CFM – seria inviável, uma vez que, embora os nascidos com anencefalia tenham ausência de estruturas cerebrais, eles possuem partes do cérebro funcionando. Com isso, à evidência, não se está a afirmar que a decisão final do STF teria de ser outra, caso devidamente observada tal circunstância, mas que a imagem da morte cerebral e de uma "não vida" possivelmente simplifica a argumentação e reduz o encargo de justificar por outros fundamentos a interrupção da gravidez. Além disso, onde não há vida não há falar em direito à vida e dispensável mesmo uma cuidadosa ponderação. Ademais, observa-se um apelo a uma argumentação simplista do conceito de vida.

Outra crítica, pelo menos a nosso sentir, pode ser endereçada à alegação de que nos casos de diagnóstico de anencefalia não se trataria propriamente de um abortamento, de uma interrupção da gravidez, mas de uma antecipação terapêutica do parto. Mais uma vez, é possível afirmar que se trata de um jogo de palavras, que seduziu também o CFM quando editou a Resolução nº 1.989 de 2012, tendo o Ministro Gilmar Mendes, com razão, é preciso sublinhar, destoado de tal linha de argumentação, ao afirmar que também no caso é de aborto do que se trata, de tal sorte que o que deve ser examinado é mesmo se existe uma justificação constitucionalmente sólida para, em caráter excepcional, admitir a interrupção da gravidez, independentemente de eufemismos.

---

[23]   Cf., nesse sentido, as ponderações de José Roberto Goldim, "Bioética, anencefalia e o início da vida e do viver", p. 6 e ss. (texto disponibilizado pelo autor e aguardando publicação).

Além do mais, de acordo com a pertinente referência de Jörg Neuner, percebe-se que o STF considerou que os direitos da mulher prevalecem sobre os do feto com anencefalia e não considerou, para efeitos de tal posição preferencial da liberdade da mulher, outras graves malformações ou síndromes, pois o que se depreende da decisão é – ainda de acordo com Neuner – que as atividades cerebrais faltantes no caso de anencefalia seriam incompatíveis com o vir a ser pessoa do feto e, portanto, com um correlato direito à vida[24]. Aliás, quanto a tal aspecto, já se fez menção a manifestações de Ministros no sentido de que não estariam antecipando sua posição favorável a outras hipóteses de interrupção da gravidez.

A consideração – também veiculada por Jörg Neuner – de que o feto com anencefalia, em percentual significativo dos casos, nasce com vida e poderá viver pelo menos alguns instantes, além de não se tratar propriamente de um ser humano desprovido completamente de cérebro e de vida cerebral, podendo mesmo apresentar reações corporais e manifestações de dor, coloca em pauta o fato de que, não ocorrendo a interrupção da gravidez, o bebê nascido com anencefalia será titular de direitos e obrigações, podendo herdar e, mesmo sendo o caso de registrar o seu nascimento, adquirindo, portanto, personalidade jurídica. Por outro lado, resulta claro que também as circunstâncias narradas por Neuner não afastam, por si sós, a legitimidade constitucional da interrupção da gravidez no caso de anencefalia, pois, como apontado na decisão do STF, a própria legislação penal autoriza o abortamento de fetos saudáveis em determinadas hipóteses, de tal sorte que o ponto nodal da discussão centra-se, convém enfatizar, na consistência constitucional da justificativa para o aborto.

A decisão do STF autorizando a interrupção da gravidez no caso de anencefalia fetal, por sua vez, não encerrou debates em torno da questão do aborto no Brasil, posto que não avaliou outras hipóteses que poderiam justificar, do ponto de vista constitucional, o abortamento. Nesse sentido, há que recordar a existência de ações no STF que discutem tanto a possibilidade de aborto nos casos de microcefalia[25] quanto a legalização do aborto em termos gerais nas doze primeiras semanas de gravidez[26], conciliando assim o sistema de prazos com o das indicações, este último atualmente em vigor.

---

[24] Cf. Jörg Neuner, Da capacidade jurídica das pessoas naturais, *Direitos Fundamentais & Justiça*, n. 21, set-dez. 2012.

[25] STF, ADI nº 5.581/DF, rel. Min. Cármen Lúcia (atual), ainda pendente de julgamento.

[26] STF, ADPF nº 442/DF, rel. Min. Rosa Weber (atual), ainda pendente de julgamento.

Muito embora exista decisão em caso concreto, em sede de *habeas corpus*, reconhecendo a possibilidade de abortamento mediante livre opção da mulher nas doze primeiras semanas da gravidez[27], cuida-se de decisão que – mesmo indicando um possível caminho a ser trilhado – não representa (ao menos por ora) a posição majoritária no STF, ademais de não ter efeito geral e vinculante. Como tal julgado é objeto de comentário específico na presente obra, não é o caso, por outro lado, de aqui tecer outras considerações a respeito do ponto.

De todo modo, não custa recordar que uma resposta constitucionalmente adequada deve levar em conta que, tratando-se de uma situação que envolve a colisão da liberdade individual (autodeterminação reprodutiva) da mulher com outros direitos e/ou bens jurídico-constitucionais, notadamente a vida do nascituro, eventual decisão em prol da descriminalização da interrupção da gravidez deverá guardar sintonia com os critérios da proporcionalidade e da razoabilidade, inclusive no que diz respeito a uma proibição de proteção insuficiente da vida humana, ainda mais quando a capacidade de autoproteção é inexistente, de modo que a supressão da proteção pela via do direito penal deve ser compensada de algum modo (com alguma eficácia) por outro tipo de medidas de proteção, que tenham por escopo a redução tanto dos casos de interrupção de gravidez quanto de seus riscos colaterais, inclusive para as mulheres que decidem pelo abortamento.

## REFERÊNCIAS

ALEXY, Robert. *Theorie der Grundrechte*. 2. ed. Frankfurt am Main: Suhrkamp, 1994.

DÍEZ-PICAZO, Luis Maria. *Sistema de derechos fundamentales*. 2. ed. Madrid: Civitas, 2005.

DIMOULIS, Dimitri; MARTINS, Leonardo. *Teoria geral dos direitos fundamentais*. 4. ed. São Paulo: Atlas, 2012.

DWORKIN, Ronald. *O domínio da vida*. Trad. Jefferson L. Camargo. São Paulo: Martins Fontes, 2003.

GOLDIM, José Roberto. *Bioética, anencefalia e o início da vida e do viver*. No prelo.

HORN, Hans-Detlef. Allgemeines Freiheitsrecht, Recht auf Leben u.a. In: STERN, Klaus; BECKERM, Florian (Coord.). *Grundrechte Kommentar*. Köln: Carl Heymanns Verlag, 2010.

---

[27] STF, 1ª Turma, HC nº 124.306, rel. Min. Marco Aurélio, rel. p/ acórdão Min. Luís Roberto Barroso, j. 09.08.2016.

KLOEPFER, Michael. Vida e dignidade da pessoa humana. In: SARLET, Ingo Wolfgang (Org.). *Dimensões da dignidade*. Ensaios de filosofia do direito e direito constitucional. 2. ed. Porto Alegre: Livraria do Advogado, 2009.

_____. *Verfassungsrecht II*. München: C.H. Beck, 2010.

MENDES, Gilmar Ferreira. Direitos fundamentais de caráter judicial e garantias constitucionais do processo. In: MENDES, Gilmar Ferreira; BRANCO, Paulo Gustavo G. *Curso de direito constitucional*. 12. ed. São Paulo: Saraiva, 2018.

MIRANDA, Jorge; MEDEIROS, Rui. *Constituição portuguesa anotada*. Coimbra: Coimbra Editora, 2004. v. I.

NEUNER, Jörg. Da capacidade jurídica das pessoas naturais. *Direitos Fundamentais & Justiça*, n. 21, set-dez. 2012.

PINTO, Paulo Mota. *Breves considerações a propósito da interrupção da gravidez de fetos com anencefalia*. No prelo.

SARLET, Ingo Wolfgang. *A eficácia dos direitos fundamentais*. 11. ed. Porto Alegre: Livraria do Advogado, 2012.

SCHULZE-FIELITZ, Helmuth. Das Recht auf Leben und körperliche Unversehrtheit (Art. 2 II 1 GG). In: DREIER, Horst (Ed.). *Grundgesetz Kommentar*. Köln: Carl Heymanns Verlag, 2010.

STARCK, Christian. *Kommentar zum Grundgesetz*. 6. ed. München: Verlag Franz Vahlen, 2010. v. 1.

TAVARES, André Ramos. *Curso de direito constitucional*. 9. ed. São Paulo: Saraiva, 2011.

---

## Questões para discussão

1. De acordo com a decisão do STF, foi declarada a inconstitucionalidade do dispositivo do Código Penal que criminaliza o abortamento, salvo nos casos de risco de vida para a mãe e violência sexual?

2. Qual o fundamento do pedido formulado na ADPF nº 54?

3. No acórdão, restou clara a posição dos Ministros com relação à titularidade do direito à vida na condição de direito subjetivo por parte do nascituro?

4. O argumento de que a anencefalia fetal corresponde ao estado de morte cerebral é correto?

5. Quais os princípios, direitos e/ou regras constitucionais que o STF utilizou para fundamentar o resultado da decisão em prol da possibilidade de interrupção da gravidez nos casos de anencefalia? Qual teve o maior peso?

# CASO 2 – RE 727.864 (DIREITO À SAÚDE)

## UM TÍPICO CASO DE JUDICIALIZAÇÃO DE POLÍTICAS PÚBLICAS: RE 727.864 E A QUESTÃO DAS UTIS

VICTOR MARCEL PINHEIRO

Bacharel em Direito pela Universidade de São Paulo (2009). Mestre em Direito do Estado pela Universidade de São Paulo (2013). Doutorando em Direito do Estado pelo Universidade de São Paulo. Consultor legislativo do Senado Federal nas áreas de Direito Constitucional, Administrativo, Eleitoral e Processo Legislativo. Advogado. Professor do Instituto Brasiliense de Direito Público (IDP).

**Sumário:** 1. Introdução – 2. Quais direitos envolvidos? Direito à vida e direito à saúde são o mesmo direito? – 3. Recursos importam? Dignidade da pessoa humana, mínimo existencial e reserva do possível – 4. A proibição de retrocesso social: um autor, duas visões – 5. Qual era a realidade do caso concreto e quais os possíveis impactos da decisão? – 6. Conclusão – Referências.

## 1. INTRODUÇÃO

Um dos grandes temas no qual se destaca o avanço da atuação do Poder Judiciário durante os trinta anos de vigência da Constituição Federal de 1988 é a questão da judicialização de políticas públicas. Entendendo-se política pública como um conjunto de atividades estatais destinadas à realização de fins coletivos, sua judicialização significa o deslocamento de discussões antes restritas ao Poder Executivo e Poder Legislativo para o Poder Judiciário. Naturalmente, surge a questão dogmática de saber como e com que limites devem ser tratadas juridicamente tais questões.

Provavelmente, a principal área de políticas públicas hoje no Brasil em que há forte judicialização é o direito à saúde. Segundo dados do Ministério da Saúde, entre 2010 a 2016 o gasto com ações judiciais sobre direito à saúde aumentou em mais de 1.000%, chegando ao patamar, em 2017, de R$ 7 bilhões de reais em municípios e estados e R$ 1 bilhão na União.[1]

O presente artigo não tem a pretensão de oferecer uma solução dogmática para a questão dos direitos sociais ou do direito à saúde. O objetivo aqui, bem mais modesto, é avaliar um caso paradigmático decidido pelo Supremo Tribunal Federal (STF) que versava sobre a judicialização de vagas em leitos de Unidades de Terapia Intensiva (UTI) na tentativa de colaborar com o debate.

No Recurso Extraordinário 727.864 (2ª Turma, Rel. Min. Celso de Mello, j. 04.11.2014), havia a impugnação a uma decisão do Tribunal de Justiça do Estado do Paraná que, julgando procedente uma ação civil pública movida pelo Ministério Público, condenou o Estado do Paraná a custear leitos de UTI em hospitais privados para aquelas pessoas que não encontrassem vagas disponíveis no sistema público. Por unanimidade, o Tribunal manteve o acórdão impugnado e a condenação do Estado do Paraná.

O presente artigo não tem o objetivo de avaliar se o Tribunal chegou à conclusão correta ou não no caso concreto. Como será visto, essa análise demandaria o exame de questões muito mais complexas, o que não pode ser feito aqui. O artigo tem a pretensão de avaliar os argumentos utilizados no caso e verificar sua consistência dogmática. O propósito é apontar alguns parâmetros para que a temática da judicialização de políticas públicas possa ser mais bem enfrentada em decisões judiciais, sem descurar da proteção constitucional conferida aos direitos sociais.

Para tanto, serão examinados nos próximos itens: a) a relação entre direito à vida e direito à saúde; b) a relação entre dignidade da pessoa humana, mínimo existencial e a questão da reserva do possível; c) o significado do princípio da proibição do retrocesso; e d) a situação de fato do caso concreto e os impactos da judicialização dos direitos sociais.

## 2. QUAIS DIREITOS ENVOLVIDOS? DIREITO À VIDA E DIREITO À SAÚDE SÃO O MESMO DIREITO?

Em diversas passagens do acórdão, há menção de uma relação existente entre o direito à vida e o direito à saúde. Entre elas, há a citação ao seguinte

---

[1]  Disponível em: https://www.fiocruzbrasilia.fiocruz.br/sa%C3%BAde-nos-mu-nic%C3%ADpios-brasileiros-um-retrato-nacional.

argumento utilizado pelo Tribunal de Justiça do Estado do Paraná ao julgar a demanda:

> A saúde é direito público subjetivo fundamental, diretamente ligado à dignidade da pessoa humana e, portanto, passível de ser exigido a qualquer tempo, independentemente da existência de regulamentação infraconstitucional ou de atendimento prévio a procedimentos burocráticos. Assim, a vida exige respeito incondicional por parte de quem quer que seja, com o realce de que em nosso País há uma Constituição em vigor, que garante o direito à vida e à saúde a todos os brasileiros.[2]

É evidente que um texto, inclusive uma decisão judicial, não pode ser interpretado por fragmentos descontextualizados. Entretanto, esse trecho é um dos que mais bem aponta para uma proximidade conceitual-dogmática que a decisão em análise faz de dois direitos: o direito à vida e o direito à saúde. A questão que se coloca é: qual a relação entre direito à saúde e direito à vida? Seriam eles o mesmo direito?

Tem-se entendido o direito à vida como um direito fundamental cujo âmbito de proteção está relacionado tanto a uma dimensão negativa, de respeito à manutenção da existência de uma pessoa, quanto a uma dimensão positiva, pela qual o poder público deve resguardá-la mediante a criação de mecanismos de proteção por meio de normas jurídicas e instituições (BRANCO e MENDES, 2018, p. 264). Por sua vez, o direito à saúde é concebido como um direito fundamental que assegura atos concretos e políticas públicas do poder público destinado a reduzir os riscos e tratamento de doenças, nos termos dos art. 6º, 196 e seguintes da Constituição Federal (BRANCO e MENDES, 2018, p. 719).

É pacificado na teoria dos direitos fundamentais que todos eles apresentam uma dimensão de eficácia subjetiva e outra de eficácia objetiva, ou seja: os direitos fundamentais geram posições jurídicas individualizáveis, mas também, entre outros efeitos, deveres para o Estado de levá-los em consideração em suas atividades, protegê-los de agressões ou de falta de condições materiais de exercício (BRANCO e MENDES, 2018, p. 168).

---

[2] Voto do Ministro Celso de Melo no RE 727.864, p. 17, em transcrição de trecho da decisão impugnada no caso proferida pelo Tribunal de Justiça do Estado do Paraná.

Dessa maneira, os direitos fundamentais geram posições jurídicas de abstenção e, também, deveres de proteção prestacionais (ANDRADE, 2004, p. 185). Isso significa que os direitos fundamentais não podem ser compreendidos do ponto de vista jurídico-dogmático à luz das tradicionais "gerações" dos direitos fundamentais, uma vez que as posições jurídicas preliminar ou definitivamente por eles protegidas podem ser de naturezas distintas, independentemente da "geração" a que pertençam (ANDRADE, 2004, p. 178).

Essa constatação é de especial relevo para a compreensão da eficácia jurídica dos direitos fundamentais à vida e à saúde no caso presente. Há inegável dimensão eficacial do direito à vida em sentido objetivo para que o Estado tome providências para assegurar a qualquer ser humano a manutenção de sua existência biológica. Por sua vez, a dimensão subjetiva do direito à saúde confere ao indivíduo a possibilidade de, *prima facie*, exigir do poder público acesso a políticas de saúde que permitam a prevenção e o tratamento de doenças, além do incremento da qualidade de vida. Nota-se, portanto, uma aproximação da dimensão objetiva do direito à vida à dimensão subjetiva do direito à saúde, que coincidem parcialmente no que diz respeito às condutas exigíveis do Estado no presente caso: o oferecimento de leitos de UTI.

Contudo, a questão central nesse ponto é: qual o regime jurídico desse dever estatal que decorre da dimensão objetiva da vida e da dimensão subjetiva do direito à saúde? A decisão, nas passagens supraindicadas, insiste em afirmar que esse dever jurídico estatal pode ser exigido independentemente de regulamentação infraconstitucional, seja por meio de lei em sentido formal, seja por meio de atos administrativos que instituam políticas públicas.

Esse argumento, na verdade, faz uma aproximação argumentativa do que se tradicionalmente concebe como o regime jurídico da dimensão subjetiva do direito à vida com suas dimensões objetiva e subjetiva do direito à saúde. Em outras palavras, a dimensão subjetiva do direito fundamental à vida é frequentemente concebida como um dever de abstenção que pode ser exigido em face do poder público diretamente a partir da Constituição Federal. Nesse sentido, o Estado deve respeitar a existência biológica de uma pessoa, independentemente de qualquer outro diploma legislativo ou ato administrativo nesse sentido. No entanto, os deveres de proteção que decorrem da dimensão objetiva da vida não necessariamente têm o mesmo regime jurídico, pois dependem de políticas públicas para serem concretizados – pense-se no exemplo da política de segurança pública, de atendimento hospitalar, saneamento básico etc. O mesmo pode ser dito com relação à dimensão subjetiva do direito à saúde.

Defender que a dimensão subjetiva do direito à vida, especialmente no que se refere aos deveres de abstenção estatal, está sob o mesmo regime de sua dimensão objetiva – deveres de proteção estatal – não é um argumento trivial do ponto de vista dogmático, uma vez que exige uma clara argumentação de como o direito lida com questões de recursos escassos, definição de soluções técnicas e operacionais adequadas para atingimento do nível de proteção de um direito fundamental, além da questão democrática de quem deve definir esses instrumentos. Não basta uma aproximação dessas dimensões diferentes do direito à vida e do direito à saúde; deve-se justificá-la.

Uma tentativa de fazer isso é mediante o argumento do mínimo existencial: um conjunto de posições jurídicas de prestação definitivamente protegidas por determinados direitos fundamentais que independem de qualquer consideração política ou econômica para serem concretizados por via judicial. Esse é o argumento examinado no próximo item.

## 3. RECURSOS IMPORTAM? DIGNIDADE DA PESSOA HUMANA, MÍNIMO EXISTENCIAL E RESERVA DO POSSÍVEL

É necessário enfrentar a questão da existência ou não de direitos prestacionais diretamente exigíveis do regramento constitucional independentemente de previsão legislativa ou ação administrativa. No tocante à questão da reserva do possível, entendida como uma consideração relevante sobre a escassez de recursos financeiros necessários à concretização de direitos fundamentais, e à eficácia jurídica dos direitos fundamentais à vida e à saúde, estabelece a decisão:

> [...] **entre proteger a inviolabilidade** do direito à vida e à saúde – **que se qualifica** como direito subjetivo inalienável **a todos** assegurado pela própria Constituição da República (art. 5º, *caput*, e art. 196) – **ou fazer prevalecer**, contra essa prerrogativa fundamental, **um interesse financeiro e secundário** do Estado, **entendo**, uma vez configurado esse dilema, que razões de ordem ético-jurídica **impõem**, **ao julgador**, **uma só e possível opção**: aquela **que privilegia** o respeito indeclinável à vida e à saúde humanas.[3]

---

[3]  Cf. Voto do Min. Celso de Mello, RE 727.864, p. 16.

Pela passagem torna-se claro que a concretização de certos direitos, pelo menos o direito à vida e à saúde no caso concreto, não pode ser limitada por considerações de restrição financeira. Essa passagem, na verdade, é reproduzida literalmente em centenas de decisões judiciais e foi pela primeira vez utilizada pelo STF no RE 271.286 (j. 12.09.2000), que tratava de uma demanda individual para fornecimento de medicamentos (FERRAZ, 2011, p. 1658). Tal argumento é acompanhado por considerações relacionadas a um direito ao mínimo existencial que decorreria da dignidade da pessoa humana.[4]

A ideia de dignidade da pessoa humana é amplamente discutida na doutrina a respeito de seus contornos dogmáticos.[5] Como não é objeto do presente trabalho discuti-la a fundo, interessa o argumento difundido de que há certas prestações materiais asseguradas pela norma da dignidade da pessoa humana – denominado mínimo existencial – com relação às quais não podem ser opostas condições financeiras denominadas como a reserva do financeiramente possível.

Uma das primeiras formulações dogmáticas da ideia de mínimo existencial foi feita pelo Tribunal Federal Administrativo alemão (*Bundesverwaltungsgericht*) logo após a promulgação da Lei Fundamental de 1949. O Tribunal reconheceu a existência de um direito a um conjunto de prestações materiais mínimas em caráter assistencial para as pessoas desprovidas de recursos com base na inviolabilidade da dignidade da pessoa humana, prevista no art. 1º, I, da Lei Fundamental. Em 1962, o legislador federal alemão editou a Lei Federal sobre Assistência Social (*Bundessozialhilfegesetz*), em que se encamparam as ideias do Tribunal. Alguns anos depois, tal entendimento foi ratificado pelo Tribunal Constitucional Federal (*Bundesverfassungsgericht*). Ressalte-se que o mínimo existencial não é concebido apenas como garantia para a sobrevivência biológica, mas para a possibilidade de desenvolvimento da personalidade em aspectos culturais, econômicos e sociais. Tal entendimento foi adotado, inclusive, por outras Cortes Constitucionais no direito comparado, como Espanha, Portugal, Argentina e Colômbia (SARLET e SAAVEDRA, 2010, p. 87).

Parte da doutrina e a jurisprudência do STF defendem que o direito ao mínimo existencial é um direito definido *a priori* independentemente dos casos concretos e que não pode ter sua concretização restringida em razão da escassez de recursos orçamentário-financeiros (WATANABE,

---

[4]   Cf. Voto do Min. Celso de Mello, RE 727.864, p. 8.

[5]   Para uma revisão da discussão a respeito, cf. Sarmento, 2016.

2011, p. 18; BARCELLOS, 2010, p. 809-814). Argumenta-se, inclusive, que o núcleo essencial dos direitos sociais seria justamente o mínimo existencial, de modo que cada direito social teria um conjunto de posições prestacionais definitivamente protegidas independentemente de casos concretos (ROCHA, 2009, p. 252).

Denomina-se aqui esse argumento como "visão absoluta" do mínimo existencial. Como bem aponta Daniel Sarmento, essa é uma opção metodológica de teoria interna dos direitos fundamentais que se afasta do paradigma da teoria externa – predominante no Brasil e fundada no pensamento de Robert Alexy –, de modo que o mínimo existencial seria um conjunto de posições jurídicas definitivamente protegidas pela dignidade da pessoa humana sem maiores condicionantes.[6]

O problema dessa forma de conceituação do conteúdo jurídico de um direito fundamental é desconsiderar, por definição, as limitações jurídicas e fáticas necessárias para a sua concretização. Do ponto de vista jurídico, uma visão absoluta do mínimo existencial permitiria, no limite, a expropriação de bens públicos e privados para cessão àqueles que necessitem – raciocínio pouco plausível tendo em vista a existência de outros direitos fundamentais como a propriedade e o direito sobre o trabalho. Do ponto de vista fático, a visão absoluta ignora um dado da realidade simples e inexorável: a escassez de recursos para concretização dos direitos fundamentais.

Não se trata simplesmente da existência de recursos no caso concreto individual ou coletivo a ser enfrentada, mas do atendimento de todas as pessoas que se encontrem na mesma situação. Isso porque as normas jurídicas têm uma exigência argumentativa com respeito à ideia de igualdade formal: elas devem ser universalizáveis, no sentido de que sempre devem incidir nos casos concretos, quando seus suportes fáticos estiverem constatados na realidade. A exigência de igualdade formal justamente estabelece uma interpretação jurídica que identifica não regras particularistas e únicas para os casos concretos, mas que as situações semelhantes – por meio dos elementos do suporte fático de regras jurídicas – sejam juridicamente tratadas igualmente (MACCORMICK, 2005, p. 78).

O problema é que a concretização e o respeito a direitos fundamentais sempre exigem recursos financeiros. Em obra clássica do direito constitucional,

---

[6]   Daniel Sarmento critica essa visão por afirmar ser inviável a definição de um conteúdo abstrato para o mínimo existencial independentemente das considerações do caso concreto e das modificações valorativo-culturais de uma sociedade (SARMENTO, 2016, p. 219).

demonstra-se que todos os direitos fundamentais, inclusive as grandes liberdades públicas como liberdade de expressão e propriedade, exigem um aparato estatal e normas jurídicas para que possam ser protegidos. Naturalmente, a edição dessas normas, a criação e a manutenção de aparato estatal demandam recursos financeiros finitos por natureza e que devem ser alocados mediante escolhas que estabelecem prioridades entre direitos (HOLMES e SUNSTEIN, 1999, p. 131-2). Como reporta Ingo Sarlet, Peter Häberle já argumentava que todos os direitos fundamentais, na verdade, seriam direitos fundamentais sociais, pois dependeriam de prestação do Estado para serem protegidos (SARLET, 2011, p. 142).

Portanto, mesmo que se entenda que o direito fundamental da dignidade da pessoa humana crie deveres de prestação material para o Estado que assegure condições mínimas de existência digna, os contornos dogmáticos desse direito dependem das capacidades prestacionais de uma sociedade, não podendo ser tomadas com caráter absoluto. Isso significa que mesmo o direito ao mínimo existencial pode ser restringido pela reserva da possível, dependendo das circunstâncias do caso concreto (SARMENTO, 2016, p. 234). Tendo em vista a impossibilidade material de concretização de tão elevadas exigências jurídicas à dignidade da pessoa humana, a consequência desse raciocínio seria, paradoxalmente, a redução do âmbito de proteção desse direito em razão da impossibilidade de sua concretização (KLOEPFER, 2009, p. 171).

Essa inexorável realidade econômica – necessidades infinitas e recursos escassos – demonstra a insuficiência de uma abordagem jurídica que pretenda concretizar direitos fundamentais em suas dimensões prestacionais, de modo absolutamente independente de critérios legais e administrativos. Nesse sentido, Alexy determina que os direitos sociais são direitos a prestações materiais em sentido estrito que devem estar fora da discricionariedade do legislador. A identificação de quais são esses direitos, entretanto, depende de ponderação que avalie, também, a competência do legislador e administrador para definir possíveis alternativas e, especialmente no ponto que aqui interessa, a repercussão sobre os direitos de liberdade e direitos sociais dos demais membros de uma sociedade, que também dependem de recursos financeiros para serem concretizados (ALEXY, 2017, p. 512).

Como uma tentativa de enfrentar a questão da escassez de recursos, poderiam ser aventados dois argumentos no caso: a) a proibição de retrocesso social, uma vez já estabelecida a proteção a um direito fundamental; e b) a efetiva existência de recursos no caso concreto, que, entretanto, são mal geridos pela Administração.

## 4. A PROIBIÇÃO DE RETROCESSO SOCIAL: UM AUTOR, DUAS VISÕES

A decisão apresenta a seguinte argumentação sobre o princípio da proteção do retrocesso social:

> **Na realidade, a cláusula que proíbe o retrocesso** em matéria social **traduz**, *no processo de sua concretização*, **verdadeira dimensão negativa** pertinente aos direitos sociais de natureza prestacional (**como** o direito à saúde), **impedindo**, *em consequência*, **que os níveis** de concretização dessas prerrogativas, **uma vez atingidos**, venham a ser reduzidos **ou** suprimidos, **exceto** na hipótese – *de todo inocorrente na espécie* – **em que políticas compensatórias** venham a ser implementadas pelas instâncias governamentais.[7]

Em seguida, são citadas diversas fontes, dando-se destaque para duas: a) o pensamento de J. J. Gomes Canotilho; e b) um acórdão do Tribunal Constitucional português (Acórdão 39/1984). Essa ideia encontra amplo respaldo na doutrina e jurisprudência brasileiras. No caso brasileiro, aponta-se que tal princípio é implícito ao sistema constitucional, decorrendo do Estado Democrático e Social de Direito, dignidade da pessoa humana, exigência de máxima eficácia e efetividade das normas de direitos fundamentais, princípio da proteção da confiança legítima (SARLET, 2011, p. 162-163).

É interessante perceber, desde já, que Canotilho expressamente manifestou sua mudança de posição, pelo menos parcial, sobre o tema.

Em seus escritos iniciais, ainda mais próximos do paradigma do constitucionalismo dirigente, Canotilho defendia uma visão forte de proibição de retrocesso que está bem sintetizada na passagem supratranscrita do Acórdão.[8] Trata-se de uma visão chamada de "absoluta" pela doutrina (BOTELHO, 2015, p. 287).

Entretanto, em texto mais recente – e bem menos citado na literatura brasileira a respeito do tema –, Canotilho aborda as mudanças dogmáticas do constitucionalismo que decorrem da crise do paradigma do Estado Social, em que o Estado deixa de ser o principal provedor de bens e serviços públicos para atuar na esfera de regulação em sentido amplo de atividades de agentes

---

[7]   Voto do Min. Celso de Mello, RE 727.864, p. 24.

[8]   Cf., por exemplo, Canotilho, 1991.

privados. Ao examinar essas mudanças dogmáticas, Canotilho defende, por exemplo, que os juízes não devem interferir em políticas públicas e se posiciona contrariamente a ações judiciais que questionam o fechamento de serviços de saúde de urgência ou estabelecimentos de ensino (CANOTILHO, 2008, p. 268). Especificamente quanto ao princípio da proibição do retrocesso social, Canotilho (2008, p. 266) aponta:

> Isso significa que a chamada tese da "irreversibilidade de direitos sociais adquiridos" se deve entender com razoabilidade e com racionalidade, pois poderá ser necessário, adequado e proporcional baixar os níveis de prestações essenciais para manter o núcleo essencial do próprio direito social.

Na decisão também há menção ao Acórdão 39/1984 do Tribunal Constitucional português, que declarou a inconstitucionalidade da extinção do Sistema Nacional de Saúde, uma vez que implicava uma efetiva diminuição das prestações oferecidas à população. Entendeu-se que, uma vez adimplida a obrigação constitucional positiva de regulamentar a concretização de um direito fundamental, o Estado passaria a ser titular de uma obrigação negativa de não interferir no patamar de concretização já alcançado.[9]

Novamente, entretanto, é importante reconhecer que julgados mais recentes do Tribunal Constitucional português relativizam a ideia da proibição do retrocesso social. No Acórdão 509/2002, o Tribunal declarou a inconstitucionalidade do Decreto da Assembleia da República que revogava parcialmente a política de rendimentos mínimos a pessoas de 18 a 25 anos. Contudo, quanto à proibição de retrocesso, afirmou-se que se deve ter uma visão restritiva do tema, de modo que ela poderia

> [...] funcionar em casos-limite, uma vez que, desde logo, o princípio da alternância democrática, sob pena de se lhe reconhecer uma

---

[9]    Acórdão 39/1984 do Tribunal Constitucional português: "Quer isto dizer que, a partir do momento em que o Estado cumpre (total ou parcialmente) as tarefas constitucionalmente impostas para realizar um direito social, o respeito constitucional deste deixa de consistir (ou deixa de consistir apenas) numa obrigação, positiva, para se transformar (ou passar também a ser uma obrigação negativa). O Estado, que estava obrigado a actuar para dar satisfação ao direito social, passa a estar obrigado a abster-se de atentar contra a realização dada ao direito social" (item 2.3.3 da decisão).

subsistência meramente formal, inculca a revisibilidade das opções político-legislativas, ainda quando estas assumam o carácter de opções legislativas fundamentais.

Destaca-se que a ideia de proibição de retrocesso não chegou a ser utilizada como parâmetro de controle para declaração de inconstitucionalidade da norma impugnada.

No Acórdão 590, de 2004, o Tribunal Constitucional declarou a constitucionalidade da Lei 305, de 9 de dezembro de 2003, que revogava subsídios financeiros para financiamento de habitação para pessoas jovens. Nesse caso, o Tribunal afastou o argumento da proibição do retrocesso, entendendo que se tratava de medida legitimamente pertencente ao espaço de discricionariedade democrática do legislador, mesmo que considerado o núcleo essencial do direito à habitação. Argumenta-se que, nesse caso, a decisão do Tribunal Constitucional português implicou o "real abandono da doutrina da proibição do retrocesso", da maneira como exposta no Acórdão 39/1984 (MIRANDA e ALEXANDRINO, 2007, p. 24). Também no Acórdão 574, de 2014, o Tribunal Constitucional português compreendeu a proibição de retrocesso em sentido mais restrito, não o utilizando como parâmetro para declarar a inconstitucionalidade de norma que criava nova contribuição ao regime de seguridade social.

Diante desse cenário, fica claro que a proibição de retrocesso não é um mandamento inflexível e que não admite relativizações conforme os casos concretos, uma vez que, em determinado contexto histórico, o legislador pode, de modo legítimo, optar por modificar políticas públicas para otimizar a eficácia, eficiência e efetividade de sua atividade, além de modificar quais objetivos serão considerados prioritários naquele momento. O princípio da proibição do retrocesso, na verdade, cria uma exigência adicional para o legislador para que fundamente de modo adequado qualquer diminuição de proteção a um direito fundamental a fim de que demonstre a necessidade dessa restrição para a implementação de outras políticas públicas que também deverão ser fundamentadas (SARLET, 2011, p. 168). Isso também deve valer para o núcleo essencial de todos os direitos fundamentais, com base na ideia de mudança de papel e capacidades do Estado, como exposto por Canotilho em sua obra mais recente sobre o tema.

Abre-se a necessidade de investigar, então, quais os dados fáticos do caso sobre a política pública de UTIs do Estado do Paraná para identificar quais as possibilidades de incidência do princípio da proteção do retrocesso – ainda que em sua modalidade mais flexível – na situação concreta.

## 5. QUAL ERA A REALIDADE DO CASO CONCRETO E QUAIS OS POSSÍVEIS IMPACTOS DA DECISÃO?

Considerando que o caso analisado trata de uma política pública de saúde, é relevante conhecer como o STF avaliou seu desenho e a implementação na busca de formas de intervenção judicial que permitam a correção de distorções e insuficiências do ponto de vista constitucional. Nesse ponto, é fundamental analisar em detalhes os dados trazidos no Relatório da decisão sobre o caso. O inteiro teor do Relatório é este:

> Trata-se de recurso de agravo, tempestivamente interposto, contra decisão que conheceu do agravo (previsto e disciplinado na Lei nº 12.322/2010), para negar seguimento ao recurso extraordinário, eis que o acórdão recorrido está em harmonia com diretriz jurisprudencial prevalecente nesta Suprema Corte (fls. 1.221/1.252).
>
> Inconformada com esse ato decisório, a parte ora agravante interpõe o presente recurso, postulando o provimento do agravo que deduziu (fls. 1.257/1.262).
>
> Por não me convencer das razões expostas, submeto, à apreciação desta colenda Turma, o presente recurso de agravo.
>
> É o relatório.[10]

É curioso perceber que não há no relatório nem na fundamentação da decisão menção ou análise das questões de fato do caso concreto. Poder-se-ia, por exemplo, questionar: houve retrocesso na proteção constitucional do direito à vida ou à saúde? Quantos leitos de UTI pública foram abertos ou fechados nos últimos anos? Qual o destino dos recursos previstos no orçamento para essas finalidades? Quais os contornos das parcerias entre setor público e privado para ampliação da oferta de leitos de UTI? Há falha no desenho da política pública de modo que uma parte considerável dos leitos é oferecida onde não há demanda?

É verdade que uma das características processuais dos recursos aos tribunais superiores é a impossibilidade de revaloração das provas produzidas nas instâncias ordinárias. Contudo, essa limitação processual deve ser relativizada no caso de exame da compatibilidade de políticas

---

[10] Voto do Min. Celso de Mello, RE 727.864, p. 5.

públicas com as exigências constitucionais, uma vez que é da natureza desse tipo de questão identificar como o poder público, na prática, tem buscado atender a essas exigências. Não é possível saber se um conjunto de políticas públicas atende às exigências do direito à saúde, sem examinar suas características.

Ainda que se admitisse a visão mais tradicional de que os recursos aos tribunais superiores não podem discutir matérias fáticas, a decisão não mencionou se e como as instâncias ordinárias avaliaram o desenho e a implementação concreta da situação da política pública de saúde em exame. Não há menção à maneira pela qual os fatos foram examinados pelo juiz de direito ou pelo Tribunal de Justiça do Estado do Paraná ao julgarem a ação.

Não se trata aqui de uma postura isolada dentro da jurisprudência brasileira. Na verdade, trata-se de uma marca recorrente de decisões em todas as instâncias do Poder Judiciário ao lidar com questões de concretização de direitos sociais: pouca atenção aos detalhes fáticos do caso em nome da uma solução jurídica padrão concessiva dos pedidos apresentados em juízo (BUCCI, 2017, p. 69). Essa postura de não avaliar os detalhes fáticos dos casos de políticas públicas se torna ainda mais questionável em face das inovações da Lei de Introdução às Normas do Direito Brasileiro (LINDB). A partir da Lei 13.655, de 25 de abril de 2018, os arts. 20 e seguintes da LINDB passam a exigir que decisões judiciais efetivamente avaliem as consequências práticas de diferentes possibilidades de decisão – o que se torna muito relevante no caso do controle jurisdicional de políticas públicas.

Nesse ponto, uma questão premente se coloca: há "perdedores" na decisão do STF? Abstraindo-se da questão da legitimidade política do Judiciário em determinar unilateralmente a concretização de políticas públicas, que já traz grandes exigências argumentativas no ponto, há pessoas cujos direitos fundamentais podem ser violados ou desprotegidos pela decisão tomada pelo STF?

Nesse sentido, somente uma pesquisa empírica profunda poderia encontrar as respostas necessárias. Entretanto, há pesquisas em áreas correlatas com conclusões importantes para atuação do Poder Judiciário na concretização de políticas públicas. Ao revisitar os dados disponíveis de diversas pesquisas empíricas sobre a judicialização do direito à saúde no Brasil, Ferraz (2011, p. 20) conclui que ela ocorre em locais com maior índice de desenvolvimento humano, por advogados particulares e por tratamentos e medicamentos mais sofisticados e caros. Tais indícios levam o autor a formular as seguintes hipóteses:

1) quando levadas a concretizar alguns direitos sociais de modo assertivo, as cortes têm a tendência (e incentivos) para mal interpretar esses direitos de uma maneira absoluta e individual;

2) essa interpretação favorece indevidamente os litigantes (frequentemente uma minoria privilegiada) em face do restante da população;

3) considerando que os recursos estatais são necessariamente limitados, a litigância provavelmente produz a realocação de programas amplos direcionados à população em geral para essas minorias litigantes privilegiadas;

4) ao contrário da intenção de alguns acadêmicos, o aprimoramento do acesso à Justiça não resolverá o problema (FERRAZ, 2011, p. 4).

Diante dessas ressalvas, não se trata simplesmente de entender que o Poder Judiciário no Brasil não deve desempenhar nenhum papel relevante na proteção de direitos sociais, pois sua efetiva constitucionalização produz efeitos jurídicos que devem ser protegidos. A grande questão é como conceber essa proteção jurídica para além de argumentos que tornem absolutos certos direitos sociais, que, na prática, podem transformar o Poder Judiciário em um "Robin Hood" ao contrário.[11]

Deve ser ressaltado que o próprio STF tem efetuado esforços para lidar com a questão da concretização das demandas de prestações positivas

---

[11] Entrevista de Elival da Silva Ramos, Procurador-Geral do Estado de São Paulo, ao *site* Consultor Jurídico, em 23.10.2016: "Quando pergunto qual é a região mais pobre do Estado, todo mundo diz que é o Vale do Ribeira, todos os índices mostram. Esta é uma das regiões com o menor índice de judicialização na saúde. Qual é a região mais rica do interior do Estado? É Ribeirão Preto, que é a de maior índice. Então, isso mostra que o Judiciário colabora para uma desigualdade no Brasil, porque ele passa a atender segmentos em melhores condições econômicas da população, que têm acesso à Justiça. E o pobre, que é aquele que também não tem acesso à Justiça em geral, porque ali não tem uma Defensoria Pública funcionando, os advogados não têm o mesmo nível técnico dos que atuam em outros lugares... E esse pobre fica sem aquele tratamento, vai ter menos esgoto tratado, vai ter menos vacina, não vai ter um hospital melhor. O Estado deixando de investir nessas áreas significa não atender o mais pobre. Está cumprindo ordem judicial para atender o mais rico. Então, é um Robin Hood exatamente ao contrário, que é promovido por essa judicialização". Disponível em: https://www.conjur.com.br/2016-out-23/entrevista-elival-silva-ramos-procurador-geral-sao-paulo.

decorrentes dos direitos fundamentais em face da escassez de recursos, capacidade técnica e legitimidade política necessária para definir prioridades entre as necessidades sociais. Apenas para fins de exemplo, mencionam-se as considerações feitas pelo STF na STA 175[12] e novamente em discussão no RE 566.471 e RE 657.718, ainda em fase de julgamento. Nesses casos, são levantados critérios para a atuação do Poder Judiciário no caso de demandas referentes a medicamentos que englobam, entre outros, a análise da construção da política pública de saúde pelos órgãos responsáveis do Poder Executivo, a identificação da possível eficácia do medicamento solicitado e a proposta de diálogo institucional entre esses órgãos e o Poder Judiciário. Em caso que se refere ao sistema penitenciário brasileiro, destaca-se a decisão cautelar proferida pelo STF na ADPF 347, em que se determinaram a liberação de verbas públicas e a prestação de informações sobre as políticas públicas existentes no tema, em vez da imediata intervenção na política penitenciária por meio, por exemplo, da construção e reforma de presídios. Para além da atuação do Poder Judiciário, há exemplos da formação de órgãos colegiados em diversos Estados brasileiros nos quais participam as secretarias de saúde, Ministério Público, Defensoria Pública, Advocacia Pública e outros atores interessados para a atuação consensual sobre a política pública de saúde, de modo a evitar a judicialização excessiva (BUCCI, 2017, p. 76-79).

Esses exemplos demonstram que existem alternativas a opções binárias entre rejeitar qualquer eficácia jurídica mais incisiva aos direitos sociais (em modelo mais próximo da teoria das "normas programáticas") e conceder o direito concreto solicitado de modo independente das limitações financeiras e opções políticas feitas pelo Legislativo e Executivo.

## 6. CONCLUSÃO

Diante da análise dos argumentos mencionados, não se trata aqui de afirmar que o STF chegou a uma conclusão equivocada no caso concreto a respeito do pagamento de UTIs privadas pelo poder público. O objeto de crítica aqui é sua argumentação, pois as razões de decidir utilizadas não resolvem em definitivo a questão jurídica enfrentada pelo Tribunal. Desse modo, o Tribunal pode ou não ter chegado à solução correta no caso examinado: uma posição sobre esse questionamento demandaria análise bem mais complexa do que a realizada.

---

[12] Suspensão de Segurança na Tutela Antecipada (Agravo Regimental) 175, Pleno, Rel. Min. Gilmar Mendes, j. 17.03.2010.

Retomando os argumentos anteriormente defendidos, para que uma resposta dogmática mais sólida seja construída é necessário reconhecer que:

a) O direito à vida e direito à saúde apresentam eficácia parcialmente coincidente e geram posições jurídicas, *prima facie*, de prestação a serviços de UTI que, entretanto, são concretizados ordinariamente por meio de políticas públicas.

b) Mesmo no caso da identificação de posições jurídicas decorrentes da dignidade da pessoa humana a prestações materiais (mínimo existencial), há uma escassez fática de recursos inexoráveis que demanda a identificação de critérios razoáveis e politicamente controvertidos a serem utilizados para alocação desses recursos.

c) O princípio da proibição de retrocesso deve ser entendido em uma forma mais restrita e flexível que permita mudanças em níveis de proteção a direitos fundamentais, desde que justificadas nos casos concretos.

d) As decisões do Poder Judiciário sobre a constitucionalidade de políticas públicas devem ser tomadas levando em considerações as especificidades do caso concreto e os impactos positivos e negativos de uma intervenção nesse ponto.

Naturalmente, essas propostas não resolvem em definitivo o problema da concretização dos direitos sociais ou da judicialização de políticas públicas. Entretanto, elas permitem concluir que não há respostas juridicamente simples para problemas sociais, econômicos e políticos complexos. A tarefa do direito, nesse ponto, é levar essa complexidade a sério para que sejam construídas soluções jurídicas que efetivamente contribuam para a resolução dos problemas enfrentados de modo igualitário e transparente, cuja racionalidade esteja fundada no objetivo de levar a concretização dos direitos sociais àqueles que têm, de um lado, maior dependência dessas prestações e, de outro, menos acesso ao Poder Judiciário.

## REFERÊNCIAS

ALEXY, R. *Teoria dos direitos fundamentais*. 2. ed. São Paulo: Malheiros, 2017.

ANDRADE, J. C. V. D. *Os direitos fundamentais na Constituição portuguesa de 1976*. 3. ed. Coimbra: Almedina, 2004.

BARCELLOS, A. P. D. O direito a prestações de saúde: complexidades, mínimo existencial e o valor das abordagens coletivas e abstrata. In: NETO, C. P. D.

S.; SARMENTO, D. S. (Org.). *Direitos sociais*: fundamentos, judicialização e direitos sociais em espécie. Rio de Janeiro: Lumen Juris, 2010. p. 803-826.

BOTELHO, C. S. Os direitos sociais num contexto de austeridade: um elogio fúnebre ao princípio da proibição do retrocesso social?. *Revista da Ordem dos Advogados*, v. I/II, p. 259-294, 2015.

BRANCO, P. G. G.; MENDES, G. F. *Curso de direito constitucional*. 13. ed. São Paulo: Saraiva, 2018.

BUCCI, M. P. D. Contribuição para a redação da judicialização da saúde. Uma estratégia jurídico-institucional baseada na abordagem de direito e políticas públicas. In: BUCCI, M. P. D.; DUARTE, C. S. *Judicialização da saúde*: a visão do Poder Executivo. São Paulo,: Saraiva, 2017. p. 31-88.

CANOTILHO, J. J. G. Tomemos a sério os direitos sociais, econômicos e culturais. *Revista da Faculdade de Direito da Universidade de Coimbra*, n. 3, p. 461-500, 1991.

_____. "Bypass" social e núcleo essencial de prestações sociais. In: CANOTILHO, J. J. G. *Estudos sobre direitos fundamentais*. 2. ed. Coimbra: Coimbra Ed., 2008. p. 243-267.

FERRAZ, O. L. M. Harming the poor through social rights litigation: lessons form Brazil. *Texas Law Review*, v. 89, p. 1.643-1.648, 2011.

HOLMES, S.; SUNSTEIN, C. R. *The costs of rights*: why liberty depends on taxes. New York: Norton, 1999.

KLOEPFER, M. Vida e dignidade da pessoa humana. In: SARLET, I. W. (Org.). *Dimensões da dignidade*: ensaios de filosofia do direito e direito constitucional. 2. ed. Porto Alegre: Livraria do Advogado, 2009. p. 145-174.

MACCORMICK, N. *Rethoric and the rule of law*: a theory of legal reasoning. Oxford: Oxford University Press, 2005.

MIRANDA, J.; ALEXANDRINO, J. D. M. *As grandes decisões dos tribunais constitucionais europeus*. Lisboa: Universidade de Lisboa, 2007.

ROCHA, C. L. A. A dignidade da pessoa humana e o mínimo existencial. *Revista de Direito Administrativo*, n. 252, p. 15-24, 2009.

SARLET, I. W. Os direitos sociais entre proibição do retrocesso e avanço do Poder Judiciário? Contributo para uma discussão. *Revista Latino-Americana de Estudos Constitucionais*, v. 141-183, n. 12, 2011.

_____; SAAVEDRA, G. A. Constitucionalismo e democracia: breves notas sobre a garantia do mínimo existencial e os limites materiais de atuação do legislador, com destaque para o caso da Alemanha. *Revista da Ajuris*, v. 119, p. 73-94, 2010.

SARMENTO, D. *Dignidade da pessoa humana*: conteúdo, trajetórias e metodologia. 2. ed. Belo Horizonte: Fórum, 2016.

WATANABE, K. Controle jurisdicional de política públicas: mínimo existencial e demais direitos fundamentais imediatamente judicializáveis. n. 193, p. 13-26, mar. 2011.

---

## Questões para discussão

1. Qual era o objeto da ação em sua origem que resultou no RE 727.864?

2. Quais eram os detalhes fáticos do caso no que se refere à política pública em questão?

3. Direito à saúde e direito à vida são o mesmo direito? Qual a relação entre eles?

4. A proibição de retrocesso impede a modificação de uma política pública ou exige sua a criação ou ampliação?

5. Devem ser feitas considerações sobre o orçamento público ou se trata de questão irrelevante para o deslinde do presente caso?

6. Tendo em vista a decisão do STF, há "perdedores" em razão desse provimento jurisdicional?

# Caso 3 – HC 105.959/DF (Liberdade)

## RESTRINGIR O CABIMENTO DE *HABEAS CORPUS* SIGNIFICA IGNORAR O CAÓTICO SISTEMA PRISIONAL BRASILEIRO

### Lenio Luiz Streck

Mestre e Doutor em Direito pela Universidade Federal de Santa Catarina. Pós-doutor pela Universidade de Lisboa. Professor titular do Programa de Pós-Graduação em Direito (Mestrado e Doutorado) da Unisinos. Membro catedrático da Academia Brasileira de Direito Constitucional (ABDConst.). Presidente de Honra do Instituto de Hermenêutica Jurídica – IHJ (RS-MG). Membro da Comissão Permanente de Direito Constitucional do Instituto dos Advogados Brasileiros (IAB), do Observatório da Jurisdição Constitucional do Instituto Brasiliense de Direito Público (IDP), da *Revista Direitos Fundamentais e Justiça*, da *Revista Novos Estudos Jurídicos*, entre outros. Coordenador do Dasein, Núcleo de Estudos Hermenêuticos. Ex-Procurador de Justiça do Estado do Rio Grande do Sul.

### Matheus Pimenta de Freitas

Advogado. Graduado em Direito pela Universidade de Brasília (UnB) em 2017. Professor de Direito Constitucional, Coordenador do Grupo de Estudos e Pesquisa em Direito Eleitoral da UnB e Membro da Comissão de Direito Eleitoral da OAB/DF. Contribuiu na elaboração da 13ª edição (ano de 2018) e da 14ª edição (ano de 2019) da obra *Curso de direito constitucional*, de autoria de Gilmar Ferreira Mendes e Paulo Gonet Branco (São Paulo: Saraiva, 2018 e 2019). Desenvolve pesquisas e possui artigos publicados, sobretudo na área de Direito Público.

**Sumário:** 1. Introdução: os direitos fundamentais na ordem constitucional – 2. O julgamento do HC 105.959/DF pelo STF: a equivocada leitura do Tribunal sobre o cabimento de *habeas corpus* – 3. Uma análise do *case* à luz da situação do sistema carcerário brasileiro e da missão institucional do STF – 4. Conclusão: a esperança na evolução jurisprudencial – Referências.

# 1. INTRODUÇÃO: OS DIREITOS FUNDAMENTAIS NA ORDEM CONSTITUCIONAL

O Estado Moderno nasce sem constituição. É justamente como limitação do poder absolutista que o constitucionalismo assenta suas raízes já no século XVIII, a partir das primeiras constituições: Estados Unidos e França.

Condensando as principais alterações sociais vislumbradas na transição do Estado Monárquico-Absolutista para o Estado Constitucional europeu, Jorge Miranda revela que as mudanças ocorridas foram marcantes:

> Em vez de tradição, o contrato social; em vez da soberania do príncipe, a soberania nacional e a lei como expressão da vontade geral; em vez do exercício do poder por um só ou seus delegados, o exercício por muitos, eleitos pela colectividade; em vez da razão do Estado, o Estado como executor de normas jurídicas; em vez de súbditos, cidadãos, e atribuição a todos os homens, apenas por serem homens, de direitos consagrados nas leis. E instrumentos técnico-jurídicos principais tornam-se, doravante, a Constituição, o princípio da legalidade, as declarações de direitos, a separação de poderes, a representação política.[1]

Como produto principal do movimento constitucionalista, a constituição pode ser definida como o estatuto jurídico do político, a explicitação do contrato social. É o remédio contra maiorias. Em detalhe, J. J. Gomes Canotilho assinala que o conceito de constituição moderna pode ser desdobrado em três pontos:

> (1) ordenação jurídico-política plasmada num *documento escrito*; (2) declaração, nessa carta escrita, de um conjunto de *direitos fundamentais* e do respectivo modo de *garantia*; (3) organização do poder político segundo esquemas tendentes a torná-lo um *poder limitado e moderado*.[2]

---

[1]  MIRANDA, Jorge. *Manual de direito constitucional*: preliminares, o Estado e os sistemas constitucionais. 4. ed. rev. e atual. Coimbra: Coimbra Editora, 1990. t. I, p. 83.

[2]  CANOTILHO, J. J. Gomes. *Direito constitucional e teoria da Constituição*. 7. ed. Coimbra: Almedina, 2003. p. 52.

O movimento constitucionalista também afetou o contexto brasileiro, com todas as suas transformações, fases e modelos. Assim, após a sucessão de seis Cartas Constitucionais com características e contornos diferenciados entre si, foi promulgada, em 5 de outubro de 1988, a mais recente Constituição.

Como forma de reação aos anos penosos de ditadura militar – em que as violações a direitos individuais eram cotidianas –, a Constituição de 1988 trouxe como prioridade a proteção às garantias fundamentais com relação às demais matérias. Refletindo essa preocupação, a Constituição anuncia, logo no preâmbulo, a instituição de um

> [...] Estado Democrático, destinado a assegurar o exercício dos direitos sociais e individuais, a liberdade, a segurança, o bem-estar, o desenvolvimento, a igualdade e a justiça como valores supremos de uma sociedade fraterna, pluralista e sem preconceitos.

Ademais, a dignidade humana passou a ser prevista como fundamento da República Federativa do Brasil, pelo art. 1º da Carta. Construir uma sociedade livre, justa e solidária, bem como promover o bem de todos sem qualquer forma de discriminação, tornaram-se objetivos fundamentais da República brasileira, nos termos do art. 3º.

Os direitos fundamentais devem ser entendidos como garantias que atravessam todos os âmbitos das relações sociais, inclusive naquilo que se convencionou chamar de horizontalidade, atingindo, inclusive, as relações privadas. Mais do que isso, no Estado Democrático de Direito, que representa um *plus* normativo em relação ao modelo de Estado anterior (Estado Social), exige-se que o Estado atue, primordialmente, na defesa dos direitos fundamentais, dos quais a liberdade representa o ponto central – fulcro, aliás, do nascimento do *habeas corpus* há tantos séculos.

Um dos aspectos mais significativos do Constitucionalismo Contemporâneo – e isso fica muito claro em Constituições como a do Brasil, Portugal e Espanha – é o fato de que não apenas se ampliou a previsão de direitos assegurados, mas se agregou a isso a criação de vias institucionais de controle, ou melhor, mecanismos para implementação dos direitos e garantias previstos. Os chamados remédios constitucionais, nesse contexto, despontam como ferramentas colocadas ao alcance dos indivíduos para que se protejam de eventuais intervenções ilegítimas por parte da Administração Pública, que configurem qualquer embaraço à efetivação de seus direitos fundamentais.

Nesse sentido, o *habeas corpus* serve ao indivíduo que sofre ou se acha ameaçado de sofrer "violência ou coação em sua liberdade de locomoção, por ilegalidade ou abuso de poder"[3]. Muito embora o referido *writ* tenha por finalidade o resguardo da liberdade do indivíduo, um dos mais importantes bens a fundar a ideia de ordem constitucional, pois é por meio de sua proteção que, na história do constitucionalismo, inaugura-se a primeira forma de limite ao poder estatal, o *habeas corpus* vem sofrendo delimitações injustificadas, interpretações sobre seu cabimento que enfraquecem sobremaneira seus propósitos.

Um dos aspectos que merece atenção no que diz respeito à impetração do *habeas corpus* é sobre a tese, surgida recentemente, que versa sobre a impossibilidade de seu cabimento em face de decisões monocráticas proferidas pelos magistrados integrantes do Supremo Tribunal Federal (STF).

A referida restrição, por certo, não fora estipulada pela Constituição Federal tampouco está prevista em qualquer diploma legal. Com efeito, o que definiu não ser cabível a impetração do *habeas corpus* em face de decisões monocráticas dos Ministros da Suprema Corte foi a jurisprudência do próprio STF, ou seja, recentemente, ao julgar o HC 105.959/DF, a Corte fixou a mencionada orientação, e é justamente esse *decisum* que será examinado no tópico seguinte do presente capítulo.

## 2. O JULGAMENTO DO HC 105.959/DF PELO STF: A EQUIVOCADA LEITURA DO TRIBUNAL SOBRE O CABIMENTO DE *HABEAS CORPUS*

O HC 105.959/DF foi impetrado contra decisão monocrática proferida pelo Ministro Cezar Peluso no Inquérito 2.424/RJ, a qual havia prorrogado determinado prazo para a realização de escutas telefônicas autorizadas judicialmente.

Naquela ocasião, os impetrantes impugnavam a decisão por suposta falha na fundamentação, bem como por contrariedade ao art. 5º da Lei 9.296/1996, ao alegarem que, por meio do *decisum*, o Ministro Relator teria permitido a realização de escutas por prazo superior a 44 dias. Por essas razões, os impetrantes pretendiam a declaração de nulidade daquela decisão.

Distribuído ao Ministro Marco Aurélio, o HC 105.959/DF foi por ele conhecido, sob o entendimento de que a decisão impugnada se tratava de

---

[3]    BRASIL. Constituição brasileira de 1988. Art. 5º, LXVIII. Disponível em: http://www.planalto.gov.br/ccivil_03/constituicao/constituicaocompilado.htm. Acesso em: 17 jun. 2018.

ato coator que embaraçava a liberdade de ir e vir do paciente e eivava-se de ilegalidade, requisitos que autorizavam o manejo de *habeas corpus*, de acordo com os termos estabelecidos na Constituição Federal.

Em sequência, inaugurou a divergência o Ministro Edson Fachin, que votou no sentido de não conhecer do *habeas corpus* por entender que a jurisprudência pacífica do STF apontava para o não cabimento daquele remédio constitucional em face de decisões monocráticas proferidas por membros da Corte.

Ato contínuo, pronunciou-se novamente o Ministro Marco Aurélio, manifestando sua preocupação com relação à ampla repercussão que certamente decorreria da decisão que ali fosse tomada. Assim declarou o Relator:

> O que decidirmos, quanto à possibilidade ou não de impugnação de ato de integrante do Supremo, repercutirá – porque o ordenamento jurídico é único no território nacional – nos vinte e sete Tribunais de Justiça, nos cinco Tribunais Regionais Federais e nos Superiores.
>
> Se o Tribunal disser que não cabe a formalização de *habeas corpus* contra ato de Ministro do Supremo, o mesmo enfoque será observado nos demais Tribunais do País, quanto a atos de Ministros, Desembargadores e Juízes – não Desembargadores Federais – dos Regionais Federais.

Posteriormente, acompanhou a divergência o Ministro Roberto Barroso, que inadmitiu o remédio impetrado também ao seguir, em tese, a jurisprudência do Tribunal, que teria sido materializada na Súmula 606/STF.

Em seguida, voltou a se manifestar o Ministro Marco Aurélio, que aclarou que a Súmula 606/STF não se aplicava à hipótese daquele julgamento. Isso porque o enunciado sumular predizia o não cabimento de *habeas corpus* contra decisões das Turmas ou do próprio Plenário do STF proferidas também em *habeas corpus* ou no respectivo recurso, ao passo que, no processo então apreciado, o remédio constitucional voltava-se contra ato monocrático de relator que determinava a prolongação de prazo de escutas telefônicas, não se tratando de decisão proferida em *habeas corpus*.

Ademais, consignou o Relator que afirmar o não cabimento do *habeas corpus* naquelas circunstâncias significaria conceber uma incoerência, uma vez que as monocráticas poderiam ser impugnadas por via de agravo interno, mas não por meio do referido remédio constitucional, que não encontra nem mesmo o obstáculo alusivo à coisa julgada.

Filiando-se à posição adotada pelo Relator, o Ministro Ricardo Lewandowski conheceu do *writ*, julgando ser possível a impetração daquele tipo de remédio contra decisões monocráticas proferidas por Ministros do STF, por reconhecer "que é um direito do cidadão [...] implícito na Constituição, se não estiver explícito, ter o ato de qualquer autoridade revista por outra autoridade isenta, alheia ao que se discute no caso".

Nesse mesmo sentido votou o Ministro Dias Toffoli, que asseverou a importância do *habeas corpus* como instrumento necessário à preservação da dignidade humana e à garantia da ampla defesa aos indivíduos. Consignou, ainda, que o próprio art. 102, I, *i*, da Constituição Federal atribuía ao STF a competência para julgar os *habeas corpus* impetrados contra decisão monocrática proferida por seus magistrados. Isso porque o mencionado dispositivo dispõe ser de competência do STF o julgamento de *habeas corpus* quando o ato coator for praticado por autoridade submetida à jurisdição da Corte Constitucional. Desse modo, considerada a submissão dos Ministros do STF ao próprio Tribunal, as decisões monocráticas proferidas por eles seriam plenamente passíveis de impugnação mediante a impetração do remédio.

Por outro lado, o Ministro Teori Zavascki acompanhou a divergência e também votou no sentido de não conhecer do *writ*, em homenagem à jurisprudência do STF.

Apontou no mesmo sentido o voto proferido pela Ministra Rosa Weber, para quem o *habeas corpus* não seria o instrumento processual adequado à impugnação da decisão monocrática do Relator, também em observância ao entendimento majoritário da Corte Constitucional.

Igualmente filiaram-se à divergência os votos do Ministro Luiz Fux e da Ministra Cármen Lúcia, que fizeram alusão, da mesma forma, ao posicionamento que predominava na Corte.

O Ministro Gilmar Mendes, todavia, acompanhou o voto proferido pelo Relator, ao reconhecer que o caso envolvia a garantia constitucional da proteção judicial efetiva, a qual impõe que nenhuma lesão seja afastada da apreciação do Poder Judiciário. Assim, o referido magistrado conheceu do *writ* por entender que a proteção às garantias fundamentais dos indivíduos deveria preponderar sobre quaisquer limitações formais.

Por fim, o Ministro Celso de Mello também votou no sentido de conhecer do remédio constitucional por defender a ampliação das hipóteses de cabimento do *habeas corpus*, "sob pena de um dos mais preciosos bens jurídicos – a liberdade de locomoção física – restar desamparado na mais Alta Corte de Justiça de nosso país".

Portanto, o julgamento encerrou-se com a formação de apertada maioria, por 6 votos a 5, a qual entendeu ser incabível o *habeas corpus* impetrado em face de decisões monocráticas proferidas por Ministros do STF.

## 3. UMA ANÁLISE DO *CASE* À LUZ DA SITUAÇÃO DO SISTEMA CARCERÁRIO BRASILEIRO E DA MISSÃO INSTITUCIONAL DO STF

Conforme evidenciou o voto proferido pelo Ministro Roberto Barroso, o entendimento assentado no julgamento do HC n. 105.959/DF encontrou guarida tão somente em justificativa de ordem procedimental. Ao externar suas razões decisórias, o referido magistrado assim se pronunciou:

> Portanto, nós não estamos propriamente inovando; nós estamos mantendo uma posição tradicional que, a meu ver, preserva o Tribunal, embora não seja insuscetível de críticas ou de gerar problemas que, por vezes, poderiam ser solucionados dessa forma. Mas, fazendo uma análise de custo-benefício, uma ponderação em sentido estrito, eu acho que o que se perderia com o cabimento de *habeas corpus*, nesta situação, sobrepuja o que se ganharia.

E caminharam no mesmo sentido todos os demais votos que divergiram do Relator originário daquele processo. Com efeito, todos os votos invocaram a orientação majoritária da Corte, que afirmava que, contra as decisões monocráticas proferidas por seus membros, o instrumento processual cabível seria o agravo interno, e não o *habeas corpus*.

A finalidade inequívoca daquela conclusão era diminuir a quantidade de impetrações do remédio constitucional ao Plenário do STF, em mais uma clara hipótese do que se denomina jurisprudência defensiva. Acontece que, ao assim decidir, a Corte Constitucional cometeu grave erro, esvaziando, em grande medida, o instituto do *habeas corpus*.

Esse remédio constitucional configura uma das mais relevantes proteções ofertadas tradicionalmente aos cidadãos brasileiros. Com efeito, desde o advento do Código de Processo Criminal de 1832, o *habeas corpus* passou a constituir a base para a proteção dos indivíduos contra arbitrariedades do Estado.

Na ordem constitucional, o referido *writ* é expressamente previsto desde a primeira Constituição da República, promulgada em 1891. O art.

72, § 22, daquela Carta assim dispunha: "dar-se-á *habeas corpus* sempre que o indivíduo sofrer violência, ou coação, por ilegalidade, ou abuso de poder".

A amplitude do dispositivo fez, inclusive, com que se gerasse dúvida interpretativa quanto ao cabimento do *habeas corpus*. Com efeito:

> Na verdade, três posições firmaram-se com o advento da Constituição republicana: alguns, como Rui Barbosa, sustentavam que a garantia deveria ser aplicada em todos os casos em que um direito estivesse ameaçado, manietado, impossibilitado no seu exercício por abuso de poder ou ilegalidade; em sentido oposto, afirmava-se que o *habeas corpus*, por sua natureza e origem histórica, era remédio destinado exclusivamente à proteção da liberdade de locomoção; e finalmente, uma terceira corrente, vencedora no seio do Supremo Tribunal Federal, propugnava incluir na proteção do *habeas corpus* não só os casos de restrição da liberdade de locomoção, como também as situações em que a ofensa a essa liberdade fosse meio de ofender outro direito. Assim, exemplificava Pedro Lessa: quando se ofende a liberdade religiosa, obstando que alguém penetre no templo, tem cabimento o *habeas corpus*, pois foi embaraçando a liberdade de locomoção que se feriu a liberdade religiosa; quando se ofende a liberdade religiosa, porque se arrasam as igrejas, ou se destroem os objetos do culto, não é possível requerer o remédio, porque aí não está em jogo a liberdade de locomoção das pessoas.[4]

Em 1926, a partir da Emenda Constitucional n. 3, o art. 72, § 22, da Constituição Republicana de 1891 sofreu relevante adstrição e passou a viger com o seguinte teor: "Dar-se-ha o *habeas-corpus* sempre que alguém soffrer ou se achar em imminente perigo de soffrer violencia por meio de prisão ou constrangimento illegal em sua liberdade de locomoção".

Posteriormente, todas as constituições brasileiras, inclusive a de 1988, abrangeram a possibilidade de impetração do *habeas corpus* nos casos de limitação ou risco de limitação à liberdade dos indivíduos.

---

[4]   GRINOVER, Ada Pellegrini; FERNANDES, Antonio Scarance; GOMES FILHO, Antonio Magalhães. *Recursos no processo penal*. 4. ed. São Paulo: RT, 2004. p. 347-348.

Além de toda a importância histórica do instituto, a relevância do remédio constitucional, heroico nos tempos atuais, está na ideia que surge automaticamente ao se examinar a situação do sistema carcerário brasileiro.

A esse respeito, é importante rememorar que, em setembro de 2015, ao julgar a ADPF n. 347, o STF, reconhecendo as diuturnas violações de direitos fundamentais sofridas pelos cidadãos encarcerados nos estabelecimentos prisionais brasileiros, declarou que a atual conjuntura desumana do sistema prisional do País configura um estado de coisas inconstitucional, o qual deve ser reparado com urgência.

Naquela ocasião, o Ministro Celso de Mello assim se pronunciou:

> Há, efetivamente, no Brasil, um claro e indisfarçável "estado de coisas inconstitucional" resultante – tal como denunciado pelo PSOL – da omissão do Poder Público em implementar medidas eficazes de ordem estrutural que neutralizem a situação de absurda patologia constitucional gerada, incompreensivelmente, pela inércia do Estado que descumpre a Constituição Federal, que ofende a Lei de Execução Penal e que fere o sentimento de decência dos cidadãos desta República.
>
> [...]
>
> O fato preocupante, Senhor Presidente, é que o Estado, agindo com absoluta indiferença em relação à gravidade da questão penitenciária, tem permitido, em razão de sua própria inércia, que se transgrida o direito básico do sentenciado de receber tratamento penitenciário justo e adequado, vale dizer, tratamento que não implique exposição do condenado a meios cruéis ou moralmente degradantes, fazendo-se respeitar, desse modo, um dos mais expressivos fundamentos que dão suporte ao Estado democrático de direito: a dignidade da pessoa humana (CF, art. 1º, III).

E não foi somente esse julgamento que atestou a condição sub-humana do sistema carcerário brasileiro. A partir do ano de 2008, o Conselho Nacional de Justiça, sob a presidência do Ministro Gilmar Mendes e a corregedoria do Ministro Gilson Dipp, passou a organizar e a executar os mutirões carcerários, que objetivavam a aproximação dos órgãos do Poder Judiciário com a realidade concreta do sistema prisional brasileiro.

Nas inspeções realizadas, foram encontradas situações verdadeiramente assustadoras. Registrando algumas delas em artigo acadêmico, Gilmar Mendes assim relata:

Os mutirões carcerários revelaram problemas de toda ordem, como a descoberta de pessoas com penas já integralmente cumpridas, mas que ainda permaneciam encarceradas, bem como a constatação de inúmeros benefícios, como livramento condicional e progressão de regime com significativo excesso de prazo em sua concessão. Ficou bem clara, nesses casos, a deficiência do próprio Judiciário ao retardar a apreciação de pedidos de detentos que já poderiam estar em liberdade há anos, como constatado em alguns presídios.

[...]

Na cidade de Abaetetuba, no Estado do Pará, uma jovem de 16 anos foi mantida presa por mais de 30 dias em uma cela com 20 homens. Acusada de furto, a adolescente afirmou ter sido violentada pelos demais apenados no período em que esteve encarcerada. Segundo a Polícia Civil, não há, no Município, carceragem feminina, motivo pelo qual a jovem foi indevidamente colocada junto com presidiários do sexo masculino.

No Paraná, foi encontrada situação que se repete em diversas outras regiões do país: a inexistência de locais específicos a sentenciados dependentes químicos (usuários de drogas). Normalmente, em muitas localidades, são confinados em complexos penais destinados a apenados com doenças mentais.

Em inspeção ao presídio central de Porto Alegre, iniciada no mês de março de 2011, foi constatado que, dos 4.800 detentos que cumpriam pena em regime fechado, cerca de 300 já tinham a progressão para o semiaberto autorizada pela Justiça, mas ainda não gozavam do benefício por falta de vagas em unidades prisionais de semiliberdade.

Agregue-se a isso que a progressão de regime no cumprimento de penas no Brasil, concebida como modelo de reintegração do preso à sociedade, não passa de pura ilusão. Em razão da absoluta escassez de estabelecimentos prisionais apropriados para os regimes aberto e semiaberto, as penas acabam sendo cumpridas, na prática, em regime fechado, não raro em estabelecimentos sob o comando dos próprios presos, ou em prisão domiciliar sem nenhum tipo de fiscalização, como se constatou em recente audiência pública no Supremo Tribunal Federal.

Por outro lado, evidencia-se o problema da morosidade da justiça. No Estado do Maranhão, um detento condenado a 17 anos de prisão ficou preso um ano e três meses a mais do que deveria. Pelo procedimento previsto na Lei de Execução Penal, teria direito à liberdade condicional quando cumprisse 10 anos de sua pena, mas acabou ficando preso 11 anos e três meses, graças ao atraso na apreciação de seu caso, que só veio a ser resolvido por ocasião do Mutirão carcerário.[5]

Nota-se, portanto, que não foi desmoderada a equiparação feita pelo então Ministro da Justiça, José Eduardo Cardozo, entre os presídios do Brasil e as masmorras medievais. É importante que se mencione, ademais, o altíssimo índice de presos provisórios no País. Com efeito, no último Levantamento Nacional de Informações Penitenciárias (Infopen), divulgado pelo Ministério da Justiça, revelou-se que 40% dos encarcerados no Brasil representam presos provisórios, os quais se encontram em estabelecimentos prisionais, mas ainda não foram julgados.

Analisadas as situações individuais de cada Estado da Federação, o quadro parece ainda mais alarmante. No Estado do Ceará, por exemplo, 66% dos presos ainda não foram julgados. Em Sergipe, o índice de presos provisórios em relação ao número total de encarcerados corresponde a 65%, enquanto nos Estados do Amazonas e da Bahia esse percentual atinge 64% e 58%, respectivamente.

Isso reflete, em muito, a mora do Poder Judiciário em julgar seus processos criminais, fato do qual resultam prisões provisórias exageradamente longas, que se perpetuam enquanto não houver julgamento. Nessas condições, em que se mostra evidente o colapso do sistema prisional brasileiro, o âmbito de proteção do *habeas corpus* deveria ser ampliado, e não restringido.

Empreender uma análise de custo-benefício, como fez o STF no julgamento do HC 105.959/DF, e decidir por prestigiar a forma em detrimento da dignidade humana das centenas de milhares de brasileiros encarcerados não condiz, sob qualquer ângulo, com o Estado de Direito.

A conclusão a que chegou a Corte Suprema naquele julgado parece fechar os olhos ao estado de calamidade em que se encontra o sistema prisional do Brasil. De fato, ao assim decidir, o STF tornou ainda mais fechadas as portas para um julgamento mais justo e comprometido com a dignidade humana, sobretudo para os desassistidos.

---

[5]    MENDES, Gilmar Ferreira. Conselho Nacional de Justiça e parcerias institucionais – temas prioritários. In: MENDES, Gilmar Ferreira; SILVEIRA, Fabiano Augusto Martins; MARRAFON, Marco Aurélio. *Conselho Nacional de Justiça*: fundamentos, processo e gestão. São Paulo: Saraiva, 2016. p. 26-27. (Série IDP)

Aqui, também, cabe uma observação hermenêutica, que diz respeito à defesa da coerência e da integridade no Direito: em nenhum momento, os Ministros do STF questionaram a atualidade do entendimento fixado anteriormente e que serviu de fundamento para que não fosse conhecido o *habeas corpus* de decisão monocrática, ou seja, não houve uma discussão sobre se, ainda hoje, seria possível a manutenção de tal entendimento. Em outras palavras: será que o mesmo cenário que fez surgir essa Súmula ainda se mantém? A questão é, portanto, também hermenêutica.

Não merece prosperar, ainda, a ideia de que não chegam ao STF casos absurdos de violações de direitos fundamentais. A título de exemplo do contrário, menciona-se o HC 141.201/MG, impetrado perante o STF, em que se narrava que determinado indivíduo havia sido condenado à pena de reclusão – e tido a sua condenação mantida em segunda instância e pelo STJ, frise-se – em razão do furto de uma correntinha avaliada em R$ 15,00. Pode-se aludir, ademais, o HC 141.410/SP, hipótese na qual o paciente era condenado, também à pena de reclusão, pela tentativa de furto de uma barra de chocolate. Outro caso que causa espanto é o HC n. 139.248/SP, em que o paciente se encontrava preso preventivamente por ter furtado dezoito tijolos e os revendido pelo valor total de R$ 7,00.

Todos esses casos assombrosamente chegaram ao STF. Distribuídos ao Ministro Gilmar Mendes, todos tiveram a ordem concedida, ou seja, diante desse cenário, quando se visualiza a efetividade do manuseio desse remédio constitucional, volta-se ao problema hermenêutico/interpretativo da questão: Ministros do STF estão autorizados a restringir a aplicabilidade de garantias constitucionais? Se quiséssemos ir mais além, os Ministros podem alterar o texto constitucional via criação de *regras de exceção*? A questão é de fundo democrático, o que precisa ficar claro.

Afinal, como se vê, casos esdrúxulos também chegam à Suprema Corte brasileira e podem ser decididos de uma forma ou de outra. Não fosse a decisão tomada no HC 139.248/SP, por exemplo, aquele paciente poderia ter sido mantido nas *masmorras* por ter furtado 18 tijolos, que custavam, ao todo, R$ 7,00.

Além disso, a atual situação dos presídios brasileiros não comporta a limitação que o STF impôs ao instituto do *habeas corpus* no julgamento do HC 105.959/DF. Nesse contexto, implementar embaraços a que eventual desacerto de um Ministro da Corte tenha a possibilidade de ser corrigido por outro membro do Tribunal não parece se coadunar com os princípios elementares insculpidos na Constituição Federal de proteção dos direitos fundamentais.

Portanto, falhou o STF ao julgar o HC 105.959/DF, porquanto, seja por uma análise hermenêutica, que trata dos limites da interpretação judicial,[6] ou de custo-benefício (como a situação prisional do País), a Corte promoveu uma restrição na proteção dos direitos fundamentais dos cidadãos brasileiros, causando uma afronta aos ditames da própria Constituição Federal. A missão institucional do STF é ser o guardião da Constituição, e não criar entendimentos que visem a diminuir a carga protetiva inaugurada pelo texto constitucional.

## 4. CONCLUSÃO: A ESPERANÇA NA EVOLUÇÃO JURISPRUDENCIAL

O *habeas corpus* nasce no medievo, atravessa os séculos e, paradoxalmente, ainda hoje, nas democracias do século XXI, passa por reveses. Se, como remédio heroico, deveria estar imune a formalismos, é exatamente nestes que ocorre a sua fragilização em países como o Brasil. O "traga-me o corpo e te darei o Direito" parece ter sido transformado em *forma dat esse rei* (a forma é a essência do ato). O mais inusitado é que, no Brasil, isso ocorre no Tribunal encarregado de dizer por último o sentido da Constituição, como demonstrado no presente texto.

Felizmente, de maneira geral, o Tribunal vem cumprindo seu papel. Afirmar o contrário seria, seguramente, incorrer em exageros. Recentemente, a título de exemplo, o STF inovou ao conceder, pela primeira vez, *habeas corpus* na modalidade coletiva em favor de todas as mulheres presas grávidas ou mães de crianças com até 12 anos de idade, para determinar a substituição da prisão preventiva das pacientes pelo regime domiciliar. Tomada no HC 143.641/SP, a decisão da Corte inquestionavelmente soube respeitar os direitos fundamentais das mães e das crianças, elencados em nossa Carta Fundamental.

No entanto, viu-se que a conclusão adotada pelo STF no julgamento do HC 105.959/DF, que estabeleceu ser incabível *habeas corpus* impetrado contra decisão monocrática de Ministros da Corte, não se coaduna com a

---

[6] Sobre o tema, ver toda a obra de Lenio Streck, que a partir de sua Crítica Hermenêutica do Direito, visa a desenvolver uma Teoria da Decisão Judicial, reconhecendo a necessidade de respostas constitucionalmente adequadas pelo Judiciário. Em especial, ver: STRECK, Lenio Luiz. *O que é isto? Decido conforme minha consciência*. 5. ed. Porto Alegre: Livraria do Advogado, 2015.

missão institucional atribuída ao Tribunal Constitucional tampouco com a realidade do sistema prisional brasileiro.

Há, todavia, esperança de que o STF evolua sua jurisprudência. Ao julgar o HC 152.707/DF, impetrado contra decisão monocrática proferida pelo Ministro Edson Fachin, o Ministro Dias Toffoli reconheceu o cabimento do *writ* em face de atos proferidos por membros da Corte. Levado o caso a Plenário, contudo, restou prejudicado o *habeas corpus* em decorrência do deferimento monocrático, pelo Ministro Edson Fachin, da prisão domiciliar do paciente, não sendo oportunizada ao Tribunal a possibilidade de se pronunciar novamente sobre o tema.

Espera-se, com otimistas expectativas, que o STF, em uma próxima oportunidade, reavalie seu posicionamento com relação ao cabimento do remédio heroico contra atos monocráticos proferidos por Ministros da Corte. É necessário que o Tribunal cumpra seu papel elementar de guardião da Constituição e dos direitos fundamentais. E desempenhar essa missão, sobretudo quando considerado o caótico estado do sistema carcerário brasileiro, impõe, indispensavelmente, interpretação ampla quanto ao cabimento do *habeas corpus*.

Para isso, é preciso que seja feito o devido "constrangimento epistemológico",[7] isto é, é preciso dizer que, em alguns casos, o STF erra. É o caso desse HC. A capacidade de olhar para decisões judiciais proferidas pela mais alta Corte Constitucional brasileira com o devido senso crítico é o que faz o Direito avançar.

## REFERÊNCIAS

CANOTILHO, J. J. Gomes. *Direito constitucional e teoria da Constituição*. 7. ed. Coimbra: Almedina, 2003.

GRINOVER, Ada Pellegrini; FERNANDES, Antonio Scarance; GOMES FILHO, Antonio Magalhães. *Recursos no processo penal*. 4. ed. São Paulo: RT, 2004.

MENDES, Gilmar Ferreira. Conselho Nacional de Justiça e parcerias institucionais – temas prioritários. In: MENDES, Gilmar Ferreira; SILVEIRA, Fabiano Augusto Martins; MARRAFON, Marco Aurélio. *Conselho Nacional de Justiça*: fundamentos, processo e gestão. São Paulo: Saraiva, 2016. (Série IDP)

---

[7] Sobre o tema, ver: STRECK, Lenio Luiz. *Dicionário de hermenêutica*: quarenta temas fundamentais da teoria do direito à luz da crítica hermenêutica do direito. Belo Horizonte: Casa do Direito, 2017.

MIRANDA, Jorge. *Manual de direito constitucional*: preliminares, o Estado e os sistemas constitucionais. 4. ed. rev. e atual. Coimbra: Coimbra Editora, 1990. t. I.

STRECK, Lenio Luiz. *Dicionário de hermenêutica jurídica*: quarenta temas fundamentais da teoria do direito à luz da crítica hermenêutica do direito. Belo Horizonte: Casa do Livro, 2017.

_____. *O que é isto?* Decido conforme minha consciência. 5. ed. Porto Alegre: Livraria do Advogado, 2015.

---

## Questões para discussão

1. Que conexões podem ser estabelecidas entre Estado Democrático de Direito, Constitucionalismo Contemporâneo e *habeas corpus*, justificando, desse modo, pela diferenciação teleológica, a ausência de excludência entre agravo interno e o referido remédio constitucional?

2. Poder-se-ia aplicar ao HC 105.959/DF a Súmula 606/STF, a qual afirma que "Não cabe *habeas corpus* originário para o Tribunal Pleno de decisão de Turma, ou do Plenário, proferida em *habeas corpus* ou no respectivo recurso"?

3. Como se pode relacionar a importância do *habeas corpus* ao objeto da ADPF 347 (caso do estado de coisas inconstitucional), ao cenário revelado pelos mutirões carcerários do Conselho Nacional de Justiça, e ao índice de presos provisórios no Brasil? A argumentação que considera essa relação é jurídica ou política?

4. Por que a decisão tomada pelo STF ao julgar o HC 105.959/DF não atende a exigência de coerência e integridade posta, de maneira explícita, no art. 926 do Código de Processo Civil brasileiro/2015?

5. Deteriam os Ministros do STF legitimidade para estabelecer a limitação estipulada ao cabimento do *habeas corpus* quando do julgamento do HC 105.959/DF? Quais ponderações de ordem democrática podem ser levantadas a respeito do tema?

# Caso 4 – HC 82.424/RS (Racismo)

## A BÍBLIA, O GENOMA E O HOLOCAUSTO; OU QUANDO O STF "INVENTOU" UM DOS POUCOS TIPOS DE RACISMO QUE NÃO HAVIA NO BRASIL[1]

João Trindade Cavalcante Filho

Mestre em Direito Constitucional pelo Instituto Brasiliense de Direito Público (IDP). Doutorando em Direito do Estado pela Universidade de São Paulo (USP). Consultor Legislativo do Senado Federal (área de Direito Constitucional, Administrativo, Eleitoral e Processo Legislativo). Professor de Direito Constitucional em cursos de graduação e pós-graduação. Advogado.

**Sumário:** 1. Contextualização – 2. Primeiro bloco de votos – 3. A Bíblia, o genoma e o holocausto: o voto do Ministro Maurício Corrêa – 4. Tudo depende da intenção: o voto do Ministro Nelson Jobim – 5. Ministro Marco Aurélio e a defesa do liberalismo – 6. Conclusões – Referências.

## 1. CONTEXTUALIZAÇÃO

Um editor de livros gaúcho – o Rio Grande do Sul se caracteriza, vale lembrar, por forte colonização alemã e pela existência eventual, mas relevante, de defensores da secessão – chamado Siegfried Ellwanger Castan escreveu, publicou e editou a obra *Holocausto judeu ou alemão? – nos bastidores da*

---

[1] Este artigo se baseia na análise do caso que fizemos em outra obra: cf. CAVAL-CANTE FILHO, João Trindade. *O discurso do ódio na jurisprudência alemã, americana e brasileira.* Como a ideologia política influencia os limites da liberdade de expressão. São Paulo: Saraiva, 2018. p. 151 e ss.

*mentira do século*[2]. No livro, veiculado pela Editora Revisão, o autor buscava demonstrar, com intuito pretensamente histórico, que o verdadeiro extermínio ocorrido na Segunda Guerra teria vitimado os alemães[3].

Afora isso, a editora, de propriedade de Ellwanger, ainda publicou diversas outras obras, de autores consagrados ou não, com conteúdo antissemita[4].

Por conta dessas condutas, Ellwanger foi denunciado por incitação ao racismo, nos termos do art. 20 da Lei nº 7.716, de 5 de janeiro de 1989, na redação dada ao dispositivo pela Lei nº 8.081, de 21 de setembro de 1990[5]. Absolvido em primeira instância, o réu foi condenado pelo Tribunal de Justiça do Estado do Rio Grande do Sul (TJRS), em grau de apelação, à pena mínima (dois anos), aplicando-se-lhe a suspensão condicional da pena.

A defesa impetrou *habeas corpus* no Superior Tribunal de Justiça (STJ), que denegou a ordem. Daí o novo *habeas corpus*, dirigido ao Supremo Tribunal Federal (STF).

Na impetração, o único argumento levantado era a questão da extinção da punibilidade, em virtude da prescrição, pois, de acordo com o inciso XLII da Constituição Federal (CF), o crime de racismo é inafiançável e imprescritível. No entanto, de acordo com o que sustentava a defesa, como os judeus não constituíam uma raça, não se poderia punir o paciente pelo crime de racismo. Logo, o delito cometido poderia prescrever.

Note-se que a argumentação original não tratava da possível proteção constitucional da publicação com base na liberdade de expressão. Apesar disso, o tema foi objeto de debate e decisão da Corte, tanto porque havia

---

[2]     CASTAN, Siegfried Ellwanger. *Holocausto judeu ou alemão?* Nos bastidores da mentira do século. Porto Alegre: Revisão, 1987.

[3]     O livro foi publicado com a autoria atribuída a S. E. Castan (a edição apreciada pelo STF é de 1989) e até hoje se encontra disponível para compra, por preços mais que acessíveis, em sebos.

[4]     Caso, por exemplo, de *O judeu internacional*, de autoria de Henri Ford.

[5]     De acordo com o dispositivo – posteriormente modificado pela Lei nº 9.459, de 15 de maio de 1997 –, constitui crime "praticar, induzir ou incitar, pelos meios de comunicação social ou por publicação de qualquer natureza, a discriminação ou preconceito de raça, por religião, etnia ou procedência nacional". A pena prevista era a reclusão, de dois a cinco anos. Segundo a atual redação, a figura típica consiste em praticar, induzir ou incitar a discriminação, independentemente do meio utilizado – a propagação pelos meios de comunicação ou publicação passou a constituir uma forma qualificada.

sido apreciado no acórdão prolatado no TJRS quanto por provocação dos Ministros Sepúlveda Pertence, Marco Aurélio e Carlos Britto.

O Tribunal, ao fim, denegou o *habeas corpus*, por 8 votos a 3, restando vencidos os Ministros Moreira Alves (Relator), Marco Aurélio e Carlos Britto.

A análise minuciosa dos votos – que somam, com o relatório, 488 páginas – demonstra, contudo, que foram adotadas as mais diversas razões, tanto para indeferir o *writ* quanto para votar pela concessão. Assim, por exemplo, o Ministro Relator, Moreira Alves, concedia a ordem para declarar a prescrição da pretensão punitiva, lastreando-se no fato de que, cientificamente, os judeus não constituiriam uma raça, tornando-se impossível, dessa forma, condenar o paciente pelo delito imprescritível de racismo. Não abordou o tema da liberdade de expressão, que só surgiu efetivamente depois, durante os debates.

Já o Ministro Marco Aurélio concedia o *writ* com base, principalmente, em argumentos em defesa da liberdade de expressão, além de acompanhar o Relator quanto à impossibilidade de se considerar imprescritível a conduta do paciente.

Por sua vez, o Ministro Carlos Britto votou pela concessão de *habeas corpus* de ofício, por considerar que a publicação das obras constituía fato atípico, uma vez que coberta pela cláusula constitucional da liberdade de expressão.

Também os votos pela denegação pouco tiveram de comum entre si. Enquanto o Ministro Maurício Corrêa – que abriu a divergência – se preocupou mais em enfatizar o compromisso político da repressão ao nazismo e ao antissemitismo (assim como o Ministro Nelson Jobim), outros Ministros enveredaram mais profundamente sobre o tema dos tratados internacionais que cuidam da matéria (Celso de Mello). Por sua vez, o Ministro Gilmar Mendes ocupou-se mais da questão da ponderação entre os dois bens em colisão (liberdade de expressão *versus* proibição do racismo).

Essa diversidade de fundamentos permite concluir, desde já, pela reafirmação, nesse julgamento, de uma tendência característica do STF: não há necessariamente uma decisão da Corte, como órgão colegiado, mas sim a junção de várias vontades individuais dos Ministros. Tanto assim que, se comparado com o Tribunal Constitucional Federal alemão e com a Suprema Corte americana, somente no STF todos os Ministros precisam proferir seu voto. Na Suprema Corte, em geral, um *Justice* redige a opinião da Corte e os demais podem consignar sua concordância total ou parcial (*concurring*) ou discordância (*dissenting*). De maneira parecida trabalha o Tribunal Constitucional Federal alemão.

72 | DECISÕES CONTROVERSAS DO STF – *Direito Constitucional em casos*

Tal singularidade também dificulta nossa análise, pois é mais difícil emitir juízo sobre a posição da Corte, uma vez que o que se tem é, em verdade, o somatório de decisões individuais.

## 2. PRIMEIRO BLOCO DE VOTOS

O Relator, praticamente adotando os fundamentos lançados na impetração, reconheceu que: a) os judeus não podem ser (cientificamente) conceituados como raça, nem se enxergam nessa categoria; além disso, b) a discussão na Constituinte para a inclusão do inciso XLII do art. 5º restringiu-se à questão dos negros, nada sendo decidido com relação aos judeus; e, portanto, c) a conduta do paciente não poderia ser enquadrada como racismo; o que leva à conclusão de que d) o crime pelo qual Ellwanger foi condenado é prescritível; de modo que e) o *habeas corpus* deveria ser concedido para declarar a prescrição da pretensão punitiva.

A coerência interna do voto não merece reparos, embora as premissas de que judeus não constituem raça e de que não haveria, portanto, o crime de racismo tenham sido veementemente rejeitadas por quase todos os que o sucederam. Nesse sentido, aliás, pode-se dizer que a posição do Ministro restou isolada[6].

Ademais, o Ministro Moreira Alves demonstrou preocupação dogmático-penal com a excessiva abertura do termo "racismo", na interpretação que viria a sagrar-se vencedora.

Outro voto bastante fundamentado – mesmo adotando posição diametralmente oposta à do Relator – foi o do Ministro Celso de Mello. Quase todo calcado na análise de tratados e convenções internacionais de que o Brasil é signatário e que impõem o combate a qualquer forma de racismo, o Ministro reconheceu o valor constitucional da liberdade de expressão. Contudo, após reiterar que esse direito fundamental não possui caráter absoluto, defendeu não estarem por ele albergadas expressões de caráter discriminatório e racista.

Ainda no campo dos votos bastante ou majoritariamente fundamentados em termos jurídicos, encontra-se a manifestação do Ministro Gilmar Mendes. Apesar de utilizar-se de argumentos nitidamente liberais em defesa

---

[6] No que pareceu uma crítica velada à postura que aqui denominamos "política" de alguns Ministros – principalmente Maurício Corrêa, Moreira Alves justificou seu voto, afirmando: "procurei cumprir a Constituição, sem levar em consideração aspectos emocionais que não diziam, nem dizem, respeito à nossa tradição racial" (p. 611).

da liberdade de expressão (por exemplo, na p. 649, em que reconhece a importância dessa liberdade como mecanismo de "controle do próprio governo"), o cerne do raciocínio do Ministro diz respeito à ponderação entre liberdade de expressão e proibição do racismo.

O uso da técnica da ponderação não está imune a críticas, até por parte de defensores do acórdão[7], e a própria conclusão da aplicação do critério da proporcionalidade é questionável[8] (tanto assim que o Ministro Marco Aurélio, ao utilizar o mesmo critério, chegou à conclusão diversa)[9]. De outra parte, o voto pode ser objeto das já citadas críticas a partir da visão dogmático-penal[10].

Mais um voto fundamentado em termos jurídicos – porém em defesa da concessão do *habeas corpus* – foi o do Ministro Carlos Britto. Apesar da forte defesa da liberdade de expressão – inclusive concedendo de ofício o *habeas corpus*, para considerar absolutamente atípica a conduta do paciente –, o voto não descamba para argumentos políticos ou extrajurídicos, diferentemente de outros, que adiante comentaremos.

Na verdade, trata-se do voto que mais analisou questões fáticas, como passagens das obras referidas, o que mereceu severas críticas por parte do Ministro Nelson Jobim, mais afeito à teoria clássica sobre a impossibilidade de análise probatória aprofundada em sede de *habeas corpus*. Na manifestação do Ministro Carlos Britto, analisa-se a extensão da liberdade de expressão, conjugada com a liberdade de consciência e crença, e o Ministro chega à conclusão de que, na conduta de Ellwanger, não houve incitação ao racismo, mas a mera defesa de uma ideologia.

Expostos os votos mais bem fundamentados, passaremos à análise daqueles que, digamos, não podem ser classificados dessa forma tão facilmente.

---

[7] POTIGUAR, Alex Lobato. *Liberdade de expressão e discurso do ódio*. A luta pelo reconhecimento da igualdade como direito à diferença. Brasília: Consulex, 2012. p. 237 e ss.

[8] Utilizando-se da técnica da ponderação para justificar a concessão do habeas corpus, cf. MARTINS, Leonardo. *Liberdade e Estado constitucional*. Leitura jurídico-dogmática de uma complexa relação a partir da teoria liberal dos direitos fundamentais. São Paulo: Atlas, 2012. p. 228.

[9] Também é possível registrar que o voto centra a análise da proporcionalidade da condenação, mas não aborda – ao menos não de forma detalhada – a questão da proporcionalidade do próprio tipo penal incriminador (p. 669). Cf. MARTINS, Leonardo. *Liberdade e Estado constitucional* cit., p. 228 e ss.

[10] O Ministro reconhece que o preceito que criminaliza a incitação ao racismo é "inevitavelmente aberto", o que (também) justificaria o recurso à técnica da ponderação – e que pode ser perigoso para um juízo de tipicidade penal.

## 3. A BÍBLIA, O GENOMA E O HOLOCAUSTO: O VOTO DO MINISTRO MAURÍCIO CORRÊA

Nas "incidências ao voto" (uma espécie de manifestação prévia antes do pedido de vista), o Ministro Maurício Corrêa começou realizando um "histórico" do povo judeu a partir... da Bíblia! São quase cinco páginas inteiras de paráfrases bíblicas e digressões até mesmo sobre a etimologia da palavra "judiar", tudo isso para justificar a afirmação de que "o povo judeu foi estigmatizado" (p. 551) – o que não é exatamente uma assertiva bombástica. Ademais, a questão religiosa é – ou deveria ser – absolutamente irrelevante para o do Direito Constitucional.

Ao analisar o voto de Maurício Corrêa, José Emílio Medauar Ommati, embora concorde com as conclusões do STF, afirma ser problemático o proceder do Ministro, no marco do Direito Moderno, uma vez que, "ao assim agir, o Ministro [...] desconsiderou que o Direito Moderno é autônomo em relação aos outros subsistemas da sociedade"[11].

Entretanto, esse singular introito seria apenas uma figura retórica ou uma digressão sem importância, se fosse secundada por argumentos jurídicos. Não é propriamente o que se verifica.

Ao tentar rebater os argumentos do Ministro Moreira Alves de que a intenção do constituinte originário seria criminalizar a discriminação contra o negro, especificamente o Ministro Maurício Corrêa parte para uma estéril busca da *mens legislatoris*, ao se perguntar se "todos os constituintes" (vale lembrar que ele mesmo e o Ministro Nelson Jobim haviam sido constituintes) "votaram a disposição tão só com esse desiderato" (p. 552). Essa é apenas uma discussão infrutífera, ultrapassada até, mas ainda realizada no campo jurídico.

O que causa espécie é a incursão do voto por questões políticas e históricas, sem qualquer esforço ou preocupação *prima facie* em tecer uma argumentação jurídica, e com resultados de caráter duvidoso, para dizer o mínimo.

Há passagens em que o voto chega a conclusões problemáticas, quando minimiza o sofrimento de outros grupos vulneráveis, para, por comparação, destacar o sofrimento dos judeus: "Durante a Inquisição e a Segunda Guerra Mundial os ciganos também foram perseguidos, mas essa é outra história. Ninguém sofreu o trauma na própria carne, no sangue, com lágrimas e tudo, mais que o povo judeu" (p. 553).

---

[11] OMMATI, José Emílio Medauar. *Liberdade de expressão e discurso do ódio na Constituição de 1988*. Rio de Janeiro: Lumen Juris, 2012. p. 27.

Nos dois parágrafos seguintes, chega o Ministro a uma conclusão bastante impactante para o julgamento de um caso penal, quando afirma que "há uma peculiaridade com relação a tudo o que o mundo causou aos judeus, devendo a humanidade, pelo menos *in memoriam* ao trauma que sofreram, fazer-lhes justiça" (p. 553).

Não está bem claro o que seria, no contexto brasileiro do julgamento de um caso penal, "fazer justiça" aos judeus, nem em que medida essa conclusão evidentemente política influencia – ou deva influenciar – o desfecho jurídico do caso. De toda forma, o que se tem aqui é a utilização direta de argumentos políticos na solução de um caso jurídico.

A partir dessas premissas, o Ministro parte para a desconstrução científica do conceito de raça, a partir do mapeamento do genoma humano, para combater o argumento do Ministro Moreira Alves. O ponto da argumentação é: se cientificamente não existe raça alguma, ou a descrição típica do racismo baseia-se em um conceito social de raça, não faz sentido algum sua criminalização, seja com relação a judeus ou a negros. Nesse sentido, o Ministro rebate os argumentos do Ministro Moreira Alves e do impetrante.

Contudo, é da premissa inicial – de que a humanidade possui uma dívida de justiça para com os judeus – que decorrem as conclusões do voto. Após afirmar que "pregar a restauração dessa doutrina [racial], ainda que por vezes sob o disfarce de 'revisionismo', [...] é praticar racismo" (p. 569). Nas palavras do Ministro, Ellwanger "pretende [...] alterar fatos históricos incontroversos, falsear a verdade e reacender a chama do ideal nazista, para instigar a discriminação racial contra o povo judeu" (p. 570).

Diferentemente dos votos dos Ministros Celso de Mello e Gilmar Mendes, que recorrem ao Direito Comparado para informar o estado da arte da discussão sobre *hate speech* em outros países, o voto do Ministro Maurício Corrêa recorre a experiências de outros países – de forma seletiva, abordando apenas aqueles que criminalizam o discurso do ódio – para sobre elas fazer um juízo de valor político e estender esse juízo ao caso brasileiro.

Nesse sentido, é sintomática a passagem em que o Ministro afirma que, "no plano do direito comparado, dispensou-se tratamento adequado a tais discriminações" (p. 578). A partir de então, o voto passa a elencar vários exemplos de criminalização do discurso do ódio[12], tais como França e Espanha. No entanto, não menciona que, no caso francês, a lei que criminalizou

---

[12] Não se aborda, contudo, o fato de que o cerne do *habeas corpus* não era a criminalização em si, mas a incidência ou não da cláusula de imprescritibilidade.

a negação do Holocausto encontrou seriíssimas restrições[13]. Também são citados casos em que a Suprema Corte americana considerou que os judeus se enquadram na categoria "raça", para fins de proteção – mas os casos citados não têm a ver com o exercício da liberdade de expressão, e sim com a prática de condutas discriminatórias. Aliás, o voto "esquece" outros precedentes menos convenientes da Suprema Corte, como *R.A.V. vs. Saint Paul* – nesse ponto, inclusive, sofre velada crítica do Ministro Moreira Alves.

Esse uso seletivo dos precedentes do Direito Comparado, a propósito, não é exatamente algo raro nos votos proferidos no STF.

O voto passa, ainda, por momentos não propriamente jurídicos: quando se afirma que "as grandes catástrofes da história só se tornaram tristes realidades diante do silêncio daqueles que tinham o dever de reagir, e não o fizeram" (p. 586); ou ainda quando, logo após, cita-se o poema "No caminho, com Maiakóvski", de Eduardo Alves da Costa.

Há alguns nítidos exageros retóricos, por exemplo, os trechos em que o Ministro Maurício Corrêa defende que a conduta de Ellwanger atinge "até mesmo a própria vida" dos judeus (p. 585), ou quando implicitamente defende uma tipificação direta do racismo pela própria Constituição, independentemente de intermediação legislativa regulamentadora (p. 768, em aparte ao Ministro Carlos Britto).

A pouca consistência jurídica do voto do Ministro Maurício Corrêa, com a substituição pelo código moral, político e até religioso, é verificada (e criticada) até mesmo por autores que defenderam veementemente a decisão do STF. José Emílio Medauar Ommati chega a afirmar:

> Ora, se o Direito Moderno opera funcionalmente fechado, a partir de um código específico e se, (*sic*) apenas encontra-se aberto em termos comunicacionais, traduzindo essas informações para seu próprio código, percebe-se claramente que a história bíblica enquanto informação de outro subsistema, não desempenha, para o caso concreto em análise, qualquer função para a reestabilização das expectativas normativas de comportamento. [...] para a solução da controvérsia, era indiferente se os judeus haviam ou não sido perseguidos durante toda a história da humanidade. O que estava sendo discutido era se uma publicação pretensamente científica buscando uma revisão

---

[13] Cf. WEIL, Patrick. The Politics of memory: bans and commemorations. In: HARE, Ivan; WEINSTEIN, James (Ed.). *Extreme Speech and Democracy*. Oxford: Oxford University Press, 2010. p. 571.

histórica do Holocausto poderia ou não configurar crime de racismo contra os judeus. Sob o pretexto de analisar esse caso concreto, o Supremo Tribunal Federal não pode se transformar em um Tribunal Religioso, Literário, Científico ou Moral da Sociedade. Estaria ele, se assim fizesse, como realmente fez o Ministro Maurício Corrêa, desconsiderando o código específico do Direito e a própria função, importantíssima, do Poder Judiciário. Se levarmos a sério a argumentação do Ministro Maurício Corrêa e o que subjaz a ela, [...] teríamos também de considerar racista e, portanto, contrária ao ordenamento jurídico brasileiro, toda a produção científica de Gilberto Freyre e de outros sociólogos brasileiros que defenderam a democracia racial no Brasil. Haveria, assim, uma desdiferenciação do sistema jurídico, em que as decisões seriam agora dadas em função de preferências morais, religiosas, estéticas, literárias dos juízes [...]. [...] o Ministro Maurício Corrêa praticou uma verdadeira "teologia constitucional", colocando-se como um superego da sociedade[14].

Como se percebe, a (falta de) fundamentação jurídica é criticada até por partidários da decisão.

## 4. TUDO DEPENDE DA INTENÇÃO: O VOTO DO MINISTRO NELSON JOBIM

O voto do Ministro Nelson Jobim é curto, embora tenha ele participado intensamente dos debates, principalmente contrapondo-se à argumentação do Ministro Carlos Britto.

No entanto, apesar da curta extensão, a conclusão e o argumento central do voto são de uma incongruência interna e transmitem de tal modo a veiculação jurídica de uma preferência pessoal que merecem uma análise mais acurada.

Cremos que não é preciso dizer muito mais, quando se analisa o trecho em que o Ministro afirma que o crime de racismo não é publicar os livros, nem escrevê-los, nem divulgá-los, mas sim a intenção com a qual se pratica essas condutas (como que a exigir – sem o afirmar – um especial fim de agir no delito previsto no art. 20 da Lei de Combate ao Racismo).

---

[14] OMMATI, José Emílio Medauar. *Liberdade de expressão e discurso do ódio na Constituição de 1988* cit., p. 58-59.

Segundo o peculiar raciocínio do Ministro, como a edição dos livros não se deu por motivos históricos, a conduta é típica. A partir disso, o Ministro recorre às sempre convenientes "peculiaridades do caso concreto" para indeferir o *habeas corpus*. Na verdade, a desqualificação da obra como "histórica" ou "científica", embora esteja presente em vários votos e em estudos e obras sobre o caso Ellwanger, deveria ser, a princípio, irrelevante. Afinal, a liberdade de expressão constitucionalmente assegurada não protege apenas as obras de caráter histórico, mas, em tese, a liberdade de dizer o que se pensa. Não são somente os cientistas ou historiadores os titulares da liberdade de expressão.

No final do voto, afirma-se o seguinte:

> Vamos admitir que a Biblioteca do Exército ou a Biblioteca Nacional editassem o livro para registros históricos. Mas aqui não é o caso. Aqui, temos esses livros, de controle histórico – como é o caso do Gustavo Barroso, que também já li –, e juntando aos demais, toda a conduta atrás disto mostra que a edição do livro é um instrumento para a prática de racismo. Não é a edição do livro *stricto sensu* que seja a prática do racismo, mas sim ser ele um instrumento, um veículo pelo qual pode produzir-se racismo. Pode-se produzir essa forma de edições, pode-se editar por motivos históricos, mas pode--se manejar, manipular e mexer esses instrumentos para, com eles, produzir o resultado desejado, que é exatamente difamar e praticar o racismo (p. 696).

Há algumas graves incongruências no raciocínio. Primeiramente, é preciso reiterar que a Constituição, ao proteger a liberdade de expressão, não faz distinção entre publicações de caráter histórico, científico ou literário. Aliás, como já dissemos, os historiadores, cientistas e acadêmicos não são os únicos titulares da liberdade de dizer o que pensam. Por outro lado, a afirmação deixa transparecer que o Ministro substitui o marco normativo constitucional (jurídico) pela sua opinião (política) sobre a admissibilidade ou não da publicação. Se fosse uma publicação da Biblioteca do Exército, seria permitida, mas, por ser de um editor do interior, então, isso não se admite.

Além de tudo, tem-se aqui uma nítida distinção baseada no conteúdo – ou, pior ainda, baseada na intenção. Em outras palavras: há uma gradação entre as abordagens americana, alemã e a do Ministro Nelson Jobim. Nos EUA, uma distinção baseada no conteúdo é inadmissível; na Alemanha, é admissível, em algumas ocasiões (afirmações sobre opiniões, não sobre fatos); na argumentação construída pelo Ministro Jobim, não se tem sequer uma distinção baseada no conteúdo, mas na intenção. A publicação de livros com o mesmo conteúdo pode ser lícita ou não, a depender da intenção – louvável ou deplorável – do editor. Trata-se, como dissemos, de uma argumentação bastante peculiar, que não utiliza qualquer marco normativo jurídico-constitucional, apenas a opinião do Ministro sobre qual a intenção justa ou injusta de publicar um livro.

Reitere-se que essa visão "baseada na intenção" não foi adotada apenas pelo Ministro Jobim. No voto do Ministro Carlos Velloso, também se deixa implícito que a liberdade de expressão apenas protegeria as publicações científico-históricas, inspiradas pelos mais altos objetivos, e não apenas as meramente panfletárias. Afirma-se que:

> [...] as publicações [de Ellwanger] não se comportam no campo estritamente científico, mas adquirem, conforme vimos, caráter panfletário, estimulando a intolerância. Não podem, portanto, ser consideradas obras que contribuem para o aperfeiçoamento do comportamento humano (p. 688).

*A contrario sensu*, se a publicação fosse "comportada", ou "estritamente científica", seria lícita, ainda que veiculasse o mesmo conteúdo: a publicação é inadmissível porque não "contribui para o aperfeiçoamento do comportamento humano". O que seria isso só o próprio Ministro poderia esclarecer.

## 5. MINISTRO MARCO AURÉLIO E A DEFESA DO LIBERALISMO

Mesmo reiterando a advertência que fizemos no início deste capítulo – analisaremos os votos, não os Ministros –, é importante salientar que a tendência liberal do Ministro Marco Aurélio é de todos conhecida. Foi, inclusive, objeto de estudos específicos[15]. Essa tendência à incorporação do ideário liberal é confirmada a partir da análise do voto no caso Ellwanger.

---

[15]  PRETZEL, Bruna Romano. Argumentação sobre liberdade de expressão: resultados da análise de votos do Ministro Marco Aurélio. In: COUTINHO, Diogo R.; VOJVODIC, Adriana M. *Jurisprudência constitucional*: como decide o STF? São Paulo: Malheiros, 2009. pp. 53 e ss. (em especial p. 55, quando se diz que "existe [...] a impressão de que o Ministro tem, em geral, um posicionamento liberal").

Não obstante essa constatação, o voto do Ministro Marco Aurélio é o menos "político" de todos os que foram por nós classificados nessa teoria. Existem indicadores de influência política na manifestação, mas o cerne do voto gira em torno de uma questão jurídico-técnica: o juízo de ponderação (assim como ocorreu com o Ministro Gilmar Mendes, apesar dos resultados conflitantes). Por isso, podemos afirmar que o voto do Ministro Marco Aurélio se situa no limiar entre os votos "técnicos" e os "políticos".

Predomina, porém, o viés político – o que não é, diga-se de passagem, algo a se estranhar, visto que o próprio Ministro reconhece um quê de "realismo jurídico" em suas decisões. Chegou mesmo a afirmar, em entrevista: "Primeiro idealizo a solução mais justa. [...] Só depois vou buscar o apoio na lei"[16].

Com base nisso, pode-se entender melhor a defesa do liberalismo político em que se transforma o voto do Ministro.

Logo no início, o Ministro deixa clara a importância capital que confere à liberdade de expressão (apesar de reconhecer que não se trata de um direito absoluto). Ao justificar essa posição, termina por adotar quase todas as justificações possíveis, sob um paradigma liberal.

Há vários elementos do ideário liberal utilizados como substrato para uma decisão jurídica, o que pode ser elencado como um indicador de influência política. Não só a adoção do princípio da neutralidade, mas também a própria forma de contrapor Estado e Sociedade, Governo e Indivíduo são características da argumentação do liberalismo político acerca da liberdade de expressão.

Essa afirmação do princípio da neutralidade é reforçada mais à frente, quando o Ministro afirma que "a ninguém é dado o direito de arvorar-se em conhecedor exclusivo da verdade" (p. 881). E, uma vez ainda, sustenta o Ministro que "avocar ao Judiciário o papel de censor não somente das obras dos próprios autores, responsabilizando-os, como sobretudo daquelas simplesmente [por eles] editadas enseja um precedente perigosíssimo" (p. 898).

Outra categoria nitidamente liberal é a justificação a partir do livre mercado de ideias, "em que se privilegia o intercâmbio de interesses e pensamentos na formação de uma opinião pública mais abalizada" (p. 878).

Há, ainda, a citação direta de autores liberais. Especificamente, o Ministro cita Stuart Mill (p. 880) – que, como expusemos nos capítulos anteriores, é um dos "pais fundadores" da noção liberal-utilitária de liberdade de

---

[16]  Idem, ibidem, p. 54.

expressão. Essa citação, destaque-se, não é algo marginal, um acréscimo de reforço argumentativo, mas uma das bases do raciocínio que escuda o voto, possuindo valor central na argumentação desenvolvida.

Ainda uma vez, o Ministro recorre às ideias liberais de contraposição entre Estado e Sociedade ("a liberdade de expressão torna-se realmente uma trincheira do cidadão contra o Estado", p. 882) e, principalmente, à proibição da restrição baseada em conteúdo ("não se pode, em regra, limitar conteúdos, eis que isso sempre ocorrerá a partir dos olhos da maioria e da ideologia predominante", idem).

Mais não seria preciso dizer para afirmar a nítida influência – mais que isso, a decisiva influência – da ideologia liberal sobre a manifestação do Ministro. Entretanto, vale lembrar ainda que a vedação à restrição "baseada no conteúdo" (*content based*), além de "importada" da jurisprudência da Suprema Corte; além de contraposta aos votos dos Ministros Nelson Jobim e Carlos Velloso; ainda é dificilmente compatível com o regramento da Constituição brasileira para a liberdade de expressão.

Realmente, se nossa Constituição assegura a liberdade de manifestação do pensamento (art. 5º, IV) e de expressão (art. 5º, IX), independentemente de censura ou licença, admitem-se, ao menos em alguns casos, restrições baseadas no conteúdo da mensagem (por exemplo, propagandas de determinados produtos nocivos). A generalização da proibição baseada no conteúdo, afirmada pelo Ministro Marco Aurélio, parece despregar-se do ordenamento constitucional objetivo, o que reforça a legitimidade de se apontar essa argumentação como (mais um) indicador de influência política presente no voto. Nesse contexto, consta do voto do Ministro Marco Aurélio uma das passagens mais impactantes, sinceras e diretas, especificamente sobre o discurso do ódio. Fiel aos seus ideais liberais, o Ministro afirma que não é por ser discriminatória que uma decisão não está protegida:

> [...] não pode servir de substrato para a restrição da liberdade de expressão simples alegação de que a opinião manifestada seja discriminatória, abusiva, radical, absurda, sem que haja elementos concretos a demonstrarem a existência de motivos suficientes para a limitação propugnada (p. 884).

É de justiça ressaltar, contudo, que o voto não é exclusivamente "político". Ao contrário, em diversas passagens, contém uma crítica justamente ao conteúdo político dos votos dos Ministros Maurício Corrêa e Nelson Jobim, principalmente.

O balanço, portanto, que se pode fazer do voto do Ministro Marco Aurélio é de que se trata de um voto "político", com diversos indicadores de influência direta das ideias liberais sobre a conclusão jurídica a que se chega – embora não chegue a ponto de, como os votos dos Ministros Maurício Corrêa e Nelson Jobim, substituir o código jurídico pelo código político.

## 6. CONCLUSÕES

Ao contrário do caso alemão (conhecido como *Auschwitz Lie*), em que o Código Penal tipifica a negação do Holocausto de forma explícita e específica (art. 130, 4), no caso brasileiro a tipificação da negação do Holocausto exigiu um esforço interpretativo – bastante questionável, para se dizer o mínimo, ainda mais tratando-se de Direito Penal – para justificar a punição a título de incitação ao racismo – delito de caráter imprescritível, relembre-se[17]. Portanto, se as críticas aos precedentes alemães já foram duras, mais merecedora de reparos ainda é, sob o prisma da dogmática penal, a decisão do STF em Ellwanger[18].

Nesse sentido, a própria utilização do juízo de ponderação para decidir uma questão de enquadramento típico penal é bastante controversa. Com efeito, levando-se em conta a ideia de certeza da lei penal (uma consequência do princípio da estrita legalidade), há um grave déficit de segurança jurídica (e, por conseguinte, de limitação ao *jus puniendi*) quando o enquadramento

---

[17] Cf. BRANDÃO, Maureen da Silva; MARQUES, Amanda Ravena Martis; MUNIZ, Arnaldo Brasil. A liberdade de expressão e suas ameaças: reflexões a partir do caso Ellwanger (HC 82.424). In: PARDO, David Wilson de Abreu (Org.). *Casos constitucionais em destaque*: princípios fundamentais. Brasília: Conselho da Justiça Federal, Centro de Estudos Judiciários, 2013. p. 117; SILVA, Alexandre Assunção e. *Liberdade de expressão e crimes de opinião*. São Paulo: Atlas, 2012. p. 140 e ss.

[18] Sobre isso, confira-se a preocupação principalmente do Ministro Moreira Alves, a partir da p. 596: "Se se der ao termo 'racismo' a amplitude que agora se pretende dar no sentido de que ele alcança quaisquer grupos humanos com características próprias, **vamos ter o crime de racismo como um crime de conteúdo aberto**, uma vez que os grupos humanos com características culturais próprias são inúmeros, e não apenas, além do judaico, o dos curdos, o dos bascos, o dos galegos, o dos ciganos, grupos esses últimos com relação aos quais não há que se falar em holocausto para justificar a imprescritibilidade" (sem grifos no original).

de uma conduta como crime depender de um juízo de ponderação, não de subsunção[19].

Ademais, é preciso analisar a realidade social em que se deu a publicação. É necessário reconhecer que o perigo concreto de uma incitação ao racismo contra judeus, feita mediante a publicação de um livro no interior do Rio Grande do Sul, é realmente diminuta. Assim, se na Alemanha ainda é possível encontrar alguma justificativa para a criminalização da negação do Holocausto, em vista da específica importância para a História local[20], a adoção desse mesmo proceder no Brasil chega a ser um exagero – e um exagero cometido com a utilização do Direito Penal. A influência política, ademais, é nítida em alguns votos.

Por fim, vale ressaltar que, embora o caso Ellwanger tenha se tornado paradigma nas discussões sobre o caso, não se pode afirmar a existência de uma verdadeira jurisprudência do STF em tema de *hate speech*, uma vez que julgou apenas um caso isolado; a decisão foi tomada por maioria (8x3), e muitos dos Ministros que denegaram o *writ* já estão aposentados (a composição da Corte mudou radicalmente, de 2003 até hoje).

Basta que se advirta que, posteriormente, no julgamento da ADPF 187/DF (caso Marcha da Maconha), a Corte, com outra composição, considerou – por unanimidade – que defender publicamente a descriminalização das drogas não se confunde com fazer apologia ao crime ou incitar a prática de delitos. Aparentemente, a lógica aqui é bem diversa do que foi decidido em Ellwanger, quando a publicação de um livro foi considerada incitação.

A propósito, a decisão em Ellwanger, longe de imune a críticas, sofreu duros ataques, do ponto de vista metodológico, inclusive (e principalmente) por defensores da restrição ao *hate speech*. Uma dessas críticas, aliás, é justamente pelo fato de a Corte não ter debatido de forma aprofundada a distinção entre a defesa de ideias e a incitação.

---

[19] Para uma explicação mais detalhada dessa crítica, cf. SHIRAKI, Ariella Toyama. A configuração do ilícito penal na jurisprudência do STF: muito além da mera subsunção? O julgamento do "Caso Ellwanger" (HC 82.424/RS). In: COUTINHO, Diogo R.; VOJVODIC, Adriana M. *Jurisprudência constitucional*: como decide o STF? São Paulo: Malheiros, 2009. p. 538 e ss.

[20] Nesse sentido, Dieter Grimm afirma que, "em última análise, é a responsabilidade da Alemanha pelo Holocausto que explica essa decisão [de criminalizar o *Holocaust Denial*]" (GRIMM, Dieter. The holocaust denial decision of The Federal Constitutional Court. In: HARE, Ivan; WEINSTEIN, James (Ed.). *Extreme speech and democracy*. Oxford: Oxford University Press, 2010. p. 561).

# 84 | DECISÕES CONTROVERSAS DO STF – *Direito Constitucional em casos*

Realmente, no Brasil a conduta de Ellwanger foi punida a título de incitação, não de crime contra a honra (como no caso alemão). Esse entendimento, porém, foi abandonado em julgados posteriores, como o da Marcha da Maconha, em que o Tribunal adotou critérios mais rígidos para a tipificação da incitação ou apologia.

Se se preferir um fraseado mais forte, o STF, no caso Ellwanger, deu passos para criar, no Brasil, um dos poucos preconceitos que não existem – ou não existiam? - entre nós, de forma relevante.

## REFERÊNCIAS

BRANDÃO, Maureen da Silva; MARQUES, Amanda Ravena Martis; MUNIZ, Arnaldo Brasil. A liberdade de expressão e suas ameaças: reflexões a partir do caso Ellwanger (HC 82.424). In: PARDO, David Wilson de Abreu (Org.). *Casos constitucionais em destaque*: princípios fundamentais. Brasília: Conselho da Justiça Federal, Centro de Estudos Judiciários, 2013.

BRASIL. Supremo Tribunal Federal. Pleno. *Habeas Corpus nº 82.424/RS*. Relator Ministro Moreira Alves, Redator para o Acórdão Ministro Maurício Corrêa.

CASTAN, Siegfried Ellwanger. *Holocausto judeu ou alemão?* Nos bastidores da mentira do século. Porto Alegre: Revisão, 1987.

CAVALCANTE FILHO, João Trindade. *O discurso do ódio na jurisprudência alemã, americana e brasileira*. Como a ideologia política influencia os limites da liberdade de expressão. São Paulo: Saraiva, 2018.

GRIMM, Dieter. The holocaust denial decision of The Federal Constitutional Court. In: HARE, Ivan; WEINSTEIN, James (Ed.). *Extreme speech and democracy*. Oxford: Oxford University Press, 2010.

MARTINS, Leonardo. *Liberdade e Estado constitucional*. Leitura jurídico-dogmática de uma complexa relação a partir da teoria liberal dos direitos fundamentais. São Paulo: Atlas, 2012.

OMMATI, José Emílio Medauar. *Liberdade de expressão e discurso do ódio na Constituição de 1988*. Rio de Janeiro: Lumen Juris, 2012.

POTIGUAR, Alex Lobato. *Liberdade de expressão e discurso do ódio*. A luta pelo reconhecimento da igualdade como direito à diferença. Brasília: Consulex, 2012.

PRETZEL, Bruna Romano. Argumentação sobre liberdade de expressão: resultados da análise de votos do Ministro Marco Aurélio. In: COUTINHO, Diogo R.; VOJVODIC, Adriana M. *Jurisprudência constitucional*: como decide o STF? São Paulo: Malheiros, 2009.

SHIRAKI, Ariella Toyama. A configuração do ilícito penal na jurisprudência do STF: muito além da mera subsunção? O julgamento do "Caso Ellwanger" (HC

82.424/RS). In: COUTINHO, Diogo R.; VOJVODIC, Adriana M. *Jurisprudência constitucional*: como decide o STF? São Paulo: Malheiros, 2009.

SILVA, Alexandre Assunção e. *Liberdade de expressão e crimes de opinião*. São Paulo: Atlas, 2012.

WEIL, Patrick. The Politics of memory: bans and commemorations. In: HARE, Ivan; WEINSTEIN, James (Ed.). *Extreme Speech and Democracy*. Oxford: Oxford University Press, 2010.

---

## Questões para discussão

1. A liberdade de expressão protege o "discurso do ódio"?
2. Incitar o racismo é crime inafiançável e imprescritível, assim como o próprio racismo?
3. A técnica da ponderação de princípios é segura para ser usada em matéria penal?

# Caso 5 – ADI 4.983/CE (Dignidade da vida animal)

## O STF, A PROIBIÇÃO DE CRUELDADE COM OS ANIMAIS E O CASO DA VAQUEJADA (ADI 4.983/CE)

**INGO WOLFGANG SARLET**

Doutor e Pós-Doutor em Direito, Munique, Alemanha. Professor Titular da Faculdade de Direito e dos Programas de Pós-Graduação em Direito e em Ciências Criminais da PUC-RS. Professor da Escola Superior da Magistratura (Ajuris). Desembargador no TJRS.

**TIAGO FENSTERSEIFER**

Mestre e Doutor em Direito pelo PPGD da PUCRS. Defensor Público no Estado de São Paulo.

**Sumário:** 1. Introdução – 2. Objeto, argumentos e alcance da decisão do STF – 3. Considerações críticas sobre o julgamento: dignidade e direitos dos animais? – 4. A promulgação da Emenda Constitucional 96/2017 ("Emenda da Vaquejada"): vedação de retrocesso em matéria ambiental?

## 1. INTRODUÇÃO

Em todo o mundo se debate cada vez mais, tanto no campo da filosofia (ética) quanto na seara do Direito, a respeito da possibilidade de atribuir aos animais não humanos ou mesmo à Natureza em geral uma dignidade e/ou mesmo a titularidade de direitos fundamentais próprios, mas também dos níveis de proteção a serem conferidos aos animais, com ou sem o reconhecimento da sua condição de sujeitos de direitos. As consequências jurídicas de tal reconhecimento são altamente controversas, em especial, qual a solução constitucionalmente adequada para a solução de eventuais conflitos entre a proteção dos animais e outros bens e direitos constitucionais. Em linhas gerais, é disso que trata a decisão do Supremo Tribunal Federal (STF) que ora se comenta, designadamente o assim chamado "caso da Vaquejada", discutido no âmbito da Ação Direta de Inconstitucionalidade (ADI) 4.983/CE, relatada pelo Ministro e julgada em 06.10.2016, em que se questionou a legitimidade constitucional de tal prática desportivo-cultural sob o argumento de violação da regra constitucional que proíbe a crueldade com os animais.

## 2.   OBJETO, ARGUMENTOS E ALCANCE DA DECISÃO DO STF

Consoante amplamente divulgado em todas as mídias, no julgamento da ADI 4.983/CE, proposta pela Procuradoria-Geral da República, foi declarada a inconstitucionalidade de legislação estadual do Estado do Ceará (Lei 15.299/2013) que autorizava e regulamentava a prática da atividade – dita cultural e desportiva – designada de "vaquejada".

A decisão se deu por maioria apertada (6 votos a 5) e declarou a inconstitucionalidade da lei cearense por violar a proibição de crueldade com os animais estabelecida no art. 225, § 1º, VII, da CF. A posição vitoriosa no STF, firmada a partir do voto do relator, Ministro Marco Aurélio, e acompanhada pelos Ministros Luís Roberto Barroso, Rosa Weber, Celso de Mello, Ricardo Lewandowski e Cármen Lúcia, reconheceu, a partir de laudos técnicos carreados aos autos pela Procuradoria-Geral da República, que a vaquejada, a despeito de manifestação cultural e esportiva típica no Estado do Ceará e mesmo em outros Estados da federação, implica crueldade com os animais, causando-lhes diversos danos e sofrimento.

A linha argumentativa predominante pode aqui ser condensada na afirmação do Ministro Barroso, por ocasião de seu voto-vista, de que uma manifestação cultural que submeta animais à crueldade (no caso da vaquejada, torção e tração bruscas da cauda do animal) é incompatível com a vedação constitucional expressa estabelecida no art. 225, § 1º, VII, da Constituição Federal de 1988, quando, de acordo com a regulamentação legal, for impossível de modo suficiente e eficaz, evitar práticas cruéis sem que resulte descaracterizada a própria manifestação cultural. Além disso, importa frisar que, ainda de acordo com o Ministro Barroso, no caso da vaquejada, nenhuma regulamentação poderia impedir a crueldade com os animais submetidos à prática sem que com isso ela resultasse desnaturada.

Por sua vez, a posição vencida, inaugurada pela divergência aberta pelo Ministro Edson Fachin e acompanhada pelos Ministros Gilmar Mendes, Teori

Zavascki, Luiz Fux e Dias Toffoli, centrou sua argumentação no reconhecimento de que a vaquejada consiste em manifestação desportiva e cultural tradicional no Estado do Ceará e que, mediante uma ponderação com a proibição constitucional da crueldade com os animais, deveria prevalecer nos termos da regulação levada a efeito pela legislação estadual. Ademais – de acordo com o Ministro Teori Zavascki –, em causa estaria a constitucionalidade da lei estadual, e não a prática da vaquejada em si, ao que se somaria o fato de que a lei estabelecia regras de segurança para os vaqueiros e animais, de modo a evitar as modalidades cruéis da atividade, além de que a existência de legislação reguladora seria sempre preferível à sua ausência.

O que se constata, desde logo, é que o STF, diferentemente do ocorrido em outros julgados similares envolvendo a proteção constitucional dos animais em face de práticas cruéis (farra do boi[1], rinha de galo[2], entre outros), mostrou-se dividido na matéria, de tal sorte que se trata de um caso particularmente relevante para efeitos de um comentário, inclusive em virtude da superveniência de emenda constitucional inserindo um § 7º no art. 225, reconhecendo que a vaquejada e outras práticas similares não são de natureza cruel, além de serem protegidas na condição de manifestações culturais e desportivas.

## 3. CONSIDERAÇÕES CRÍTICAS SOBRE O JULGAMENTO: DIGNIDADE E DIREITOS DOS ANIMAIS?

Uma primeira observação a ser tecida diz respeito ao fato de que alguns Ministros, a começar pelo Ministro Edson Fachin, lançaram mão da técnica da ponderação, que, salvo melhor juízo, não se aplica no caso, visto que a vedação constitucional da crueldade com os animais é veiculada mediante regra estrita, representando uma ponderação prévia por parte do constituinte excludente de toda e qualquer dissidência, mesmo em contraste com eventuais princípios colidentes. Assim, desde logo, toda e qualquer manifestação cultural ou prática desportiva somente estará protegida do ponto de vista constitucional se, e na medida em que, não resultar em crueldade com os animais. Ademais, não se encontra (ao menos não quando do julgamento da causa) no texto constitucional referência a uma regra de exceção, que, se existisse, poderia então eventualmente legitimar determinadas práticas evidentemente cruéis para com os animais.

---

[1] STF, RE 153.531/SC, rel. Min. Francisco Resek, j. 03.06.1997.

[2] STF, ADI 1.856/RJ, rel. Min. Celso de Mello, j. 26.05.2011.

Assim, o que se impõe seja verificado caso a caso – e na hipótese da vaquejada restou sobejamente demonstrado – é se determinada prática cultural e desportiva (mas não apenas nesses casos, pois se poderá tratar também do abate de animais para consumo, para efeitos de práticas de cunho religioso, entre outras) se enquadra, ou não, no suporte fático da regra proibitiva, ou seja, se configura efetivamente uma ação cruel, que de modo desnecessário e desproporcional resulte em dor e sofrimento dos animais a que são submetidos.

Como ponto de partida deste breve comentário, cabe destacar a preocupação do nosso legislador constitucional com a proteção dos animais e, particularmente, com a vedação de práticas cruéis em face deles. A título de exemplo, enquanto a proteção dos animais foi incluída (no ano de 2002) na Lei Fundamental da Alemanha como uma norma definidora de um fim/tarefa estatal, formulado de modo genérico e desacompanhado de qualquer concretização no plano constitucional, a nossa Constituição Federal de 1988 (CF), no seu art. 225, § 1º, VII, enuncia expressamente uma vedação categórica de crueldade com os animais. Que as consequências a serem extraídas num e noutro caso, a despeito de elementos em comum, não poderão ser exatamente mesmas é algo a ser sempre considerado.

Ademais, assume-se como premissa que, mesmo evitando-se a celeuma em torno da circunstância de que animais não humanos (pelo menos os sensitivos) são titulares de direitos fundamentais na condição de direitos subjetivos, é sem dúvida possível e mesmo cogente reconhecer a possibilidade de atribuição de uma peculiar dignidade aos animais e mesmo à Natureza em geral, no sentido de uma dignidade da vida não humana, o que, aliás, tem sido cada vez mais frequente no cenário jurídico contemporâneo, não apenas no plano constitucional (Constituição do Equador), como também na esfera legislativa ordinária (v. o Código Civil da Alemanha, no sentido de que animais não são coisas, assim como o atual Código Civil de Portugal, entre outros).

No caso dos animais, tal dignidade implica o reconhecimento de um dever de respeito e consideração, assim como correspondentes deveres de proteção, de tal sorte que os animais não podem ser reduzidos à condição de mera coisa (objeto) e, portanto, não possuem um valor meramente instrumental. Que tal dimensão (e tal dignidade, na condição de um valor não meramente instrumental atribuído aos animais) foi reconhecida – mesmo que de modo indireto – pelo constituinte de 1988 (mas já também e antes disso pelo legislador ordinário) é perceptível na proibição de crueldade com os animais, que, de certo modo, pode ser equiparada à proibição de tortura e de tratamento desumano e degradante (art. 5º, III, CF) com relação aos animais humanos.

Além disso, tal proibição de crueldade trata-se de manifestação específica de um dever geral de proteção dos animais e mesmo da Natureza não humana, exige sua concretização pelo legislador ordinário e serve de parâmetro interpretativo, material necessário (cogente) para todos os atores estatais, na esfera de suas respectivas competências e atribuições, refletindo-se também na esfera das relações privadas, de modo direto e indireto. Importa frisar que tal proteção (e regra proibitiva jurídico-constitucional) e o reconhecimento de uma dignidade da vida não humana (ou pelo menos dos animais não humanos) independem da circunstância de atribuir aos animais a titularidade própria, na condição de sujeitos de direitos subjetivos, de direitos fundamentais.

Dito de outro modo, a proteção jurídico-constitucional poderá ser apenas de caráter objetivo e disso não decorre necessariamente um nível mais fraco de proteção do que no caso do reconhecimento de direitos subjetivos. Aliás, o mesmo ocorre relativamente à vida humana não nascida, em que até hoje se controverte sobre a titularidade de direitos subjetivos por parte do nascituro ou se aqui se cuida de um bem jurídico fundamental (vida humana) protegido do ponto de vista objetivo e dos correlatos deveres de proteção estatais. Por tal razão e evitando para efeitos de nossa breve análise uma digressão que desbordaria em muito dos limites deste comentário, o que importa aqui destacar é que a norma constitucional admite uma exegese compatível com a atribuição de uma particular dignidade dos animais e estabelece parâmetros para uma significativa e correta proteção jurídica.

Isso significa, ainda, que a proteção dos animais e a proibição de crueldade para com eles não podem ser desconsideradas em qualquer ponderação que se venha a levar efeito quando a proteção dos animais entra em rota de colisão com outros princípios e objetivos constitucionais ou mesmo com o exercício de direitos fundamentais dos animais humanos. Especificamente no que diz respeito às decisões do STF que declararam ilegítimas do ponto de vista constitucional as práticas da farra do boi e da rinha de galo, embora seja de aplaudir o resultado das decisões no sentido de proibir tais práticas, percebe-se alguma inconsistência na argumentação levada a efeito pelo Tribunal, o que se agudizou no caso da prática da "vaquejada", que dividiu a nossa Corte Constitucional em votação apertada "pró-animais não humanos".

A crítica central que se pretende aqui endereçar a todas as decisões (mesmo que se deva e possa aplaudir o resultado final dos julgamentos nos casos da rinha de galos e da farra do boi) é o uso nem sempre adequado da dogmática jurídico-constitucional e do manejo impreciso e mesmo equivocado de alguns princípios e da própria teoria dos direitos fundamentais. A própria invocação, nas decisões anteriores referidas, da dignidade humana apenas é aceitável na perspectiva de uma dimensão ecológica ou ambiental dessa mesma dignidade humana, incluindo o respeito pela vida não humana nos deveres morais e jurídicos que decorrem da dignidade humana num contexto mais ampliado.

Outrossim, causa espécie o recurso ao instituto da ponderação, que transparece em vários votos em todos os casos (inclusive no da vaquejada) no sentido de sopesar a proteção dos animais e a proibição de crueldade com direitos e princípios conflitantes, como se dá no caso de práticas culturais tradicionais em determinados ambientes. O equívoco que aqui se busca desnudar, ao menos para efeitos de reflexão mais crítica, reside no fato de que a proibição de crueldade com os animais, a exemplo da proibição da tortura e do tratamento desumano ou degradante, assume a feição quanto à sua estrutura normativa, de regra estrita, que proíbe determinados comportamentos. Tal regra, consoante adiantado, corresponde a uma "ponderação" prévia levada a efeito pelo constituinte e, por isso, não pode ser submetida a balanceamento com outros princípios e direitos[3]. Nessa toada, qualquer manifestação cultural, religiosa ou não, somente será legítima na medida em que não implique crueldade para com os animais.

Isso, contudo, não significa necessariamente que determinado ritual religioso ou manifestação cultural tenha de ser em si proibida, mas que o seu exercício apenas será legítimo se ficar ressalvada a diretriz de que não poderá implicar sofrimento deliberado e desnecessário dos animais envolvidos. À evidência – é necessário sublinhar tal aspecto – que mesmo a proibição de crueldade (como a da tortura) – embora veiculada por regra – consiste em conceito normativo indeterminado, pois ainda é necessário definir o que é crueldade, de modo a se poder afastar situações fáticas que nesse conceito não se incluam.

---

[3]   A estrutura normativa de "regra" atribuída à vedação de práticas cruéis em face dos animais não humanos é reforçada pela criminalização de tal conduta no âmbito da Lei dos Crimes Ambientais (Lei 9.605/1998), precisamente no seu art. 32: "Art. 32. Praticar ato de abuso, maus-tratos, ferir ou mutilar animais silvestres, domésticos ou domesticados, nativos ou exóticos: Pena – detenção, de três meses a um ano, e multa. § 1º Incorre nas mesmas penas quem realiza experiência dolorosa ou cruel em animal vivo, ainda que para fins didáticos ou científicos, quando existirem recursos alternativos. § 2º A pena é aumentada de um sexto a um terço, se ocorre morte do animal". Além da caracterização do tipo penal referido, a Lei 9.605/1998 também estabelece, no art. 15 do diploma, como circunstância que agrava a pena, quando não constituem ou qualificam o crime: "II – ter o agente cometido a infração: [...] m) com o emprego de *métodos cruéis* para abate ou captura de animais".

Tomando-se por referência a concepção (aqui propositadamente formulada em termos genéricos) de que consiste em crueldade toda e qualquer ação que inflige aos animais, de modo deliberado, um sofrimento relevante e desnecessário, deveria parecer elementar, também pela circunstância referida de que não se trata aqui propriamente de uma ponderação, que práticas como a "vaquejada", a exemplo do que ocorreu com a rinha de galo e a farra do boi, devem ser proscritas, ensejando eventual adequação dos ritos culturais, desde que respeitem a barreira, sim, absoluta, representada pela vedação de crueldade com os animais não humanos.

Por outro lado, é evidente que a identificação de uma crueldade, que deva ser proscrita e sancionada, nem sempre é fácil e muitas vezes demanda o diálogo com outros saberes, o que, todavia, há de se dar à luz de cada situação concreta. Além disso, as considerações aqui tecidas não pretendem esgotar nem de longe o tema e carecem de maior explicitação e desenvolvimento, pois também dizem respeito a outros domínios, como o da legitimidade do abate de animais para consumo e práticas religiosas, o uso de animais para fins experimentais, que segue desafiando a ética e o direito.

## 4. A PROMULGAÇÃO DA EMENDA CONSTITUCIONAL 96/2017 ("EMENDA DA VAQUEJADA"): VEDAÇÃO DE RETROCESSO EM MATÉRIA AMBIENTAL?

Posteriormente à decisão da nossa Corte Constitucional na ADI 4.983/CE, o Congresso Nacional promulgou a Emenda Constitucional 96, que acrescentou o § 7º ao art. 225 da CF, com o seguinte teor:

> Para fins do disposto na parte final do inciso VII do § 1º deste artigo, não se consideram cruéis as práticas desportivas que utilizem animais, desde que sejam manifestações culturais, conforme o § 1º do artigo 215 desta Constituição Federal, registradas como bem de natureza imaterial integrante do patrimônio cultural brasileiro, devendo ser regulamentadas por lei específica que assegure o bem-estar dos animais envolvidos.

Lembre-se que, de acordo com o inciso VII do § 1º do art. 225 da CF, conforme tratamos anteriormente, são vedadas, na forma da lei, as práticas que coloquem em risco a função ecológica, provoquem a extinção de espécies e/ou *submetam os animais à crueldade*. Por seu turno, conforme o § 1º do art. 215 da CF: "O Estado protegerá as manifestações das culturas populares, indígenas e afro-brasileiras, e das de outros grupos participantes do processo civilizatório nacional". Considerados em seu conjunto, tais preceitos normativos suscitam uma série de observações e inquietações, inclusive com relação à (proposital, ou não) má técnica legislativa, em especial da Emenda Constitucional 96/2017. De modo particular, contudo, importa enfrentar eventual impacto sobre a proteção dos animais não humanos no tocante a práticas de natureza cruel.

Uma primeira observação, que por si só enseja preocupação, diz respeito ao fato de que, mediante a inserção do citado § 7º no art. 225 da CF, em princípio não apenas a prática (desportiva e cultural?) da vaquejada – considerada como ilegítima do ponto de vista constitucional pelo STF –, mas toda e qualquer manifestação/prática que envolva o uso de animais, desde que tida como manifestação cultural nos termos da própria CF e da legislação específica que a regulamenta (e devidamente registrada como bem de natureza imaterial integrante do patrimônio cultural nacional), não será considerada como cruel, portanto não será uma infração ao disposto no inciso VII do § 1º do art. 225 da CF.

Assim, ao que tudo indica, o poder de reforma constitucional cria um conceito eminentemente normativo de crueldade, dizendo, ainda que com outras palavras, que mesmo uma situação que representa uma crueldade de fato (pela natureza da prática concreta e suas consequências em termos de sofrimento desnecessário) deixa de sê-lo por decreto normativo. Além disso, ao remeter à regulamentação legal, defere ao legislador infraconstitucional relativamente ampla liberdade de conformação em inclusive ampliar tal espectro, ainda que a legislação deva, nos termos do novo dispositivo constitucional, assegurar o bem-estar dos animais. Ora, se as práticas, pelo fato de serem enquadradas como manifestações culturais, por tal razão não são cruéis, ao menos curioso que o legislador deva então atentar, no âmbito da regulação infraconstitucional, para que as práticas respeitem o bem-estar dos animais, portanto, dito de outro modo, não sejam realmente ou "de fato" cruéis.

Outro aspecto a considerar. Se a regulamentação legal for considerada uma exigência prévia ao exercício legítimo de manifestações culturais devidamente registradas como tais, então seria até mesmo possível sustentar que, não existindo tal registro e regulamentação e, enquanto tal, não for levada a efeito, tais práticas seriam legal e constitucionalmente ilegítimas. De todo modo, é fato que o novo § 7º do art. 225 acaba por abarcar não apenas a prática da vaquejada, mas também toda e qualquer manifestação (e prática) de natureza cultural (também desportiva e mesmo de matriz religiosa, portanto) que envolva o uso de animais, ampliando assim o nível de complexidade do problema e os diversos conflitos com direitos e interesses de diversos grupos.

Além disso, é de questionar a própria legitimidade constitucional da Emenda Constitucional 96/2017. Por um lado, é possível – ao menos em tese e numa primeira aproximação – invocar a incidência do princípio da proibição de retrocesso em matéria ambiental, porquanto aberta "a porteira" para uma relativização da proibição (estabelecida pelo constituinte originário) de crueldade com os animais. Aqui é necessário chamar a atenção para o fato de que a condição de cláusula pétrea da proibição de crueldade com os animais é no mínimo passível de controvérsia, salvo se considerada (o que é pelo menos plausível e defensável) regra densificadora do núcleo essencial do direito e dever fundamental da proteção ambiental, associável à noção de um mínimo existencial ecológico ou mesmo de uma dignidade da vida não humana (para quem assim o sustenta), ainda que não na perspectiva de posições subjetivas (direitos) titularizadas, no caso, pelos animais não humanos.

Outro argumento a ser levado em conta reside na circunstância de que a regulamentação legal de manifestações culturais de natureza diversa que envolvam a utilização de animais desde logo, mesmo à luz da proibição (estrita) de crueldade com os animais prevista no texto constitucional originário, não se encontra vedada, pois interdito é apenas – e de modo categórico – toda e qualquer prática que implique tratamento cruel. No caso de determinada lei permitir práticas (ainda que ressalvando textualmente que vedadas a crueldade e a violação do bem-estar dos animais) que de fato, ou seja, comprovadamente mediante avaliação de seu procedimento e consequências concretas, impliquem crueldade para com os animais, por evidente que tal legislação – a exemplo do que ocorreu no caso da vaquejada, tal como decidido pelo STF – encontra-se em flagrante contradição com a regra constitucional proibitiva.

Ademais, como mencionado, há argumentos em prol de sua substancial inconstitucionalidade, ao menos na forma como redigida, de tal sorte que uma alternativa – talvez a mais apropriada – seria promover uma interpretação e aplicação em sintonia com a proibição constitucional categórica de crueldade com os animais.

Tendo em conta, todavia, a técnica legislativa quase que escandalosamente inapropriada, até mesmo isso soa relativamente difícil de levar a efeito. De qualquer sorte – e talvez seja essa a principal certeza nesta quadra –, deve ser novamente o Poder Judiciário que vai decidir sobre a matéria, como ocorreu em diversas situações – julgadas pelo STF – envolvendo manifestações culturais que afetam animais, como é o caso da farra do boi, da rinha de galos e da vaquejada, assim como a ainda pendente de julgamento questão relativa aos rituais religiosos em que há sacrifício de animais. Ademais, não é possível desconsiderar que a alteração constitucional consistiu em reação imediata ao julgamento do STF no caso da vaquejada, objetivando não apenas contornar a decisão proibitiva proferida, mas também salvaguardar outras manifestações similares, como rodeios, tiros de laço, entre outras, todas também vinculadas a expressivos interesses econômicos.

Se e em que medida o Poder Judiciário seguirá privilegiando a aplicação da regra constitucional proibitiva da crueldade com os animais, mesmo para além do caso da "Vaquejada" (visto mais abrangente o alcance do novo § 7º), ou se, pelo fato de se tratar de emenda constitucional, adotará postura mais deferente à opção legislativa, encontra-se (ainda) em aberto.[4] Mais uma razão, portanto, para reativar o debate e invocar uma postura vigilante por parte da sociedade, ainda mais diante um cenário comparado e internacional[5] em que avançam normatizações[6] e decisões[7] acerca de direitos não apenas reconhecíveis aos animais, mas à Natureza como um todo.

---

[4] A Procuradoria-Geral da República (PGR) interpôs a ADI 5.772/DF em face do § 7º do art. 225 da CF/1988. Igualmente, o Fórum Nacional de Proteção e Defesa Animal ajuizou a ADI 5.728/DF com o mesmo objeto. Mais recentemente, o Ministro Marco Aurélio jugou prejudicada a ADI 5.713 ajuizada pela PGR contra a Lei 10.428/2015 do Estado da Paraíba, que autoriza a prática da vaquejada. Segundo o Ministro, a ação perdeu seu objeto depois da promulgação da Emenda Constitucional 96/2017, alegando que, diante da inclusão do § 7º no art. 225 da CF, "modificou-se, de forma substancial, o tratamento constitucionalmente conferido à vaquejada, ficando prejudicada a análise desta ação".

[5] No âmbito da Opinião Consultiva OC-23/17, de 15 de novembro de 2017, solicitada pela República da Colômbia, sobre o tema "Meio ambiente e direitos humanos", a Corte Interamericana de Direitos Humanos admitiu expressamente a tendência atual de reconhecer personalidade jurídica e direitos próprios aos entes naturais (não apenas animais) e à Natureza como um todo, independentemente de interesses humanos (p. 29).

[6] A título de exemplo, a Constituição equatoriana de 2008 atribui expressamente direitos à Natureza ("Pacha mamma").

[7] Ver sobre o tema: Corte Constitucional de Colômbia, Sentença T-622-16, de 10 de novembro de 2016, parágrafos 9.27 a 9.31; Corte Constitucional do Equador, Sentença 218-15-SEP-CC, de 9 de Júlio de 2015, p. 9-10; e Corte Superior de Uttarakhand At Naintal (*High Court of Uttarakhand At Naintal*) da Índia, decisão de 30 de março de 2017.

## Questões para discussão

1. A decisão sobre a legitimidade constitucional da legislação estadual que permitia a prática da vaquejada declarou a inconstitucionalidade do diploma, apenas de algum dispositivo ou manejou técnica da interpretação conforme a Constituição?

2. Quais os principais precedentes nos quais se amparou a posição majoritária vencedora?

3. Quais os principais argumentos favoráveis e contrários à proscrição da vaquejada esgrimidos pelos ministros?

4. Como você resolveria o caso?

5. A proibição de crueldade com os animais pode ser objeto de ponderação com outras regras e/ou princípios? Sim ou não e justifique.

# CASO 6 – QO DO INQ. 687 (FORO POR PRERROGATIVA DE FUNÇÃO)

## O STF E A BANANOSA DO FORO POR PRERROGATIVA DE FUNÇÃO

**ALBERTO ZACHARIAS TORON**

Advogado, Mestre e Doutor pela Universidade de São Paulo.
Especialista em Direito Constitucional pela Universidade de
Salamanca. Professor de Direito Processual Penal da Faculdade de
Direito da Fundação Armando Alvares Penteado (FAAP). Autor do
livro *Habeas corpus e o controle do devido processo legal*. Ex-
-presidente do IBCCRIM.

**Sumário:** 1. O histórico de decisões em matéria de foro por prerrogativa de
função (e sua crítica) – 2. O foro por prerrogativa de função: o novo vilão da
democracia? – 3. Duas palavras sobre o cancelamento da Súmula 394 do STF –
4. Conclusão – Referências.

## 1. O HISTÓRICO DE DECISÕES EM MATÉRIA DE FORO POR PRERROGATIVA DE FUNÇÃO (E SUA CRÍTICA)

Uma das maiores conquistas civilizatórias dos regimes constitucionais foi o estabelecimento da garantia do Juiz Natural. Desde 1824, nossas Constituições, exceto a de 1937, vêm repetindo: "ninguém será processado nem sentenciado senão pela autoridade competente" (art. 5º, LIII)[1]. Assim, as regras

---

[1] Cf. Carta Outorgada de 1824, art. 179, XI; Constituição de 1891, art. 72, § 15; 1934, art. 113, n. 26; e Constituição de 1946, art. 141, § 27. As Emendas 1 e 2, de 1967 e 1969, não trouxeram nenhuma disposição a respeito da garantia em exame.

definidoras da competência para julgar deverão ser claras e objetivas, mas não bastam clareza e objetividade. É essencial que as regras definidoras do juiz competente para julgar sejam anteriores ao fato criminoso que se pretende julgar. Clareza, objetividade e anterioridade são condições, predicados do sistema punitivo, para evitar a arbitrariedade, o casuísmo e a perseguição.

Enquanto vigorava a Súmula 394 do STF, se o agente praticasse o crime durante o gozo do assim chamado foro por prerrogativa de função, a competência do Tribunal para conhecer da matéria prorrogava-se mesmo após o fim do cargo ou mandato[2]. Após vigorar por 35 anos, o STF, em sessão do seu órgão Pleno, realizada em 25 de agosto de 1999, decidindo **Questão de Ordem (QO) no Inquérito 687-4**, cancelou-a. Esse Inquérito, é bom lembrar, teve como relator o Ministro Sydney Sanches e tramitava no STF para apurar o envolvimento do já cassado Deputado Federal Jabes Rabelo. A QO foi julgada em 25 de agosto de 1999 (*DJ* 09.11.2001). Na oportunidade, os Ministros Sepúlveda Pertence, Nelson Jobim, Ilmar Galvão e Néri da Silveira votaram vencidos, prestigiando, acertadamente, o entendimento segundo o qual haveria necessidade da edição de nova súmula preservando o foro por prerrogativa de função para o caso de o delito decorrer do cargo ocupado[3].

Segundo alardeado na época pela grande imprensa e respeitáveis círculos acadêmicos, a decisão do STF representaria um grande avanço para o processo penal brasileiro. De um lado, afastava-se uma causa de "larga impunidade" e, de outro, afirmava-se o primado da igualdade dos cidadãos perante a lei. A despeito dos aplausos generalizados, criou-se um campo fértil para decisões contraditórias em matéria de definição da competência.

O então Senador Eduardo Azeredo (PSDB-MG) renunciou ao mandato antes do julgamento e teve seu processo deslocado para a Justiça mineira de primeiro grau[4]. O então Deputado Natan Donadon (PMDB-PB), em questão de ordem anterior, não teve a mesma sorte de seu colega senador[5]. Também ele renunciou antes do julgamento, mas, a pretexto de ter "abusado do direito" e agido com "fraude processual", foi julgado e condenado pelo STF. Ronaldo

---

[2]    Súmula 394 do STF: "Cometido o crime durante o exercício funcional, prevalece a competência especial por prerrogativa de função, ainda que o inquérito ou a ação penal sejam iniciados após a cessação daquele exercício" (cancelada).

[3]    Tratei do tema em maior extensão no meu: As ações penais e o foro por prerrogativa de função diante do novo § 1º do art. 84 do CPP. *Revista da AASP*, São Paulo, n. 12, jul.-dez. 2003.

[4]    STF, Pleno, AP 536, rel. Min. Roberto Barroso, *DJe* 12.08.2014.

[5]    STF, Pleno, AP 396, rel. Min. Cármen Lúcia, *DJe* 28.04.2011.

Cunha Lima (PSDB-PB), anos antes de Donadon, havia renunciado e obtido a declaração de perda do foro privilegiado a que fazia jus como parlamentar. Ali, salvo nos votos vencidos, não prevaleceu a ideia de abuso do direito e fraude processual[6].

A solução encontrada nos diferentes casos revela a odiosa fórmula condensada na máxima "dois pesos e duas medidas". O jornalista Felipe Recondo abordou o assunto com propriedade no seu conciso, mas certeiro, artigo "Dois casos semelhantes, duas decisões distintas"[7]. A referência ao abuso de direito não é mais do que a censura ao exercício da faculdade de renunciar ao mandato para provocar a cessação da competência do STF. Igualmente quanto à alusão à fraude processual.

É muito fácil perante a opinião pública qualificar o exercício do legítimo direito de renunciar como manobra torpe ou fraude processual, jogando o problema para o deputado/acusado, quando tudo, na verdade, foi causado pelo próprio STF. Sim, a Suprema Corte deixou um vácuo em matéria de tanta importância não apenas para o cidadão, mas para o próprio bom funcionamento da justiça, que não pode conviver com armadilhas de parte a parte.

Não obstante os respeitáveis argumentos que se ergueram para sustentar o acerto da supressão da referida súmula, ao término do governo Fernando Henrique Cardoso, em 26 de dezembro de 2002, portanto três anos após o cancelamento da Súmula 394, foi promulgada a Lei 10.628, que deu a seguinte redação ao art. 84, § 1º, do Código de Processo Penal: "A competência por prerrogativa de função, relativa a atos administrativos do agente, prevalece ainda que o inquérito ou a ação judicial sejam iniciados após a cessação da função pública".

O texto da lei era, na verdade, o que, corretamente, preconizavam os votos que ficaram vencidos no julgamento da **QO do Inq. 687**. No entanto, a regra que aparentemente não deveria deixar dúvidas sobre a sistemática introduzida pelo legislador provocou acesa discussão, havendo julgados que proclamaram sua inconstitucionalidade[8] antes mesmo de o STF fazê-lo na **ADI 2.797**, julgada em 15 de setembro de 2005. Na oportunidade, fixou-se o duvidoso entendimento de que "Não pode a lei ordinária pretender impor,

---

[6]     STF, Pleno, AP 333, rel. Min. Joaquim Barbosa, *DJe* 11.04.2008.

[7]     RECONDO, Felipe. Dois casos semelhantes, duas decisões distintas. *O Estado de S.Paulo*, 30 out. 2010, p. A22.

[8]     Assim, em votação unânime, o Pleno do Tribunal de Justiça de São Paulo nas Ações Penais 65.288, relator o Des. Paulo Shintate, e 102.930.0/8, relator o Des. Flávio Pinheiro, ambas julgadas em 13.08.2003.

como seu objeto imediato, uma interpretação da Constituição: a questão é de inconstitucionalidade formal, ínsita a toda norma de gradação inferior que se proponha a ditar interpretação da norma de hierarquia superior"[9]. Explicando melhor: "No plano federal, as hipóteses de competência cível ou criminal dos tribunais da União são as previstas na Constituição da República ou dela implicitamente decorrentes, salvo quando esta mesma remeta à lei a sua fixação"[10]. Daí que "essa exclusividade constitucional da fonte das competências dos tribunais federais resulta, de logo, de ser a Justiça da União especial em relação às dos Estados, detentores de toda a jurisdição residual"[11].

Entretanto, a casa continuava mal arrumada e não apenas pelo volume elevado (e crescente) de ações penais em trâmite no STF, mas também por conta de parlamentares que, atentos à nova realidade da Corte Suprema, mais punitiva, começaram a renunciar para evitar que seus julgamentos ocorressem nela. Era preciso estabelecer um marco até onde se tornava possível renunciar ao cargo para se perder o dito foro privilegiado.

Em vez de regras claras em matéria de competência, exigência indeclinável para evitar o arbítrio, o STF inventou uma nova moda: o *fatiamento* das ações penais de modo a preservar para si apenas o julgamento do detentor do foro por prerrogativa de função. O fundamento legal para o "achado" foi o art. 80 do CPP que faculta ao juiz de primeiro grau (mas sem menção ao Tribunal) realizar o desmembramento do processo "quando as infrações tiverem sido praticadas em circunstâncias de tempo ou de lugar diferentes, ou, quando pelo excessivo número de acusados e para não lhes prolongar a prisão provisória, ou por outro motivo relevante...". Na linguagem elegante do Ministro Nefi Cordeiro:

> 2. A competência do foro especial, prevalente, para os crimes conexos e agentes em continência por cumulação subjetiva, foi no Ag. Reg. no Inq 3515 (julgado em 13.02.2014 pelo Supremo Tribunal Federal) restringida por interpretação do critério de excepcionalidade do constitucional foro funcional.
>
> 3. Estabeleceu-se fundamento normativo de competência (limitação do foro prevalente pela essencialidade da reunião dos feitos) e critério de oportunidade (assim que constatada a ausência de prejuízos relevantes com a separação), mas não regras de nulidade

---

[9] Ementa da ADI 2.797, rel. Min. Sepúlveda Pertence, *DJ* 19.12.2006.
[10] Idem.
[11] Idem.

ou do reconhecimento de prejuízos como fundamento necessário para tanto[12].

É fácil perceber o *subjetivismo* presente na decisão do STJ. Primeiramente, pela utilização da expressão "critério de oportunidade", que sugere todo tipo de possibilidades. Depois, pelo afastamento das "regras de nulidade ou do reconhecimento de prejuízos como fundamento necessário para tanto [reconhecimento da cisão]". Prato cheio para decisões ao talante do aplicador da lei.

Como quer que seja, passamos a encontrar expressivo número de julgados procedendo ao desmembramento de feitos, determinando que os corréus fossem julgados em 1ª instância ou, quando o caso, no foro cabível:

> Numa visão republicana, democrática, a prerrogativa (*de foro*) deve ser vista, em primeiro lugar, como contida em norma a encerrar a *exceção*. Em segundo lugar – e é o fundamento maior –, *a competência do Superior, como também a competência do Supremo, mostra-se de direito estrito*, é o que está na Carta. *E uma lei processual não pode aditar a Carta, estendendo essa mesma competência* (HC 89.056, rel. Min. Marco Aurélio, *DJe* 02.10.2008).

> Complexo de atribuições jurisdicionais de extração essencialmente constitucional, *não comporta a possibilidade de extensão*, que extravasem os rígidos limites fixados em *numerus clausus* pelo rol exaustivo inscrito no art. 102, I, da Carta Política (STF, Pet. 1.026, rel. Min. Celso de Mello, *DJ* 31.05.1995).

> A competência do Superior Tribunal de Justiça está delimitada na Constituição Federal, *não sofrendo alteração considerados institutos processuais comuns* – a *conexão* e a *continência* (HC 89.083, rel. Min. Marco Aurélio, *DJe* 05.02.2009).

O ponto é que nem sempre a desconexão instrumental é possível dada a imbricação das condutas. Na **Ação Penal 470**, popularmente conhecida como *Mensalão*, prevaleceu o entendimento segundo o qual não seria possível realizar o fatiamento, mesmo que em outros casos assemelhados se tivesse

---

[12]  STJ, 6ª T., HC 303.132, *DJe* 06.04.2015. Essa decisão foi atacada no RHC 128.906, mas o Min. Luiz Fux, em decisão monocrática, negou-lhe seguimento (*DJe* 10.05.2017).

firmado o entendimento oposto, como gizou o Ministro Ricardo Lewando-wski ao acolher a questão de ordem levantada no limiar daquele processo pelo advogado de um dos réus.

As razões de caráter puramente funcional que ditaram a aplicação do art. 80 do CPP nos Tribunais deu lugar a um *subjetivismo* em matéria da definição de competência, incompatível com a garantia do juiz natural. Os Tribunais passaram a escolher quem vão julgar. Tanto isso como a possível escolha pelo réu de quem vai julgá-lo não se conciliam com a garantia do juiz natural. Daí a sintomática ressalva feita pelo Ministro Roberto Barroso no **AgRg na AP 908**, no sentido de que deve "proceder ao desmembramento, 'como regra geral', de investigação ou processo já instaurado a fim de limitar a atuação do Supremo Tribunal Federal aos detentores de foro por prerro-gativa de função"[13].

No julgado em questão, pai e filho viam-se acusados porque, ambos, em conjunto, teriam dado causa à investigação criminal contra determi-nado desafeto, sabendo da sua inocência, mas se admitiu que os processos contra um e outro caminhassem separadamente. De forma *diametralmente oposta*, a mesma Turma, vencido o Ministro Marco Aurélio, entendeu no julgamento do rumoroso caso retratado no **AgRg no Inq. 4.506/DF**, quando firmou o entendimento da "possibilidade excepcional de processamento e julgamento conjunto de pessoas sem prerrogativa de foro quando os fatos típicos forem únicos ou indivisíveis"[14]. Eram mesmo? O do pai e filho, no outro caso, não eram?

Coroando o conjunto de decisões em matéria de competência quando em jogo o foro por prerrogativa de função, tivemos o julgamento da **Ques-tão de Ordem na Ação Penal (QO na AP) 937**, sob a relatoria do Ministro Barroso. Nela, o Pleno do STF fixou as seguintes teses:

> (i) O foro por prerrogativa de função aplica-se apenas aos crimes cometidos *durante o exercício do cargo* e *relacionados às funções desempenhadas*; e
>
> (ii) Após o final da instrução processual, com a publicação do despacho de intimação para apresentação de alegações finais, a competência para processar e julgar ações penais não será mais afetada em razão de o agente público vir a ocupar outro cargo ou

---

[13]  STF, 1ª T., *DJe* 06.08.2015.

[14]  STF, 1ª T., rel. p/ o Ac. Min. Alexandre de Moraes, j. 17.04.2018, ainda não publicado.

deixar o cargo que ocupava, qualquer que seja o motivo", com o entendimento de que esta nova linha interpretativa deve se aplicar imediatamente aos processos em curso, com a ressalva de todos os atos praticados e decisões proferidas pelo STF e pelos demais juízos com base na jurisprudência anterior, conforme precedente firmado na Questão de Ordem no Inquérito 687 (rel. Min. Sydney Sanches, j. 25.08.1999).

A decisão, tomada por ampla maioria, causa perplexidade. Restabelece em parte, pela via interpretativa, o que, anteriormente, havia sido julgado inconstitucional (**ADI 2.797**) quando fixado por lei (cf. Lei 10.628/2002, art. 84 e parágrafos do CPP). A definição de competência, que era tida como "exclusividade constitucional" (**ADI 2.797**), num passe de mágica, deixou de sê-lo; passou a ser tratada pela via interpretativa. Na mão oposta, malgrado a Constituição Federal estabeleça que a partir da diplomação os deputados e senadores "serão submetidos a julgamento perante o Supremo Tribunal Federal" (art. 53, § 1º), se esses agentes vierem a ser acusados, ou mesmo investigados, por fatos não relacionados às funções que exercem, não farão jus ao foro por prerrogativa. Todavia, quem perder o foro por prerrogativa de função "qualquer que seja o motivo", se o feito estiver em fase de alegações finais, continuará a ser julgado como se estivesse no gozo da prerrogativa.

O STF realizou a *proeza* de uma interpretação ampliativa para quem renuncia ou, por qualquer motivo, perde o cargo, prorrogando a competência, e, concomitantemente, redutora para quem é parlamentar, ou governante, mas pratica crime sem relação com suas funções. Onde a regra constitucional é ampla e clara a outorgar o foro por prerrogativa de função, passamos a navegar ao sabor das interpretações sujeitas, como todos sabemos, a chuvas e trovoadas. Aqui deveria valer a velha e sábia lição de Carlos Maximiliano, segundo a qual:

> [...] quando o texto dispõe de modo amplo, *sem limitações videntes*, é dever do intérprete aplicá-lo a todos os casos particulares que se possam enquadrar na hipótese geral prevista explicitamente: não tente distinguir entre as circunstâncias da questão e as outras; cumpra a norma tal qual é, *sem acrescentar condições novas*, nem dispensar nenhuma das expressas[15] (grifei).

---

[15]  MAXIMILIANO, Carlos. *Hermenêutica e aplicação do direito*. Rio de Janeiro: Freitas Bastos, 1957. p. 306.

O "Juiz Supremo", mais que invadir a competência típica do legislador, inclusive o constitucional, abre espaço para toda sorte de dificuldades e sub-jetivismos. Como advertiu a Ministra Maria Thereza de Assis Moura, com a dupla autoridade de juíza e professora de processo penal da USP,

> [...] o exercício da jurisdição pressupõe a existência de órgãos julga-dores dotados de competências infensas a alterações artificiosas. Daí a necessidade de regras claras que confiram segurança ao sistema de processo/julgamento das infrações penais[16].

## 2. O FORO POR PRERROGATIVA DE FUNÇÃO: O NOVO VILÃO DA DEMOCRACIA?

Com os olhos postos nas prerrogativas parlamentares, mas em ensina-mento que cabe a todos os agentes que desfrutam do foro por prerrogativa de função, não por acaso também conhecido por foro privilegiado, Raul Machado Horta, citando Rui Barbosa, adverte: "é fácil desmoralizar uma instituição, pregando-lhe o cartaz de privilégio", léxico que "dispõe de irre-movível impregnação egoística e antissocial"[17]. Por isso, Alessandro Pizzo-russo, embora ressalvando que só se possa identificar um rompimento com o princípio constitucional da igualdade quando falta uma justificação adequada para o tratamento díspar de determinados casos, prefere evitar a utilização das expressões "privilégios", ou mesmo "prerrogativas", para designar as imunidades, pois, segundo o autor peninsular, evocariam um rompimento com o referido princípio constitucional[18].

Sabemos que no direito luso-brasileiro o foro privilegiado, nome corrente ainda hoje para designar o foro que se fixa *ratione personae*, surgiu como

---

[16] STJ, 6ª T., HC 108.350, *DJe* 24.08.2009.

[17] HORTA, Raul Machado. *Direito constitucional*. 3. ed. Belo Horizonte: Del Rey, 2002. p. 580.

[18] PIZZORUSSO, Alessandro. Dissonanze e incomprensioni tra la concezione penalistica e al concezione constituzionalistica delle immunità parlamentrari. *Rivista Italiana di Diritto e Procedura Penale*, Milano, v. I, p. 567, 1984. Entre nós, Pedro Aleixo, com inteira procedência, alertou para o fato de que "não se quebra o cânone da isonomia quando se tem por objetivo resguardar a função e não a pessoa que está exercendo a função" (*Imunidades parlamentares*. Rio de Janeiro: Revista Brasileira de Estudos Políticos, 1961. p. 75).

## Parte 2 · CASO 6 – QO DO INQ. 687 (FORO POR PRERROGATIVA DE FUNÇÃO) | 107

prerrogativa pessoal outorgada aos soldados, aos clérigos, aos desembargadores, nobres e outras categorias. Todavia, proclamada a República, cuja pedra angular repousa na igualdade dos cidadãos perante a lei, tornava-se inadmissível admitir qualquer diferenciação de foro em razão de condição pessoal do agente. Bem por isso, registra Hélio Tornaghi que a Constituição republicana de 1891, no § 2º do art. 72, aboliu os privilégios de nascimento, os foros de nobreza, ordens honoríficas etc.[19] Nos dias de hoje, porém, para a fixação do foro por prerrogativa de função, leva-se "em conta a dignidade da função, a altitude do cargo"[20].

Sem destoar desse pensamento, mas com outro enfoque, Vicente Greco Filho destaca que

> [...] certas autoridades são julgadas diretamente pelos tribunais superiores e de segundo grau, suprimido o primeiro grau. Essa supressão justifica-se em virtude da proteção especial que devem merecer certas funções públicas, cuja hierarquia corresponde, também, à hierarquia dos tribunais, daí a competência originária. No aspecto político – completa o autor – a competência especial justifica-se porque os cargos públicos eletivos, ou não, são acessíveis a todos os brasileiros, de modo que a proteção a eles não é privilégio nem discriminação[21].

Aprofundando o tema, esclarece a Procuradora Regional da República, Paula Bajer Fernandes da Costa, que, a despeito das equivocadas críticas que se erguem contra o assim chamado "foro privilegiado",

> [...] a Constituição, ao fixar as desigualdades, organiza o Estado para que as estruturas de poder encontrem formas seguras de atuação. Quando a Constituição estabelece competência criminal por prerrogativa de função, não está a privilegiar pessoas, mas

---

[19] TORNAGHI, Hélio. *Curso de processo penal*. 3. ed. São Paulo: Saraiva, 1983. v. I, p. 131.

[20] Idem, p. 132. No mesmo sentido: MAGALHÃES NORONHA, Edgard. *Curso de direito processual penal*. 12. ed. São Paulo: Saraiva, 1979. p. 52; MIRABETE, Julio Fabbrini. *Código de Processo Penal interpretado*. 9. ed. São Paulo: Atlas, 2002. p. 327; e MALCHER, José Lisboa Gama. *Manual de processo penal*. 2. ed. Rio de Janeiro: Freitas Bastos, 1999. p. 258.

[21] GRECO FILHO, Vicente. *Manual de processo penal*. 6. ed. São Paulo: Saraiva, 1999. p. 61.

cargos, possibilitando que as funções políticas sejam exercidas com independência e afastadas de pressões. As regras de competência servem ao estabelecimento anterior do juiz natural e colaboram para que não haja tribunais de exceção, como, aliás, é vedado na Carta Política (art. 5º, XXXVII). A Constituição, quando cria os foros por prerrogativa de função – arremata a autora –, está desigualando para garantir a imparcialidade[22].

Frederico Marques, em trabalho clássico, sustentava, com inteira procedência, que, nos casos do foro por prerrogativa de função instaurados em razão da relevância desta, "se acham perfeitamente legitimados, mesmo porque evitam certa subversão hierárquica, como, por exemplo, o julgamento de um magistrado de grau superior, perante um juiz inferior"[23]. É evidente que nessa hipótese, mais do que o problema da subversão hierárquica, há sempre o fato de que a ascendência do réu sobre o juiz pode comprometer a imparcialidade deste, que pode se ver pressionado pelo colega.

Com efeito, a verdadeira faceta do foro por prerrogativa de função é garantir que o réu "importante" seja julgado por um juiz ou órgão de igual relevância e com isso evitarem-se distorções espúrias, já que um Tribunal está, em tese, mais infenso a pressões. Igualmente importante é não deixar alguém que ocupe um cargo de relevo sujeito às maluquices e politicagens menos controláveis em primeiro grau. Explico: um prefeito de uma cidade de interior, se julgado na própria cidade, pelo juiz e promotor vizinhos, fica muito mais sujeito aos amores e ódios políticos partidários. O foro por prerrogativa torna o julgamento menos pessoal e, assim, garante mais a imparcialidade, protegendo, por isso, o cargo e também seu ocupante.

É verdade, não se ignora, que nos Tribunais Superiores, em que os ministros ascendem ao cargo por meio de um complexo sistema, pode se sentir o efeito da política. Todavia, não é incomum que ministros recém-nomeados votem contra interesses do governo e, também em ações penais, profiram votos

---

[22]  COSTA, Paula Bajer Fernandes da. *Igualdade no direito processual penal brasileiro*. São Paulo: RT, 2001. p. 68. Em sentido contrário, considerando inaceitáveis as justificativas para a perpetuação do que no direito espanhol denomina-se de "aforamientos", coloca-se Gonzalo Quintero Olivares para quem tal instituto fere de morte a tutela constitucional da igualdade (*La justicia penal en España*. Pamplona: Aranzadi, 1998. p. 118).

[23]  MARQUES, José Frederico. *Da competência em matéria penal*. Revista e atualizada por José Renato Nalini e Ricardo Dipp. Campinas: Millenium, 2000. p. 75.

condenatórios mesmo quando o réu seja quem o tenha nomeado, como se viu no caso Collor (**AP 307**). Ademais, os governos passam e os ministros designados ficam, o que dilui a eventual influência política de quem os indicou e nomeou.

Nessa linha, podemos dizer com o Ministro Moreira Alves que o instituto do foro por prerrogativa de função destina-se também a "proteger a Justiça contra ingerências de poder na própria Justiça"[24] e, portanto, tem um significado democrático. Como quer que seja, sendo garantia, não pode ficar ao alvedrio interpretativo, como efeito sanfona, ora ampliada, ora diminuída, de acordo com as conveniências do momento.

## 3. DUAS PALAVRAS SOBRE O CANCELAMENTO DA SÚMULA 394 DO STF

A consagração jurisprudencial do foro por prerrogativa de função a ex-ocupantes de cargos públicos ocorreu entre nós há muito tempo, desde o Império. Todavia, para ficarmos na história mais recente da nossa República, foi sob a vigência da Constituição de 1946, por meio da Súmula 394 do STF, que se definiu e se estruturou a matéria nos seguintes termos: "Cometido o crime durante o exercício funcional, prevalece a competência especial por prerrogativa de função, ainda que o inquérito ou a ação penal sejam iniciados após a cessação daquele exercício".

A exegese fixada pela Suprema Corte e que prevaleceu por mais de trinta anos, não tinha em conta, obviamente, nenhuma regra constitucional ou ordinária que, de forma expressa, regulasse o assunto. Fosse diferente, não haveria razão para sua edição, bastaria a remissão à regra posta. De um ponto de vista estritamente processual, destaca Frederico Marques que o Pretório Excelso teve em conta o que chama de "competências constitucionais implícitas"[25]. Portanto, procurou-se dar uma interpretação que garantisse a proteção ao cargo, ainda que de forma indireta, se durante seu exercício o delito tivesse sido praticado. Sim, para, citando um exemplo, embora sob outra angulação, resguardar o ex-mandatário que, no ostracismo, possa ser alvo da ação dos inimigos, da opinião pública e, eventualmente, daqueles que, particulares ou outros agentes públicos, se sentiram prejudicados por

---

[24] Voto proferido quando do julgamento da Questão de Ordem do já referido Inquérito 687.

[25] MARQUES, José Frederico. Competência para julgamento de membros do MP acusados de crimes contra a União. *Revista de Direito Penal*, São Paulo, v. 7-8, p. 89, jul.-dez.

atos seus e possam querer influir no processo. Por outro lado, pode-se dizer que o agente, ainda que fora do cargo, pode exercer sua influência e, nesse sentido, subsistiria à necessidade do foro diferenciado para resguardar a imparcialidade da jurisdição.

Como salientou o saudoso Ministro Victor Nunes Leal:

> Presume o legislador que os tribunais de maior categoria tenham mais isenção para julgar os ocupantes de determinadas funções públicas, por sua capacidade de resistir, seja à eventual influência do próprio acusado, seja às influências que atuarem contra ele. A presumida independência do tribunal de superior hierarquia é, pois, uma garantia bilateral, garantia contra e a favor do acusado.

E prossegue o Ministro:

> Essa correção, sinceridade e independência moral com que a lei quer que sejam exercidos os cargos públicos ficaria comprometida, se o titular pudesse recear que, cessada a função, seria julgado não pelo Tribunal que a lei considerou o mais isento, a ponto de o investir de jurisdição especial para julgá-lo no exercício do cargo, e, sim, por outros que, presumidamente, poderiam não ter o mesmo grau de isenção.

E conclui o consagrado jurista e cientista político:

> Cessada a função, pode muitas vezes desaparecer a influência que, antes, o titular do cargo estaria em condições de exercer sobre o Tribunal que o houvesse de julgar; entretanto, em tais condições, ou surge, ou permanece, ou se alarga a possibilidade, para outrem, de tentar exercer influência sobre quem vai julgar o ex-funcionário ou ex-titular de posição política, reduzido então, frequentemente, à condição de adversário da situação dominante. É, pois, em razão do interesse público do bom exercício do cargo, e não do interesse pessoal do ocupante, que deve subsistir, que não pode deixar de subsistir a jurisdição especial, como prerrogativa da função mesmo depois de cessado o exercício[26].

---

[26]    *RTJ* 22/50-51.

Embora se pudesse pensar que o argumento central do voto condutor do aresto que cancelou a Súmula 394 fosse de natureza jurídica, isto é, ligado à inexistência de previsão na Constituição de 1988 para a manutenção do foro especial para os ex-agentes públicos e, portanto, voltado a uma interpretação que, apresentada como mais restritiva, prestigiasse o princípio democrático da isonomia, a verdade é, tudo indica, que a pletora de processos na Suprema Corte foi a verdadeira razão para a virada na jurisprudência. Senão, como entender que, vigorando há mais de 35 anos, quando nenhuma Carta anterior tinha estampado disposição a respeito do foro dos "ex", tivessem os ilustres juízes do Excelso Pretório acordado de um *sono profundo* e "descoberto" que a Súmula 394 não fazia mais sentido? Teriam os ministros que judicaram debaixo de Texto de 1946 errado ao editá-la? E que dizer dos mais de dez sob a égide da Constituição vigente, sem que nunca se tivesse questionado a vigência da súmula?

Poderíamos até pensar que o cancelamento da súmula se deu como consequência de novos condicionamentos políticos e socioculturais[27]. Todavia, fosse essa a realidade, *deveríamos ter a edição de um novo diploma dispondo a respeito*, uma vez que, como adverte Konrad Hesse, "a finalidade de uma proposição normativa não pode ser sacrificada em virtude da mudança da situação. Se o sentido da proposição não se afigura mais realizável, a revisão constitucional afigura-se inevitável"[28]. De fato, como argumentou o Ministro Pertence,

> [...] é impossível negar relevo à antiguidade e à firmeza da jurisprudência sesquicentenária que a Súm. 394 testemunha. Não ignoro que – suposta uma mudança na "ideia de Direito" que inspire uma nova Constituição – preceitos típicos da ordem antiga, embora mantidos com o mesmo teor podem receber interpretação diversa, quando a imponha a inserção deles no contexto do novo sistema.

---

[27] Eugen Ehrlich, lembrado por Celso Fernandes Campilongo, destaca que o centro de gravidade do desenvolvimento do direito não se encontra na legislação, nem na ciência jurídica, nem na jurisprudência, mas na própria sociedade" (EHRLICH, Eugen. *I fondamenti della sociologia del diritto*. Milano: Giuffrè, 1976 *apud* CAMPILONGO, Celso Fernandes. *Direito e democracia*. São Paulo: Max Limonad, 1997. p. 14).

[28] HESSE, Konrad. *A força normativa da Constituição*. Tradução Gilmar Ferreira Mendes. Porto Alegre: Fabris, 1991. p. 22.

E arremata o Ministro:

> [...] o que, porém, não creio ser o caso. E, por isso, se não se introduziu restrição aos textos anteriores a respeito, é mais que razoável extrair daí que a nova Constituição os quis manter com o mesmo significado e a mesma compreensão teleológica que a respeito se sedimentara nos sucessivos regimes constitucionais, não apenas nos de viés autoritário – quando a Súmula veio a ser excetuada pelos atos institucionais – mas também nos de indiscutível colorido democrático[29].

## 4.  CONCLUSÃO

É de convir, até como forma de homenagear a inteligência dos juízes da Suprema Corte, que não parece razoável supor que, de um lado, o direito constitucional tivesse sido interpretado de forma *errada* durante tanto tempo e que agora, subitamente, quando já transcorreu mais de dez anos da Constituição de 1988, o STF tivesse se dado conta do equívoco interpretativo. De outro lado, também não há indícios de que, atenta à "criminalidade do poder", como disse Luigi Ferrajoli em memorável Seminário realizado em São Paulo[30], a Corte Suprema, embebida por novos valores e horizontes, quisesse rever sua jurisprudência. Tudo leva a crer que o cancelamento da súmula se prendeu a questões funcionais ou, mais especificamente, ao excessivo volume de processos que ali afluem.

Pode até se considerar que representasse uma solução mais equitativa o cancelamento da Súmula 394 nos termos preconizados pelos votos vencidos na **QO do Inq. 687**. Vale dizer, para manter o foro por prerrogativa de função nos casos em que, mesmo após o término do mandato, ou cessação do cargo ocupado, o delito fosse *propter officium*. Sem nunca, porém, chegar a ponto de permitir, como se fez no julgamento da **QO da AP 937**, a exclusão do foro

---

[29]  Voto dissidente no Inquérito 687-4/SP.

[30]  VIII Seminário do IBCCRIM realizado em outubro de 2002; conferência: "Globalização e criminalidade". Sobre o tema são pontos de referência obrigatório os trabalhos de Jésus-Maria Silva Sánchez (*La expansión del derecho penal*: aspectos de política criminal en las sociedades postindustriales. Madrid: Civitas, 1999. p. 50 e ss.) e Antoine Garapon (*O juiz e a democracia*. Rio de Janeiro: Revan, 1999. p. 97 e ss.).

por prerrogativa com relação ao *ocupante* de cargo público assim distinguido, contra, diga-se, a letra expressa da Constituição.

A conclusão a que se chega, pesa dizê-lo, é sombria e representa a antítese do que deve ser o funcionamento de uma Suprema Corte no Estado de Direito. É inconcebível que se altere o entendimento ligado a várias garantias constitucionais como a do juiz natural e a do devido processo legal, não por conta da correta aplicação do direito, mas em razão da sobrecarga de processos. É, para repetir Umberto Eco, como se fôssemos *cera mole* (O Nome da Rosa) nas mãos das autoridades judiciais.

O Estado de Direito, *rule of law, not of a man*, impõe que se respeitem as regras democraticamente estabelecidas. Do contrário, esperam-nos o arbítrio, o casuísmo e tudo aquilo que possa vir dos que se julgam dotados das melhores intenções. Repetindo Tercio Sampaio Ferraz Jr., é como se tivéssemos saído do Estado da Segurança Nacional para a insegurança jurisdicional.

## REFERÊNCIAS

ALEIXO, Pedro. *Imunidades parlamentares*. Rio de Janeiro: Revista Brasileira de Estudos Políticos, 1961.

CAMPILONGO, Celso Fernandes. *Direito e democracia*. São Paulo: Max Limonad, 1997.

FERNANDES DA COSTA, Paula Bajer. *Igualdade no direito processual penal brasileiro*. São Paulo: RT, 2001.

GARAPON, Antoine. *O juiz e a democracia*. Rio de Janeiro: Revan, 1999.

GRECO FILHO, Vicente. *Manual de processo penal*. 6. ed. São Paulo: Saraiva, 1999.

HESSE, Konrad. *A força normativa da Constituição*. Trad. Gilmar Ferreira Mendes. Porto Alegre: Fabris, 1991.

HORTA, Raul Machado. *Direito constitucional*. 3. ed. Belo Horizonte: Del Rey, 2002.

MAGALHÃES NORONHA, Edgard. *Curso de direito processual penal*. 12. ed. São Paulo: Saraiva, 1979.

MALCHER, José Lisboa Gama. *Manual de processo penal*. 2. ed. Rio de Janeiro: Freitas Bastos, 1999.

MARQUES, José Frederico. Competência para julgamento de membros do MP acusados de crimes contra a União. *Revista de Direito Penal*, São Paulo, v. 7-8, p. 89, jul.-dez.

_____. *Da competência em matéria penal*. Revista e atualizada por José Renato Nalini e Ricardo Dipp. Campinas: Millenium, 2000.

MAXIMILIANO, Carlos. *Hermenêutica e aplicação do direito*. Rio de Janeiro: Freitas Bastos, 1957.

MIRABETE, Julio Fabbrini. *Código de Processo Penal interpretado*. 9. ed. São Paulo: Atlas, 2002.

OLIVARES, Gonzalo Quintero. *La justicia penal en España*. Pamplona: Aranzadi, 1998.

PIZZORUSSO, Alessandro. Dissonanze e incomprensioni tra la concezione penalistica e al concezione constituzionalistica delle immunità parlamentrari. *Rivista Italiana de Diritto e Procedura Penale*, Milano, v. I, p. 567, 1984.

RECONDO, Felipe. Dois casos semelhantes, duas decisões distintas. *O Estado de S.Paulo*, 30 out. 2010, p. A22.

SÁNCHEZ, Jésus-Maria Silva. *La expansión del derecho penal*: aspectos de política criminal en las sociedades postindustriales. Madrid: Civitas, 1999.

TORNAGHI, Hélio. *Curso de processo penal*. 3. ed. São Paulo: Saraiva, 1983. v. I

TORON, Alberto Zacharias. As ações penais e o foro por prerrogativa de função diante do novo § 1º do art. 84 do CPP. *Revista da AASP*, São Paulo, n. 12, jul.-dez. 2003.

---

### Questões para discussão

1. É correta a afirmação de que o julgamento da Questão de Ordem na Ação Penal 937 pelo Pleno do STF avançou no campo do legislador a pretexto de interpretar regras de competência?

2. O princípio da Tripartição dos Poderes autoriza o STF, a pretexto de interpretar regras constitucionais, criar outras?

3. Por que a definição do juiz competente se entrosa com a garantia do juiz natural?

4. O desmembramento de uma ação penal, quando nem todos os acusados sejam detentores do foro por prerrogativa de função, pode gerar distorções? Essa prática é sempre possível? Pode haver subjetivismo?

5. O foro por prerrogativa de função é necessário ou apequena o regime democrático? Por quê?

# CASO 7 – HC 152.752 (PRESUNÇÃO DE INOCÊNCIA)

## A COLEGIALIDADE E O JULGAMENTO DO HC PREVENTIVO 152.752

**LENIO LUIZ STRECK**

Mestre e Doutor em Direito pela Universidade Federal de Santa Catarina. Pós-doutor pela Universidade de Lisboa. Professor titular do programa de pós-graduação em Direito (mestrado e doutorado) da Unisinos. Membro catedrático da Academia Brasileira de Direito Constitucional (ABDConst.). Presidente de honra do Instituto de Hermenêutica Jurídica – IHJ (RS-MG). Membro da comissão permanente de Direito Constitucional do Instituto dos Advogados Brasileiros (IAB), do Observatório da Jurisdição Constitucional do Instituto Brasiliense de Direito Público (IDP), da *Revista Direitos Fundamentais e Justiça*, da *Revista Novos Estudos Jurídicos*, entre outros. Coordenador do Dasein, Núcleo de Estudos Hermenêuticos. Ex-Procurador de Justiça do Estado do Rio Grande do Sul.

**Sumário:** 1. 2009 – O ano da consolidação da presunção da inocência – 2. A guinada do Supremo Tribunal Federal – o retrocesso – 3. A pós-virada jurisprudencial – a algaravia em torno da colegialidade inexistente – 4. A contingência: o *habeas corpus* do ex-Presidente Lula – 5. A votação do *writ* e seu indeferimento – 6. O princípio da colegialidade que transforma minoria em maioria e que substitui verdade por consenso (inexistente) – Referências.

## 1. 2009 – O ANO DA CONSOLIDAÇÃO DA PRESUNÇÃO DA INOCÊNCIA

Desde 2009, o Supremo Tribunal Federal (STF) tinha o entendimento de que o recurso interposto pela defesa contra decisão condenatória seria recebido com efeito devolutivo e suspensivo, de modo que não se admitia a execução provisória (antecipada) da pena, tendo em vista não haver o trânsito em julgado da sentença para a acusação e para a defesa (nesse sentido, por todos, ver o paradigmático HC 84.078/MG, de relatoria do Min. Eros Grau).

Esse entendimento do Supremo Tribunal gerou um selo de garantia por parte do parlamento, que aprovou a Lei 12.403/2011, que alterou o artigo 283 do CPP, que passou a ter a seguinte redação:

> Ninguém poderá ser preso senão em flagrante delito ou por ordem escrita e fundamentada da autoridade judiciária competente, em decorrência de sentença condenatória transitada em julgado ou, no curso da investigação ou do processo, em virtude de prisão temporária ou prisão preventiva.

Ocorre que, em 17.02.2016, quando do julgamento do HC 126.292/SP pela Suprema Corte, houve uma guinada no entendimento acerca da presunção da inocência, passando a permitir a execução antecipada da pena. De registrar que o entendimento levado a cabo pelo STF no HC 126.292/SP também produziu efeitos colaterais na jurisprudência ordinária civil e trabalhista.

Tudo começou em 29.03.2011, em Itapecerica da Serra, quando M.R.D. e A.S.L. foram denunciados pelo Ministério Público pela prática de roubo qualificado. O fato é de 16.09.2010. Andavam em uma motocicleta e assaltaram uma pessoa. Presos preventivamente. No meio do processo, as prisões foram revogadas. Portanto, chegaram ao julgamento livres. Ambos condenados. Sentença de 28.06.2013. M.R.D., 5 anos e 4 meses; A.S.L., 6 anos e 8 meses. O juiz permitiu que M.R.D. apelasse em liberdade. A.S.L. teve sua prisão decretada. Ambos apelaram ao Tribunal de Justiça de São Paulo. Ministério Público não recorreu. M.R.D., jovem pobre, filho de empregada doméstica da casa de uma advogada, a qual agiu em defesa do rapaz.

Em 13.12.2013, os autos foram ao Tribunal de Justiça de São Paulo (TJSP). Um ano e três dias depois, a apelação de ambos foi julgada e negada. A.S.L., que já estava preso (vejam: com réu preso, a apelação demorou um ano para ser julgada), assim permaneceu. O inusitado está no fato de que, mesmo transitada em julgado a condenação para o Ministério Público (MP) e havendo apenas o apelo de M.R.D., este teve não só o apelo improvido, como também teve sua prisão decretada, sem qualquer fundamentação. Preso de ofício. Regime fechado. Embora a pena fosse abaixo de oito anos. Foi impetrado *habeas corpus* em 19.12.2014 no Superior Tribunal de Justiça, que negou a liminar, alegando jurisprudência defensiva. Autos ao Ministério Público Federal (MPF), que, para surpresa de muitos, deu parecer favorável à concessão do *habeas corpus*.

Contra esse indeferimento da liminar foi impetrado *habeas corpus* no STF. O Ministro Teori Zavascki, em 05.02.2015, deferiu a liminar, concedendo a ordem. Reconheceu que estava diante de hipótese passível de ultrapassar a Súmula 691. Disse o ministro que a sentença havia permitido que o paciente M.R.D. recorresse em liberdade. Houve apenas recurso do paciente. O TJSP não apresentou, segundo Teori, nenhum fundamento para impor a prisão preventiva do paciente M.R.D., conforme estabelece o artigo 312, o que está em desacordo com a jurisprudência do STF.

Assim poderia – e deveria – ter acabado o caso. M.R.D. livre para aguardar seus recursos. Afinal, o TJSP decretara a prisão sem fundamento e de ofício. Essa é, pois, a *holding* do famoso HC 126.292, pelo qual o Supremo Tribunal alterou sua jurisprudência.

## 2.   A GUINADA DO SUPREMO TRIBUNAL FEDERAL – O RETROCESSO

O *habeas corpus* que serviu de base para a virada foi levado a plenário em fevereiro de 2016 (para discutir a liminar concedida pelo Ministro Teori monocraticamente). Mesmo com a liminar concedida com aquela robusta fundamentação, o Ministro Teori voltou atrás e votou com a maioria, formando o placar de 7x4. E M.R.D. voltou para a prisão. O mesmo M.R.D. que recorrera em liberdade e acabou preso "de ofício", sem pedido do MP, que, aliás, contentou-se com o resultado da decisão de Itapecerica da Serra que condenara M.R.D. e A.S.L. O mesmo M.R.D. a quem o Ministro Teori reconhecera que sua prisão tinha sido ilegalmente decretada pelo TJSP. O que teria mudado na conduta ou nas circunstâncias vivenciais do paciente M.R.D. para que houvesse esse *jurisprudence turn*?

Além de dar um giro de 180 graus na sua jurisprudência, acabou por sufragar uma prisão decretada fora de qualquer legalidade, circunstância reconhecida pelo MPF e pelo próprio Ministro Teori, ou seja, o Ministro Teori concede a liminar com o fundamento de que, além de poder superar a Súmula 691, o TJSP não havia fundamentado a prisão em segundo grau. Pois agora ele, com mais seis ministros, revogam a liminar, só que não fundamentam a necessidade do caso concreto. Portanto, o que torna estranho tudo isso é que, no momento de decidirem o HC 126.292, M.R.D. "desapareceu" como um personagem concreto. Transformou-se em uma tese. M.R.D. virou um conceito. Seu caso concreto de nada valeu. O que o Ministro Teori, monocraticamente, usara para fundamentar a concessão da liminar desapareceu.

## 3. A PÓS-VIRADA JURISPRUDENCIAL – A ALGARAVIA EM TORNO DA COLEGIALIDADE INEXISTENTE

Desde então (fevereiro de 2016 com o julgamento do HC 126.292 do paciente M.R.D.), o País ficou com a presunção da inocência suspensa. Liberada, desde então, está a execução provisória. Até mesmo o Código de Processo Civil foi usado para negar validade ao artigo 283, como foi o caso do Ministro Edson Fachin, que derrubou uma liminar concedida pelo presidente do STF e mandou recolher à prisão um prefeito de uma cidade, sob o argumento de que aquilo que diz no Código de Processo Civil (artigo 283) se esfumaça diante do novo CPC.

Muito se falou sobre o HC 126.292 e se esqueceu das circunstâncias em que esse caso se deu. Era de esperar que o STF fosse alterar sua jurisprudência com um caso importante, candente, polêmico. Lamentavelmente foi um caso em que o réu já estava em liberdade e acabou preso sem fundamentação pelo TJSP, de ofício. Foi esse caso – que não tem nada a ver com colarinho-branco – que serviu para mudar a jurisprudência sobre algo tão importante quanto a liberdade.

A Ordem dos Advogados do Brasil ingressou com a Ação Declaratória de Constitucionalidade 44 (ADC), visando a proclamar a constitucionalidade do artigo 283 do CPP. Também o Partido Ecológico Nacional (PEN) ingressou com o mesmo tipo de ação. As cautelares requeridas nas ADCs foram negadas em julgamento no dia 05.10.2016, votando pela concessão os Ministros Marco Aurélio (relator), Rosa Weber, Ricardo Lewandowski, Celso de Mello e, em parte, o Ministro Dias Toffoli, e pela denegação a Ministra Cármen Lúcia e os Ministros Gilmar Mendes, Luiz Fux, Teori Zavascki, Roberto Barroso e Edson Fachin. O mérito ainda pende de julgamento.

## 4. A CONTINGÊNCIA: O *HABEAS CORPUS* DO EX--PRESIDENTE LULA

A questão envolvendo a presunção da inocência voltou à pauta do STF por meio do julgamento do HC 152.752, que foi impetrado pelo ex-Presidente Luiz Inácio Lula da Silva, no intuito de impedir a execução provisória da pena diante da confirmação de sua condenação pelos crimes de corrupção passiva e lavagem de dinheiro pelo Tribunal Regional Federal da 4ª Região (TRF-4). O pedido foi analisado pelo plenário do STF, que denegou a ordem em votação majoritária.

Antes de explicitar o modo como votaram os ministros, é importante registrar que um *habeas corpus* tem seu leito natural em uma das turmas da Suprema Corte. Para um *writ* ser levado ao plenário deve existir uma prejudicial, uma condição de possibilidade (por exemplo, uma discussão de constitucionalidade).

O STF decidiu em plenário por 7 votos a 4, na análise de uma questão preliminar, admitir a tramitação do HC 152.752. Ressalte-se que o relator do caso, Ministro Edson Fachin – embora tenha afetado ao plenário o citado *habeas* –, paradoxalmente votou pelo não conhecimento do pedido, motivando pelo fato de que o *habeas corpus* no caso é substitutivo do recurso ordinário previsto no artigo 102, II, "a", da CF. Também se manifestaram nesse sentido os Ministros Luís Roberto Barroso, Luiz Fux e a presidente do STF, Ministra Cármen Lúcia.

O Ministro Alexandre de Moraes, por sua vez, entendeu cabível a impetração, abrindo divergência que consolidou a corrente majoritária, seguida pela Ministra Rosa Weber e pelos Ministros Dias Toffoli, Ricardo Lewandowski, Gilmar Mendes, Marco Aurélio e Celso de Mello.

Nesse sentido, a história já começou de forma equivocada, porque o Ministro Edson Fachin afetou o plenário, quando não deveria nem poderia assim proceder. E, mais intrigante, quando chegou ao plenário, ele mesmo não conheceu do *habeas corpus*. E, mais estranhamente ainda, a própria questão que motivou a afetação ao plenário somente foi discutida, a fundo, pelo Ministro Gilmar Mendes. Uma discussão em plenário sem que se analisasse a razão da afetação.

## 5. A VOTAÇÃO DO *WRIT* E SEU INDEFERIMENTO

O relator, Ministro Edson Fachin, proferiu seu voto no sentido do indeferimento do *habeas corpus* em virtude de não se verificar "ilegalidade, abusividade ou teratologia na decisão do Superior Tribunal de Justiça", decisão esta que aplicou ao caso a jurisprudência do STF que permite a execução provisória da pena após a confirmação da condenação em segunda instância.

Argumentou, ainda, o relator pela necessidade de estabilidade e respeito ao entendimento dos tribunais, especialmente diante de jurisprudência ainda não revisada em sede de controle concentrado. Afirmou o Ministro Edson Fachin, em suma, que a alteração do posicionamento a respeito da matéria só poderia ocorrer na ocasião do julgamento de mérito das Ações Declaratórias de Constitucionalidade 43 e 44.

O Ministro Alexandre de Moraes acompanhou o voto do relator, alegando que "não há nenhuma ilegalidade ou abuso de poder que permitiria a concessão do *habeas corpus*", uma vez que a presunção de inocência é uma presunção relativa, de modo que, desde a edição da Constituição Federal de 1988, apenas durante sete anos, entre 2009 e 2016, o STF teve entendimento contrário à prisão em segunda instância.

O Ministro Roberto Barroso também acompanhou os fundamentos do voto do relator, ressaltando os efeitos do posicionamento adotado pelo STF entre 2009 e 2016 sobre a prisão provisória que, segundo o ministro, gerou descrédito do sistema de justiça penal na sociedade e motivou a interposição de recursos protelatórios. Inicialmente, Barroso reconhece a alteração do marco legislativo infraconstitucional que tange a matéria, com a revogação do art. 393 do CPP pela Lei 12.403, de 2011, assentado o efeito suspensivo da apelação de sentença condenatória por força do art. 597 do CPP. A partir daí, infere-se o caráter *contra legem* do argumento da denegação do *mandamus*.

No contexto de superar o marco legislativo, o Ministro Roberto Barroso parte para a tese de mutação constitucional, reforçada em base estatística segundo a qual a reversão do resultado em favor do réu em recursos interpostos nos tribunais superiores chega a pouco mais de 1% do total, restando "ilógico moldar o sistema com relação à exceção, e não à regra".

Ao afirmar a tese de mutação constitucional, o ministro fundamenta sua orientação em argumentos socioempíricos, o que evidencia o caráter pragmaticista do voto, que situa o Direito em "estado de exceção". O viés pragmaticista representa o próprio declínio do "império do Direito", problemática retroalimentada de modo permanente, mormente nos países de tardia modernidade como o Brasil.

Um dos argumentos pragmaticistas, nas suas diversas vertentes, é o de que o Direito deve ser visto como essencialmente indeterminado, no que – e essa questão assume relevância no contexto da inefetividade da Constituição brasileira – tais posturas se aproximam, perigosamente, das diversas matrizes positivistas (teorias semânticas em geral), que continuam a apostar em elevados graus de discricionariedade na interpretação do Direito. Há, portanto, algo que as aproxima, e essa ligação é uma espécie de grau zero de sentido.

Trata-se, com efeito, da maximização do poder: o princípio responsável por gerir as relações institucionais entre a política e o direito é o poder de o dizer, em *ultima ratio*. Em síntese, a velha "vontade do poder" (*Wille zur Macht*), de Nietzsche, ou, em outras palavras, o poder político de fato. Daí a inegável importância da hermenêutica nesse novo Direito exsurgido no Estado Democrático de Direito. Há, visivelmente, uma aposta na Constituição (Direito produzido democraticamente) como instância da autonomia do Direito para delimitar a transformação das relações jurídico-institucionais, protegendo-as do constante perigo da exceção.

Outro ponto que não pode deixar de ser registrado quanto ao voto do Ministro Barroso diz respeito ao problema hermenêutico que circunda a denegação da ordem de *habeas corpus*, impulsionada pelo que o ministro entendeu como uma colisão de valores entre o princípio da presunção de inocência e a "efetividade mínima do sistema penal".

Afirmar que existe uma colisão entre princípios no caso em tela leva ao seguinte e insuperável paradoxo: se houve mutação constitucional quanto à presunção de inocência, de modo que esse princípio não mais signifique o efeito suspensivo da apelação de sentença condenatória (argumento do Ministro Barroso), não pode haver uma colisão entre o princípio da presunção de inocência e a efetividade do sistema penal, porque o primeiro princípio não haveria de ser lesionado pela prisão provisória, segundo os argumentos esboçados no próprio voto.

A utilização da ponderação presume uma colisão entre princípios que só pode se dar se sua aplicação, no caso concreto, provoca lesão mútua entre eles. Se a prisão provisória não lesiona o princípio da presunção de inocência (tese reforçada pelo argumento da mutação constitucional), não seria necessária a solução dada a *hard cases*, e sim a aplicação pura e simples do princípio constitucional, cujo sentido teria sido transformado, tendo em vista a alteração da realidade social. Dito de outro modo, a primeira tese invocada (mutação) conflita com o resto do método de solução proposto (ponderação: veja-se o problema da invocação *ad hoc* de teses diferentes ao mesmo tempo).

Quanto ao "princípio da efetividade", objeto de ponderação, trata-se de um "princípio" (*sic*), no mínimo, tautológico. No paradigma do Constitucionalismo Contemporâneo, a efetividade das normas constitucionais é compreendida pela hermenêutica como um pressuposto essencial. Não existe norma constitucional sem perspectiva de eficácia. Hodiernamente, a hermenêutica jurídico-constitucional faz que não seja possível pensar em uma decisão que deixe de lado a efetividade das normas constitucionais. Assim, reconhecer-lhe efetividade não auxiliaria na resolução do conflito normativo, muito menos na "colisão" entre princípios.

Além do mais, não há o que ponderar. Em Alexy – e penso que é por esse autor que o Ministro Barroso se pauta para falar na *Abwägung* (ponderação) –, os casos simples se resolvem pela subsunção. Havendo uma regra que soluciona o caso, esta deve ser aplicada. Ora, esse é exatamente o caso, uma vez que o Código de Processo Penal trata da matéria no artigo 283. Para fazer uma ponderação, o ministro deveria demonstrar que a regra é inconstitucional ou nula de algum modo, passando, então, a tratar dos princípios que estariam colidindo. Disso deveria resultar a aplicação do procedimento complexo da ponderação, originando, ao final, a regra de direito fundamental adstrita, a ser aplicada ao caso concreto, de novo por subsunção. Entretanto, como se viu, nem de longe a teoria alexiana foi aplicada. Apenas houve a invocação de uma ponderação que nada tem a ver com a Teoria dos Princípios do autor alemão. Numa palavra, não havia – e não há –, no caso do artigo 283, nada a ser ponderado.

Contudo, a parte mais inusitada ainda estava por vir. Falo do estranho voto da Ministra Rosa Weber. Ela também votou no sentido da denegação do *habeas corpus*, acompanhando o relator, tendo em vista a relevância da previsibilidade das decisões judiciais, afirmando que a execução provisória de acórdão de apelação não compromete a presunção de inocência, "independentemente da minha posição pessoal quanto ao ponto e ressalvado meu ponto de vista a respeito, ainda que o plenário seja o local apropriado para revisitar tais temas", defendendo a colegialidade.

O Ministro Luiz Fux, ao se manifestar pela improcedência do *mandamus*, afirmou que a Constituição não determina a necessidade de trânsito em julgado para que se efetive a prisão e que a interpretação literal do texto constitucional provoca a negativa de direito fundamental do Estado de impor a sua ordem penal.

A Ministra Cármen Lúcia, presidente do STF, manteve a posição manifestada em 2009, ocasião em que mudou seu posicionamento para afirmar que o cumprimento da pena após do duplo grau de jurisdição não representa afronta ao princípio da não culpabilidade, uma vez que não impossibilita a garantia da ampla defesa, e que, por outro lado, garante a efetividade do direito penal.

O Ministro Gilmar Mendes abriu divergência para se manifestar no sentido da concessão da ordem preventiva, de modo que o eventual cumprimento da pena contra o ex-Presidente Lula ocorresse apenas a partir do julgamento da matéria pelo Superior Tribunal de Justiça (STJ). Em oposição ao relator, entendeu o ministro que a possibilidade de antecipação do cumprimento da pena se restringe a poucas situações, apontadas em seu voto. Entre tais situações, estariam os casos de condenações confirmadas em segunda instância por crimes graves, diante da garantia da ordem pública ou aplicação da lei penal.

O Ministro Dias Toffoli, reiterando os fundamentos do voto apresentado no julgamento das medidas cautelares nas Ações Diretas de Constitucionalidade 43 e 44, manifestou-se no sentido de aguardar o julgamento de recurso especial no STJ. Afirmou o ministro que "o sistema processual penal, endossado pela jurisprudência do STF, dispõe de mecanismos hábeis para obstar o uso abusivo ou protelatório dos recursos criminais".

Também no sentido de procedência do pedido de *habeas corpus*, o voto do Ministro Ricardo Lewandowski destacou que "a vida e a liberdade não se repõem jamais" e que a presunção de inocência "representa a mais importante salvaguarda dos cidadãos, considerado o congestionadíssimo e disfuncional sistema judiciário brasileiro". No mesmo sentido, o voto do Ministro Marco Aurélio, concluindo que a possibilidade de cumprimento de pena antes do trânsito em julgado é medida precoce e a garantia constitucional da presunção de inocência não é letra morta.

Por fim, também se manifestou pela procedência do *habeas corpus* o Ministro Celso de Mello, argumentando que o julgamento em pauta transcende a pessoa do ex-Presidente Lula, na medida em que discute a presunção de inocência como garantia fundamental assegurada pela Constituição Federal aos cidadãos, encontrando limite temporal no trânsito em julgado de sentença condenatória que constitui limitação constitucional ao poder de investigar.

## 6. O PRINCÍPIO DA COLEGIALIDADE QUE TRANSFORMA MINORIA EM MAIORIA E QUE SUBSTITUI VERDADE POR CONSENSO (INEXISTENTE)

A partir da visão panorâmica apresentada *supra*, é possível dizer que, sob diversas perspectivas, houve equívocos graves nesse julgamento. O primeiro deles, de fundo mais institucional – por assim dizer –, está presente no voto da Ministra Rosa Weber: o argumento da colegialidade. Ora, o fato de o julgamento desse *habeas corpus* ter sido levado a plenário é a prova de que se tornava impossível invocar colegialidade, pois quem julga *habeas corpus* é a turma, o que significa que, sendo o plenário afetado pelo Ministro Fachin, o STF não possuía ainda um posicionamento colegiado sobre a questão.

Em outras palavras, se o Tribunal não tinha posição fixada, o *habeas corpus*, no plenário, só poderia ser apreciado depois da questão prejudicial, ou seja, o julgamento de *habeas corpus* no plenário só poderia ocorrer, se tivesse sido votada a questão constitucional constante nas duas ADCs.

Como se pode perceber, estamos diante, aqui, de um sério problema técnico, de manuseio da jurisdição constitucional: o deslocamento do *habeas corpus* do seu juízo natural da turma para o plenário. Além de essa decisão poder ser questionada mediante arguição de descumprimento de preceito fundamental (ADPF), há outros impactos decorrentes da situação de colocar em pauta no plenário o julgamento de mérito do *habeas corpus* antes de ocorrer a discussão sobre as teses levantadas nas Ações Diretas de Constitucionalidade

43 e 44, como o desgaste institucional do Tribunal. Vinculado a isso, surge outro problema, o de separar a avaliação de mérito do *habeas corpus* da avaliação constitucional da tese objeto das referidas ADCs.

No entanto, não é apenas nesse aspecto que poderia ser considerado *mais técnico* que a decisão desse *habeas corpus* apresenta problemas. Há uma incoerência no fundamento das decisões dos ministros. A Ministra Rosa Weber, por exemplo, dias antes, no julgamento do Recurso Especial Eleitoral 12486-27.2009.6.20.0000/RN, em face do pedido do Ministério Público Eleitoral de prisão de acusados, decidiu na via oposta do caso objeto de análise, afirmando: "determino que se aguarde o encerramento da jurisdição deste Tribunal Superior para o início do cumprimento das penas impostas aos réus" (20.03.2018). Isso significa que, na jurisdição eleitoral, ela submeteu a execução da decisão de segunda instância ao esgotamento da instância especial. Portanto, ela sufragou a tese intermediária defendida pelos Ministros Gilmar Mendes e Dias Toffoli e pelo autor da ADC 43.

Portanto, a Ministra Rosa Weber havia feito no recurso eleitoral o oposto do que fez no *habeas corpus* de Lula, com pouco mais de dez dias de diferença entre as decisões. Verifica-se nesse voto justamente a quebra de preceitos fundamentais, como o da igualdade, na medida em que questões idênticas foram tratadas de modo desigual, o que também poderia ser objeto de ADPF, como remédio último e, aqui, subsidiário (afinal, se os réus do Rio Grande do Norte poderiam aguardar em liberdade até o julgamento final pelo Tribunal Superior Eleitoral (TSE), por que no caso Lula o critério foi outro?).

Indo além, há outra questão que gira em torno da invocada – e equivocada – colegialidade: o fato de que a Ministra Rosa Weber faz uso do posicionamento de Ronald Dworkin para justificar sua decisão. Na verdade, quando afirmou "decido assim pois é como o Tribunal disse que deve ser, embora bem saiba que o Tribunal está errado", há nessa frase uma forte contradição à coerência e integridade de Dworkin[1], que são elementos centrais para guiar o julgador no esforço de construir para o caso a resposta correta, isto é, coerência e integridade implica, na visão de Dworkin, ver o caso sob sua melhor luz, e não admitir que se está julgando de "modo errado".

Ainda no que diz respeito aos equívocos de fundamentação, outro problema que entra em choque com uma teoria da decisão judicial construída sob pressupostos de constitucionalidade é considerar que os posicionamentos contrários à possibilidade de decretação da prisão depois de esgotados os

---

[1]    DWORKIN, Ronald. *O império do direito*. Trad. Jefferson Luiz Camargo 3. ed. São Paulo: Martins Fontes, 2014.

recursos dentro da segunda instância estariam assentados tão somente em uma espécie de princípio de presunção da "não culpabilidade". O que torna o argumento ainda pior é o fato de o artigo 283 do CPP não ter sido enfrentado.

De todos os argumentos os mais equivocados, utilizados para denegar a ordem, foram aqueles que podem ser considerados *de ocasião*. Em outros termos, muitos votos passaram longe de uma análise jurídica, sendo somente argumentos de política, argumentos utilitário-consequencialistas. Talvez a impunidade tenha sido a justificativa que mais se assemelhou com a pretensão de fundamento jurídico, algo na linha de dar efetividade ao direito penal. O grande ponto é perceber que a ideia de efetividade não pode estar apenas associada a um critério punitivista ou temporal (agilidade processual); ela deve ser pensada no limite das garantias processuais penais. Se não reconhecer isso, dar-se-á vida à efetividade penal e morte à Constituição.

Associado a isso, foi fácil perceber a insistência do STF – especialmente por intermédio do Ministro Roberto Barroso – em lançar mão do velho dualismo metodológico de Jellineck e Laband[2]. No século XIX, falava-se que as Constituições eram folhas de papel. Havia uma realidade social que podia substituir as leis. Eram outros tempos. Hoje, em países como o nosso, uma visão da realidade social para substituir a Constituição é uma temeridade. Por quê? Porque, assim, viramos uma espécie de democracia plebiscitária, e pior: um Judiciário plebiscitário. Se o anseio popular vale mais que a Constituição, forma-se num paradoxo: uma vez que se consiga demonstrar o tal anseio popular, o Judiciário passa a ser inútil.

Ademais, há outro componente que torna ainda mais complexa a questão: a confusão que se faz entre prisão preventiva ou cautelar, e a prisão no cumprimento de um ato punitivo do Estado, nas vias penais. Parece-me bastante óbvio que a Constituição não exige o trânsito para que se realize uma prisão. O réu pode, sim, muito bem ser preso em caráter cautelar, se isso se mostrar necessário para manter a sanidade do ato processual. Todavia, para que um réu possa cumprir a pena, em decorrência de um ato ilícito, objeto de ação penal, existem mais elementos que devem estar presentes. Um elemento essencial é o da culpabilidade. E a Constituição é clara ao exigir o trânsito para que se possa fazer presente o elemento de culpa. De novo, falo o óbvio. Entretanto, falar o óbvio é tristemente necessário em tempos nos quais dois mais dois é cinco, tempos nos quais em que se lê "x", o juiz pode dizer que é "y".

---

[2]    JACOBSON, Artur J.; SCHLINK, Bernhard. *A jurisprudence of crisis*. Berkeley: University of California, 2000. p. 45-46.

A tese defendida por tribunais como o TRF-4 é a seguinte: é automática a prisão após condenação em segundo grau. E se alguém pergunta: "Mas, se o réu tiver bons antecedentes e respondeu ao processo em liberdade?". A resposta – punitivista – é: "Não importa. Deve ser preso. Temos de acabar com a impunidade. A Constituição é leniente". Por isso, o TRF-4 até elaborou a Súmula 122, pela qual várias pessoas já foram presas. O que poucos se deram conta é de que nem mesmo o STF concorda com essa automaticidade. Somente dois ministros (Luiz Fux e Luís Roberto Barroso) votaram pela solução radical.

Desde o Ministro Teori Zavascki (1948-2017) e até mesmo pelo voto do mais conservador dos ministros, hoje, Edson Fachin, essa solução foi apresentada. Eles falaram "possibilidade" de prisão. Isso quer dizer que a prisão em segundo grau não decorre simplesmente da decisão condenatória. Tem-se, assim, um impasse: dos cinco ministros que desconsideram a presunção da inocência (atenção: a Ministra Rosa Weber disse ser a favor da presunção), três admitem que ela é apenas possível (Cármen **Lúcia**, Fachin e Alexandre de Moraes).

Logo, a ADC 54 colocou o STF em um dilema. Se todos confirmarem seus votos (mesmo que a Ministra Rosa vote contra a presunção), as prisões automáticas serão consideradas inconstitucionais e ilegais. Se a prisão após decisão de segundo grau é possível, então, por lógica, há casos em que ela não ocorrerá, porque não necessária. Logo, para ela acontecer, devem estar presentes os requisitos que permitem a prisão antes do julgamento.

Se o réu não os tiver e ingressar com recurso especial e/ou extraordinário, então poderá aguardar em liberdade. Isso está implícito no voto do Ministro Teori no HC 126.292 e no voto do Ministro Fachin, que aponta, inclusive, para o efeito suspensivo que pode ser dado ao recurso especial ou até mesmo ao extraordinário, previsto no Código de Processo Civil de 2015.

Na medida em que só os Ministros Fux e Barroso querem a automaticidade – eu levantei essa questão e foi repetida no voto do Ministro Gilmar Mendes no julgamento do HC 152.752 –, tem-se que, para vingarem as prisões determinadas sem fundamentação, será necessário que o STF construa nova maioria, obrigando o próprio Ministro Fachin a endurecer ainda mais seu voto.

A prisão somente poderá ser mantida se o Supremo Tribunal tiver seis votos pela automaticidade, por exemplo. No entanto, disso surge um problema: se o STF assim decidir, qualquer decisão de segundo grau ou decisões em instância única (prefeitos, deputados) acarretarão – sempre – prisão direta. Esses são os danos colaterais.

Numa última palavra: esses casos que compreendem presunção de inocência envolvem um compromisso judicial não apenas com as garantias constitucionais, mas, fundamentalmente, um ônus justificativo, em termos de coerência e integridade. A teoria do Direito não pode fracassar diante da existência de argumentos teleológicos.

## REFERÊNCIAS

DWORKIN, Ronald. *O império do direito*. Trad. Jefferson Luiz Camargo 3. ed. São Paulo: Martins Fontes, 2014.

JACOBSON, Artur J.; SCHLINK, Bernhard. *A jurisprudence of crisis*. Berkeley: University of California, 2000.

---

**Questões para discussão**

1. Como a "abstrativização" do *habeas corpus* preventivo em questão, i.e., remessa para o plenário de um caso que deveria, em termos de técnica processual, ter sido julgado na turma, afeta o entendimento assumido pela Ministra Rosa Weber em favor da colegialidade? Ainda, qual a contradição entre o posicionamento adotado pela referida Ministra e a correta interpretação das exigências de coerência e integridade, naquilo defendido por Ronald Dworkin?

2. O argumento apoiado na ideia de impunidade no sistema penal brasileiro é um argumento jurídico? Desse modo, o que posicionamentos punitivistas ignoram no que diz respeito às exigências de efetividade da ordem constitucional e do sistema jurídico penal brasileiro em particular?

3. O novo entendimento do STF impõe a necessidade do cumprimento antecipado da pena?

4. Qual a relação entre dualismo metodológico, o *habeas corpus* ora exposto e a presunção de inocência, principalmente no que diz respeito à separação entre discussões de fato e discussões de direito na divisão funcional entre segunda instância e recursos para o STJ e STF?

# PARTE 3
# EQUILÍBRIO CONSTITUCIONAL DOS PODERES

# Caso 8 – ADPF 402/DF

## O DIA EM QUE UM MINISTRO DO SUPREMO TRIBUNAL FEDERAL AFASTOU UM PRESIDENTE DE PODER

João Trindade Cavalcante Filho

Mestre em Direito Constitucional pelo Instituto Brasiliense de Direito Público (IDP). Doutorando em Direito do Estado pela Universidade de São Paulo (USP). Consultor Legislativo do Senado Federal (área de Direito Constitucional, Administrativo, Eleitoral e Processo Legislativo). Professor de Direito Constitucional em cursos de graduação e pós-graduação. Advogado.

**Sumário:** 1. Um ministro do Supremo Tribunal Federal afasta monocraticamente... o presidente do Senado Federal – 2. A mesa do Senado Federal recusa-se a cumprir a determinação judicial – 3. Desfecho: o Pleno do STF se reúne para tentar retomar o curso do equilíbrio entre os poderes – Referências.

## 1. UM MINISTRO DO SUPREMO TRIBUNAL FEDERAL AFASTA MONOCRATICAMENTE... O PRESIDENTE DO SENADO FEDERAL

Às 15h do dia 5 de dezembro de 2016, foi proferida uma decisão que as futuras gerações provavelmente olharão com estupor – assim como o faríamos talvez nós, se não vivêssemos tempos tão, por assim dizer, atribulados e perplexificantes. Por decisão monocrática do Ministro Marco Aurélio de Mello, do Supremo Tribunal Federal (STF), estava o então presidente do Senado Federal e do Congresso Nacional brasileiro, Senador Renan Calheiros, afastado das funções de presidente da Casa Legislativa.

É certo que já houvera decisões do próprio STF afastando parlamentar do exercício da presidência da Câmara dos Deputados – e até mesmo do próprio exercício do mandato[1]. No entanto, diferentemente das vezes anteriores, agora a decisão não fora tomada pelo Pleno do STF, mas pelo ministro relator, isoladamente, em sua residência[2]. Mais ainda: desta feita, o afastamento não tinha como fundamento possível utilização do cargo para o embaraçamento de investigação criminal (como era o fundamento para que fosse afastado o Deputado Eduardo Cunha): antes, justificava-se a decisão liminar no fato de o presidente do Senado Federal ter se tornado réu em ação penal perante o STF, e *poder vir* a substituir o Presidente da República no exercício da Chefia de Estado.

O pano de fundo da decisão não é menos confuso do que esse introito. O partido Rede Sustentabilidade ajuizara a Arguição de Descumprimento de Preceito Fundamental (ADPF) 402/DF, na qual pleiteava a aplicação *por analogia "in malam partem"* do § 1º do art. 86 da Constituição Federal (CF) – regra que prevê a suspensão do exercício das funções do Presidente da República, caso se torne réu – a todos os integrantes da "linha sucessória" (*rectius*, linha de substituição) do Presidente da República – a saber, o Vice-Presidente da República, o presidente da Câmara dos Deputados (então afastado por força da AC 4070/DF), o presidente do Senado Federal e o presidente do STF.

A própria fundamentação jurídica do raciocínio é bastante questionável. Com efeito, a interpretação ampliativa de uma regra restritiva de direitos/prerrogativas não configura uma aplicação da hermenêutica ortodoxa, ainda mais, quando se trata de uma regra (ainda que processual) a ser aplicada analogicamente e *em prejuízo do réu*. Tudo isso poderia, porém, ser "superado" pelo STF, com base nas conhecidas armas/armadilhas de ponderação de princípios e quejandos, tão utilizados pela Corte quando quer dar aparência de embasamento jurídico a decisões mais árduas de sustentar.

Havia, no entanto, outros problemas a serem superados para que a tese da Rede vingasse. É que o Presidente da República, se, por um lado, fica suspenso automaticamente quando se torna réu, por outro, tem a prerrogativa

---

[1] BRASIL. STF, Ação Cautelar (AC) nº 4.070/DF, Rel. Min. Teori Zavascki. Na verdade, a decisão original era monocrática, mas foi referendada *no mesmo dia* pelo Pleno do STF.

[2] BRASIL. STF, ADPF nº 402/DF (liminar). Disponível em: http://stf.jus.br/portal/diarioJustica/verDiarioProcesso.asp?numDj=261&dataPublicacaoDj=07/12/2016&incidente=4975493&codCapitulo=6&numMateria=500&codMateria=2. Acesso em: 1º jul. 2018.

de somente ser processado com autorização de 2/3 da Câmara dos Deputados (CF, art. 86, *caput*, c/c o art. 51, I). Seria o caso de estender também, *por analogia*, essa prerrogativa aos ocupantes de cargos da linha de substituição presidencial? Ou a interpretação analógica não só se aplica *in malam partem*, como também *somente* vale se for para prejudicar o réu?

O pior aspecto do raciocínio que visava a afastar da presidência da Casa de origem quem se torna réu reside no gravíssimo erro de confundir o acessório (quem exerce a presidência de uma das Casas Legislativas *também* ocupa lugar na linha de substituição do Presidente da República) com o principal (a função de presidir um dos órgãos legislativos federais). Nesse sentido, ainda que se admitisse (*ad argumentandum*, claro) a possibilidade de aplicação analógica do § 1º do art. 86 aos ocupantes da linha de substituição do Presidente da República, tal aplicação deveria apenas impedi-los de exercer a Chefia de Estado, nunca, em hipótese alguma, de presidir a Casa Legislativa para a qual foram eleitos.

Pois bem. Mesmo diante do questionável mérito da argumentação jurídica do autor da ADPF, seis ministros do STF votaram a favor dessa peculiar interpretação (Marco Aurélio – Relator, Edson Fachin, Teori Zavascki, Rosa Weber, Luiz Fux e Celso de Mello). Formara-se, portanto, maioria a favor do entendimento do autor da ADPF, quando o Ministro Dias Toffoli pediu vistas (em 3 de novembro de 2016).

Ocorre que, em 1º de dezembro de 2016, o Pleno do STF recebeu parcialmente denúncia contra o então presidente do Senado Federal, Senador Renan Calheiros, pela prática do crime de peculato (Inquérito 2.593). A partir daí, os fatos sucederam-se em rapidez realmente impressionante, ainda mais levando em conta a tradição de parcimônia processual do Judiciário brasileiro: às 11h16 do dia 5 de dezembro de 2016, a Rede Sustentabilidade protocolou petição para que, em virtude dos fatos supervenientes (recebimento da denúncia contra o presidente do Senado Federal), e tendo em vista a maioria formada em favor da tese defendida na ADPF 402/DF, fosse determinado monocraticamente o afastamento cautelar das funções *de presidente do Senado Federal* exercidas pelo citado réu. Menos de quatro horas depois, às 15h do mesmo dia 5 de dezembro de 2016 (uma segunda-feira), o Ministro Marco Aurélio preferiu a decisão que movimentaria a semana:

> [...] Observem os dados alusivos à tramitação deste processo e precedente de minha lavra. Recebi-o, por distribuição, em 3 de maio de 2016. À época, presidia a Câmara dos Deputados o parlamentar Eduardo Cunha. **Ante a delicadeza extrema da matéria e a**

urgência notada, conferi preferência para imediata apreciação, pelo Plenário, como convém, do pedido de concessão de medida acauteladora, a implicar o entendimento segundo o qual réu – e o Deputado já o era – não pode ocupar cargo compreendido na linha de substituição do Presidente da República. Na sessão do dia 4 seguinte, informei ao Presidente do Tribunal, Ministro Ricardo Lewandowski, encontrar-me habilitado a votar. Perguntou-me sobre a divulgação de que o processo estaria na bancada, para exame, na sessão imediata, de quinta-feira, 5 de maio. Disse que sim, considerada a publicidade dos atos judiciais. Surgiu situação de maior emergência. O ministro Teori Zavascki, na ação cautelar nº 4.070/DF, acolhera pedido do Procurador-Geral da República e implementara, de quarta para quinta-feira, liminar não só afastando o citado parlamentar da Presidência da Câmara, como também do exercício do mandato. Entendeu-se que o Colegiado deveria pronunciar-se sobre o referendo, ou não, da medida. Ante o referendo e indagado sobre a urgência da análise da pretensão da Rede, veiculada nesta arguição, informei não persistir. A razão foi simples: já não havia réu ocupando cargo na linha de substituição do Presidente da República. O processo teve sequência para, aparelhado, haver o julgamento de fundo. Foi inserido na pauta de 3 de novembro de 2016, tendo sido apregoado no mesmo dia. Proferi voto acolhendo o pleito formulado, prejudicado aquele alusivo ao afastamento do Presidente da Câmara. Acompanharam-me os Ministros Luiz Edson Fachin, Teori Zavascki, Rosa Weber e Luiz Fux, seguindo-se, presente o escore de cinco votos a zero, o pedido de vista do Ministro Dias Toffoli. O decano, Ministro Celso de Mello, direcionou à Presidência o desejo de antecipar o voto. Fê-lo, prolatando o sexto voto no sentido dos outros cinco, sendo alcançada a maioria absoluta de seis votos – seis a zero. Os seis ministros concluíram pelo acolhimento do pleito formalizado na inicial da arguição de descumprimento de preceito fundamental, para assentar não poder réu ocupar cargo integrado à linha de substituição do Presidente da República. O tempo passou, sem a retomada do julgamento. Mais do que isso, o que não havia antes veio a surgir: o hoje Presidente do Senado da República, senador Renan Calheiros, por oito votos a três, tornou-se réu, considerado o Inquérito nº 2.593. Mesmo diante da maioria absoluta já formada na arguição de descumprimento de preceito fundamental e réu, o Senador continua na cadeira de Presidente do Senado, ensejando manifestações de toda ordem, *a comprometerem a segurança jurídica*. O quadro é mais favorável do que o notado, no segundo semestre do Ano Judiciário de 2015, na Ação Direta de Inconstitucionalidade nº 5.326. Após o voto que proferi, deferindo a liminar, e o voto do Ministro Luiz Edson Fachin, acompanhando-me, pediu vista a Ministra Rosa Weber. Acolhi o pleito de urgência, em decisão individual, e, até hoje, não houve a continuidade do exame, embora a Colega tenha devolvido o processo para reinclusão em pauta. **Urge providência, não para concluir o julgamento de fundo, atribuição do Plenário, mas para implementar medida acauteladora, forte nas premissas do voto que prolatei, nos cinco votos no mesmo sentido, ou seja, na maioria absoluta já formada, bem como no risco de continuar, na linha de substituição do Presidente da República, réu, assim qualificado por decisão do Supremo.**

**3. Defiro a liminar pleiteada. Faço-o para afastar não do exercício do mandato de Senador, outorgado pelo povo alagoano, mas do cargo de Presidente do Senado o Senador Renan Calheiros.** Com a urgência que o caso requer, deem cumprimento, por mandado, sob as penas da Lei, a esta decisão.

4. Publiquem. Brasília – residência –, 5 de dezembro de 2016, às 15h. Ministro Marco Aurélio Relator (original sem grifos).

As partes negritadas dão conta de um contexto importante do que alguns chamariam de algo integrante do "jogo de vaidades" do Supremo Tribunal: a ADPF 402/DF fora protocolada antes da AC 4070/DF (caso em que foi afastado o Deputado Eduardo Cunha), mas foi a decisão do Ministro Teori Zavascki (referendada no mesmo dia pelo Pleno) que "ganhou os holofotes" – o que chegou a ser lido como um "atropelo" em desfavor do processo de relatoria do Ministro Marco Aurélio. As entrelinhas da liminar ora comentada permitem vislumbrar que essa "inversão de pauta" ainda não tinha sido totalmente pacificada nos ânimos de todos os ministros da Corte. O próprio pedido de vista do Ministro Dias Toffoli – lido até por setores da imprensa como uma tentativa de proteger políticos acusados de corrupção – também não parecia ainda ter sido serenamente acolhido.

Analisando-se a fundamentação da liminar, chamam atenção ainda dois pontos específicos: primeiro, o fato de a maioria (6 votos) ter se manifestado a favor da tese esposada na ADPF nada significa, em termos jurídicos, já que é consabido que, até a prolação do resultado, qualquer ministro pode reformular o voto (como efetivamente o fez o Ministro Celso de Mello). Em segundo lugar, não deixa de causar espécie que as decisões que mais causaram instabilidade institucional nas últimas décadas tenham se baseado na... segurança jurídica.

No mesmo dia, o índice Bovespa (Bolsa de Valores de São Paulo), que caíra 3,88% na quinta-feira, por temores sobre o teor do acordo de leniência da Odebrecht, mas se recuperara (+1,36%) na sexta-feira, voltou a cair (-0,8%), "com a cautela com o cenário político ofuscando o efeito positivo da alta de ações como as da Braskem e da Vale". Nos dois dias seguintes, o índice se recuperou, subindo 2,10% e 0,53%, respectivamente, "em sessão marcada pelo otimismo após decisão do Senado de não cumprir decisão para afastar Renan Calheiros da Presidência da Casa", porém "ainda com alguma cautela em meio à crise política instaurada em Brasília"[3].

O tumulto causado no mundo político foi, obviamente, tremendo. O *site* do Senado Federal noticiou a medida somente às 20h29, de forma sucinta, mas vários senadores repercutiram a decisão, mesmo a segunda-feira não sendo dia de sessão ordinária[4].

A assessoria de imprensa do Senador Renan Calheiros emitiu sucinta nota, na qual trazia uma informação relevante: o Senado Federal não fora sequer ouvido no âmbito da ADPF 402/DF[5].

## 2. A MESA DO SENADO FEDERAL RECUSA-SE A CUMPRIR A DETERMINAÇÃO JUDICIAL

Às 21h05 do dia 5 de dezembro de 2016, o primeiro-vice-presidente do Senado (que assumiria a presidência da Casa, com a liminar) ainda aguardava a notificação oficial:

> Acabei de chegar do Acre e, aqui em Brasília, fui surpreendido pela notícia da liminar do Supremo Tribunal Federal. Imediatamente me dirigi à casa do Presidente Renan. A Presidência do Senado tornou

---

[3] Ibovespa em dezembro de 2016. *ADVFN*. Disponível em: https://br.advfn.com/indice/ibovespa/2016/12. Acesso em: 1º jul. 2018.

[4] Cf. Liminar afasta Renan Calheiros da Presidência do Senado. *Agência Senado*. Disponível em: https://www12.senado.leg.br/noticias/materias/2016/12/05/stf-afasta-presidente-do-senado. Acesso em: 1º jul. 2018.

[5] Nota Pública de Renan Calheiros. *Senado Notícias*. Disponível em: https://www12.senado.leg.br/noticias/materias/2016/12/05/nota-publica-de-renan-calheiros. Acesso em: 1º jul. 2018.

pública uma nota, e nós vamos aguardar a notificação oficial. Amanhã teremos reunião da Mesa. Certamente, conversaremos para ver as medidas adequadas que devem ser adotadas[6].

O oficial de justiça responsável por notificar o presidente do Senado Federal sequer conseguiu fazê-lo. Segundo relatos da imprensa oficial, o servidor verificou que o então (ainda) presidente do Senado Federal teria se ocultado para não ser citado:

> O oficial de Justiça enviado pelo Supremo Tribunal Federal (STF) para comunicar a decisão que afastou Renan Calheiros (PMDB-AL) da presidência do Senado disse hoje (6) que o senador recusou-se duas vezes a receber a intimação. A confirmação está em um documento enviado ao ministro do STF Marco Aurélio, que determinou o afastamento, para justificar a falta de cumprimento do mandado de intimação.
>
> O oficial da Justiça relatou que foi ontem (6) à noite à residência oficial do Senador para notificar Renan Calheiros, mas uma assessora disse que o parlamentar não estava em casa, embora o servidor o tenha visto por entre os vidros transparentes da casa. Ao ser informada de que tal informação "não correspondia à verdade", a assessora voltou a insistir que Renan não estava na residência.
>
> "Tal fato foi devidamente registrado pelo fotógrafo Dida Sampaio, em fotografia estampada nos [jornais] *O Estado de S. Paulo* e *O Globo* no dia 6 de dezembro. A assessora solicitou que retornasse no dia seguinte, às 11h", relatou o servidor da Justiça.
>
> Sobre a segunda tentativa de notificar Renan, desta vez no Senado, nesta manhã, o oficial de Justiça disse que esperou quatro horas para tentar cumprir o mandado e foi "submetido a toda ordem de tratamento evasivo dos assessores".
>
> "Ao fim, às 15h, depois de certa insistência, obtive contato com o chefe de gabinete, Alberto Machado Cascais Meleiro, que me

---

[6]  Primeiro-vice-presidente do Senado aguarda notificação oficial. *Senado Notícias*. Disponível em: https://www12.senado.leg.br/noticias/materias/2016/12/05/primeiro-vice-presidente-do-senado-aguarda-notificacao-oficial. Acesso em: 1º jul. 2018.

entregou o documento anexo informando a recusa em receber a notificação", relatou[7].

Mesmo assim, não se sabe por que não foi realizada a citação/intimação por hora certa, prevista no art. 252 do Código de Processo Civil.

No mesmo dia 6, a Mesa do Senado Federal reuniu-se e decidiu simplesmente ignorar a decisão monocrática do relator. Em 11 pontos, alguns em forma de *consideranda*, o Colegiado resolveu "aguardar" a decisão do Pleno do STF sobre o referendo ou não à liminar:

> A Mesa do Senado Federal, no exercício das atribuições dadas pelo art. 58 da Constituição da República e definidas pelo Regimento Interno do Senado Federal, considerando:
>
> [...] 2. Que os efeitos da referida decisão impactam gravemente no funcionamento das atividades legislativas, em seu esforço para deliberação de propostas urgentes, para contornar a grave crise econômica sem precedente que o país enfrenta;
>
> 3. Que a última sessão deliberativa está agendada para 14.12.2016, conforme acordo entre as lideranças partidárias, portanto, dentro de 8 dias;
>
> 4. Que o acórdão de recebimento parcial da denúncia em face do Presidente do Senado no Inquérito nº 2.593 não foi publicado;
>
> 5. Que a referida decisão ainda aguarda confirmação do Plenário do Supremo Tribunal Federal nos termos do art. 5º, *caput* e § 1º, da Lei n. 9.882, de 3 de dezembro de 1999;
>
> 6. Que a Constituição Federal assegura o direito ao devido processo legal, ao contraditório e à ampla defesa (art. 5º, incs. LIV e LV, da Constituição da República) e que o Presidente do Senado nem a Mesa Diretora foram notificados a participar da referida ADPF;
>
> 7. Que a Constituição Federal estabelece a observância do princípio da independência e harmonia entre os poderes constituídos (art. 2º da Constituição da República) e o direito privativo dos

---

[7]  RICHTER, André. Oficial de Justiça diz que Renan recusou notificação duas vezes. *Agência Brasil*. Disponível em: http://agenciabrasil.ebc.com.br/geral/noticia/2016-12/oficial-de-justica-diz-que-renan-recusou-notificacao-duas-vezes. Acesso em: 1º jul. 2018.

parlamentares de escolherem os seus dirigentes (art. 57, § 4º, da Constituição da República);

[...] 11. Que não há previsão de sucessão presidencial pelo Presidente do Senado, decide:

Art. 1º Aguardar a deliberação final do Pleno do Supremo Tribunal Federal.

Art. 2º Conceder prazo regimental ao Presidente do Senado Federal para apresentação de defesa, a fim de viabilizar a deliberação da Mesa sobre as providências necessárias ao cumprimento da decisão monocrática em referência.

Sala de Reuniões da Mesa do Senado Federal, 6 de dezembro de 2016[8].

A decisão/não decisão da Mesa do Senado Federal – um fato, até onde nos consta, inédito na relação entre Poderes da União – colocou o ministro relator (e a própria Corte) em situação complicada: dado que se deveria dar cumprimento à decisão "sob as penas da lei", o que se deveria fazer em virtude da tal "desobediência"? Determinar a prisão dos oito membros da Mesa que assinaram a decisão, inclusive o próprio Senador Renan Calheiros? Ou simplesmente considerar empossado o primeiro-vice-presidente do Senado – que também assinou a decisão de "desobediência"?

## 3. DESFECHO: O PLENO DO STF SE REÚNE PARA TENTAR RETOMAR O CURSO DO EQUILÍBRIO ENTRE OS PODERES

A crise somente encontraria um desfecho no dia seguinte, 7 de dezembro de 2016.

O Pleno do STF reuniu-se para referendar ou não a liminar do Ministro Marco Aurélio. O relator, obviamente, defendeu a manutenção do *decisum*, mas foi vencido, com os Ministros Rosa Weber e Edson Fachin. A maioria aderiu ao voto divergente do Ministro Celso de Mello, que reformulou o voto que proferira na decisão sobre o mérito da ADPF:

---

[8]    Mesa do Senado decide aguardar decisão do Pleno do STF. *Senado Notícias*. Disponível em: https://www12.senado.leg.br/noticias/materias/2016/12/06/mesa-do-senado-decide-aguardar-decisao-do-plenario-do-stf. Acesso em: 1º jul. 2018.

O Tribunal referendou, em parte, a liminar concedida, para assentar, por unanimidade, que os substitutos eventuais do Presidente da República a que se refere o art. 80 da Constituição, caso ostentem a posição de réus criminais perante esta Corte Suprema, ficarão unicamente impossibilitados de exercer o ofício de Presidente da República, e, por maioria, nos termos do voto do Ministro Celso de Mello, negou referendo à liminar, no ponto em que ela estendia a determinação de afastamento imediato desses mesmos substitutos eventuais do Presidente da República em relação aos cargos de chefia e direção por eles titularizados em suas respectivas Casas, no que foi acompanhado pelos Ministros Teori Zavascki, Dias Toffoli, Luiz Fux, Ricardo Lewandowski e Cármen Lúcia (Presidente), vencidos os Ministros Marco Aurélio (Relator), Edson Fachin e Rosa Weber, que referendavam integralmente a liminar concedida. Prosseguindo no julgamento, o Tribunal, também por votação majoritária, não referendou a medida liminar na parte em que ordenava o afastamento imediato do Senador Renan Calheiros do cargo de Presidente do Senado Federal, nos termos do voto do Ministro Celso de Mello, vencidos os Ministros Marco Aurélio (Relator), Edson Fachin e Rosa Weber, restando prejudicado o agravo interno. O Ministro Celso de Mello ajustou a parte dispositiva de seu voto de mérito, proferido na assentada anterior, aos fundamentos dele constantes, para julgar parcialmente procedente o pedido formulado na presente arguição de descumprimento de preceito fundamental, mantidos os termos de seu voto.

A decisão foi lida de forma diversificada na imprensa. Muitos veículos noticiavam que o STF mantivera o afastamento de Renan Calheiros da linha de substituição da Presidência, mas o mantivera na presidência do Senado; outros apresentaram visão inversa, destacando o retorno do presidente do Senado, apesar de afastado da linha de substituição. De qualquer forma, não sem certa ironia, o senador retomou efetivamente a presidência da Casa Legislativa no dia 8 de dezembro de 2016 – Dia da Justiça.

Nos três dias anteriores, o Senado Federal tivera o presidente afastado por uma liminar monocrática de um ministro do STF; a decisão fora ignorada, na prática, tanto pelo presidente do Senado quanto pela Mesa; e, ao final, o Pleno do STF encontrou – pela mudança de posição de um dos Ministros, ressalte-se – o que pareceu, àquele momento, ser uma decisão "salomônica", mas que também pode ser considerada, de certa maneira, uma desautorização do ministro relator da ADPF 402/DF.

O saldo não pode ser considerado positivo para o STF. Apesar de a Lei 9.882, de 1999, realmente prever expressamente a possibilidade de decisões liminares serem proferidas monocraticamente pelo relator (art. 5º), a praxe determinava a remessa ao Plenário para referendo da decisão, no mesmo dia, tal como se fizera no caso do afastamento do Deputado Eduardo Cunha (ressalte-se, por motivos em tese bem mais graves e urgentes do que os ora analisados). Não se tratava, ademais, de uma simples liminar, mas de afastar o presidente de um dos Poderes da República, já que, constitucionalmente, cabe ao presidente do Senado Federal presidir a Mesa do Congresso Nacional (CF, art. 57, § 5º).

Sem adentrar no mérito da ADPF 402/DF – bastante questionável, conforme registrado anteriormente –, parece bem claro que não se pode – ou, melhor seria dizer, não se deve – afastar o presidente de um Poder, ainda mais de um Poder eleito, por decisão individual de um ministro, ainda que do STF. Difícil imaginar que um procedimento tal possa ser considerado adequado e necessário, ou até mesmo compatível com a cláusula pétrea da independência e harmonia entre os órgãos da soberania (CF, art. 2º).

O citado princípio, por vezes tão menosprezado em tempos de *neoconstitucionalismo* e outras criatividades, encontrou um resgate doutrinário, passando a ser defendido não mais como um *dogma*, mas como uma *doutrina* e um *princípio jurídico* de limitação do poder estatal. Está ligado, assim, à ideia de direitos fundamentais e de Estado de Direito. Não seria abusivo afirmar, inclusive, que, numa releitura moderna do princípio da separação de poderes, dificilmente se poderia pensar, hoje em dia, no Ocidente, em uma Constituição que seja efetiva sem assegurar o equilíbrio entre os órgãos da soberania.

Nuno Piçarra, aliás, esclarece o conteúdo atual do princípio, assim como suas consequências:

> 1º Distinção entre os conceitos de legislativo, executivo e judicial, para designar quer funções estaduais distintas, quer os órgãos que respectivamente as exercem.
>
> 2º **Independência ou imunidade de um órgão estadual, quanto ao(s) seu(s) titular(es) ou quanto aos seus actos, perante a acção ou interferência de outro.**
>
> 3º Limitação ou controlo do poder de um órgão estadual mediante o poder conferido a outro órgão de anular ou impedir a perfeição dos actos do primeiro, ou mediante a responsabilização de um perante o outro.

4º Participação de dois ou mais órgãos, independentes entre si, da mesma função estadual, em ordem à prática de um acto imputável a todos.

5º Incompatibilidade de exercício simultâneo de cargos em diferentes órgãos estaduais[9].

Em suma, nem os poderes podem ser tão independentes a ponto de comprometer a atividade estatal, nem os mecanismos de harmonia podem ser tão intensos que mitiguem a independência, gerando, ao revés, uma desarmonia.

Para José Afonso da Silva,

> [...] a independência dos poderes significa: (a) que a investidura e a permanência das pessoas num dos órgãos de governo não dependem da confiança nem da vontade dos outros [...]. **A desarmonia, porém, se dá sempre que se acrescem atribuições, faculdades ou prerrogativas de um em detrimento do outro**[10].

Percebe-se, pois, que o mecanismo dos freios e contrapesos não pode, como salientamos, avançar a ponto de cometer a um dos Poderes a investidura dos membros de outro Poder, sob pena de constituir uma contradição entre o princípio da harmonia e o princípio-irmão da independência entre os órgãos da soberania.

Torna-se quase que inevitável classificar – com base em parâmetros de dogmática constitucional – a liminar proferida na ADPF 402/DF como uma manifestação de ativismo judicial[11] – assim considerado como uma situação em que a Justiça toma a iniciativa de expansão, adentrando, muitas vezes de forma excessiva ou imprudente, em esferas outras da estrutura social, utilizando-se de estratégias de protagonismo e muitas vezes sobrepondo questões pretensamente jurídicas e decisões tomadas em outras instâncias sociais[12].

---

[9]   PIÇARRA, Nuno. *A separação dos Poderes como doutrina e princípio constitucional.* Um contributo para o estudo das suas origens e evolução. Coimbra: Coimbra Editora, 1989. p. 12. Grifos nossos.

[10]  SILVA, José Afonso da. *Curso de direito constitucional positivo.* São Paulo: Malheiros, 2006. p. 98.

[11]  Cf. RAMOS, Elival da Silva. *Ativismo judicial*: parâmetros dogmáticos. São Paulo: Saraiva, 2015. *passim.*

[12]  Cf. CANON, Bradley C. Defining the dimensions of judicial activism. *Judicature*, v. 66, n. 6, Dec.-Jan. 1983.

Realmente, em tempos nos quais se debatem mecanismos para promover um diálogo institucional entre o STF e o Legislativo[13], soa quase provocativo que um ministro do STF, por mais poder e legitimidade que possua, decida monocraticamente remover o presidente do Senado Federal.

Difícil imaginar que o Ministro Marco Aurélio não tenha ao menos vislumbrado os possíveis desdobramentos práticos de sua decisão. Não é nosso escopo, porém, empreender uma análise de Psicologia Jurídica, ou mesmo de Sociologia Jurídica. De qualquer sorte, é inegável que o saldo político e jurídico das consequências advindas da ADPF 402/DF não foi favorável ao STF.

Esse seria, no entanto, apenas o prenúncio de outras crises e outros atritos entre o STF e o Senado Federal, como ficou claro quando do afastamento cautelar de outro senador, Aécio Neves (embora não presidente da Casa, e com base em outros fundamentos jurídicos) – decisão tomada em sede de inquérito por uma Turma e praticamente revertida em Plenário, no julgamento da Ação Direta de Inconstitucionalidade 5.526/DF. Isso, porém, seria tema para outra análise[14].

Não deixa de causar espécie que, nesse segundo momento, o Ministro Marco Aurélio tenha tomado postura considerada pacificadora. Parecem ter ficado para trás, ao menos por enquanto, os dias em que um ministro do STF afastava o presidente de um Poder.

## REFERÊNCIAS

BRASIL. Supremo Tribunal Federal. Arguição de Descumprimento de Preceito Fundamental nº 402/DF. Relator Ministro Marco Aurélio, Redator para o acórdão Ministro Celso de Mello.

_____. Ação Cautelar nº 4070/DF, Relator Ministro Teori Zavascki.

CANON, Bradley C. Defining the dimensions of judicial activism. *Judicature*, v. 66, n. 6, Dec.-Jan. 1983.

---

[13] VICTOR, Sérgio Antônio Ferreira. *Diálogo institucional, democracia e estado de direito*: o debate entre o Supremo Tribunal Federal e o Congresso Nacional sobre a interpretação da Constituição. São Paulo: Saraiva, 2015.

[14] Cf. CAVALCANTE FILHO, João Trindade; PINHEIRO, Victor Marcel. Por que impedir a aplicação de suspensão de mandato a parlamentares esvazia o poder do Judiciário. *HuffPost Brasil*. Disponível em: https://www.huffpostbrasil.com/joao-trindade-cavalcante-filho/por-que-impedir-a-aplicacao-de-suspensao-de-mandato-a-parlamentares-esvazia-o-poder-do-judiciario_a_23240389/. Acesso em: 1º jul. 2018.

CAVALCANTE FILHO, João Trindade; PINHEIRO, Victor Marcel. *Por que impedir a aplicação de suspensão de mandato a parlamentares esvazia o poder do Judiciário. HuffPost Brasil.* Disponível em: https://www.huffpostbrasil.com/joao-trindade-cavalcante-filho/por-que-impedir-a-aplicacao-de-suspensao-de-mandato-a-parlamentares-esvazia-o-poder-do-judiciario_a_23240389/. Acesso em: 1º jul. 2018.

IBOVESPA em dezembro de 2016. *ADVFN.* Disponível em: https://br.advfn.com/indice/ibovespa/2016/12. Acesso em: 1º jul. 2018.

LIMINAR afasta Renan Calheiros da Presidência do Senado. *Agência Senado.* Disponível em: https://www12.senado.leg.br/noticias/materias/2016/12/05/stf-afasta-presidente-do-senado. Acesso em: 1º jul. 2018.

MESA do Senado decide aguardar decisão do Pleno do STF. *Senado Notícias.* Disponível em: https://www12.senado.leg.br/noticias/materias/2016/12/06/mesa-do-senado-decide-aguardar-decisao-do-plenario-do-stf. Acesso em: 1º jul. 2018.

NOTA Pública de Renan Calheiros. *Senado Notícias.* Disponível em: https://www12.senado.leg.br/noticias/materias/2016/12/05/nota-publica-de-renan-calheiros. Acesso em: 1º jul. 2018.

PIÇARRA, Nuno. *A separação dos Poderes como doutrina e princípio constitucional.* Um contributo para o estudo das suas origens e evolução. Coimbra: Coimbra Editora, 1989.

PRIMEIRO-vice-presidente do Senado aguarda notificação oficial. *Senado Notícias.* Disponível em: https://www12.senado.leg.br/noticias/materias/2016/12/05/primeiro-vice-presidente-do-senado-aguarda-notificacao-oficial. Acesso em: 1º jul. 2018

RAMOS, Elival da Silva. *Ativismo judicial*: parâmetros dogmáticos. São Paulo: Saraiva, 2015.

RICHTER, André. Oficial de Justiça diz que Renan recusou notificação duas vezes. *Agência Brasil.* Disponível em: http://agenciabrasil.ebc.com.br/geral/noticia/2016-12/oficial-de-justica-diz-que-renan-recusou-notificacao-duas-vezes. Acesso em: 1º jul. 2018.

SILVA, José Afonso da. *Curso de direito constitucional positivo.* São Paulo: Malheiros, 2006.

VICTOR, Sérgio Antônio Ferreira. *Diálogo institucional, democracia e estado de direito*: o debate entre o Supremo Tribunal Federal e o Congresso Nacional sobre a interpretação da Constituição. São Paulo: Saraiva, 2015.

---

## Questões para discussão:

1. É possível ao STF afastar o presidente de outro Poder?
2. Cabe liminar monocrática em ADPF?
3. Integrar a linha de substituição do Presidente da República atrai para a autoridade o mesmo regime jurídico do chefe do Executivo?

# Caso 9 – ADI 1.351-3/DF e 1.354-8/DF

## O GUARDIÃO DA COALIZÃO: O STF E A FRAGMENTAÇÃO PARTIDÁRIA

**João Paulo Bachur**

Graduado em Direito (2001) e doutor (2009) em Ciência Política pela USP. Pós-doutorado em Filosofia pela Universidade Livre de Berlim como bolsista da Fundação Alexander von Humboldt (2012-2013). Coordenador do mestrado em Direito Constitucional do Instituto Brasiliense de Direito Público em Brasília.

**Sumário:** 1. Introdução – 2. O presidencialismo de coalizão na ordem constitucional de 1988 – 3. Redefinindo as regras da coalizão – 4. (In)governabilidade da coalizão? – Referências.

## 1. INTRODUÇÃO

O objetivo deste artigo[1] é demonstrar, de um ponto de vista crítico, o percurso pelo qual dois julgamentos do Supremo Tribunal Federal (STF), repercutindo o posicionamento do Tribunal Superior Eleitoral (TSE), contribuíram para erodir as bases institucionais do presidencialismo de coalizão instituído pela Constituição Federal de 1988. A derrubada da cláusula de barreira associada à imposição de fidelidade partidária veio acompanhada de uma rota de fuga – o parlamentar dissidente não perderia o mandato no

---

[1] A elaboração deste artigo contou com a colaboração de Maria Clara Seabra Sallum, assistente de pesquisa financiada no âmbito do Programa de Apoio à Produção Intelectual do Mestrado em Direito Constitucional do Instituto Brasiliense de Direito Público de Brasília.

**146** | DECISÕES CONTROVERSAS DO STF – *Direito Constitucional em casos*

caso da criação de novos partidos. O próprio posicionamento dos tribunais superiores indicou o caminho para burlar a fidelidade partidária que eles pretenderam impor. Esses posicionamentos contribuíram para uma maior fragmentação do sistema partidário e, no limite, elevaram os custos de transação para a manutenção da coalizão de governo. O objetivo deste artigo é jogar luz sobre o papel do Judiciário na produção de um Poder Legislativo mais fragmentado.

Não se pretende, por óbvio, atribuir a atual situação de excepcionalidade institucional que vivemos ao STF ou ao TSE. Ela é a resultante de uma série de vetores de desagregação institucional – alguns recentes, outros remotos –, dificuldades econômicas e aspectos culturais; e não poderia, sem mais nem menos, ser imputada a uma ação específica de um agente político individual. Contudo, é inegável que, no recente descaminho das instituições políticas nacionais, há espaço para uma crítica às decisões judiciais que alteraram a dinâmica política de nosso presidencialismo de coalizão, impactando consideravelmente sua capacidade decisória e a governabilidade da própria coalizão. Por isso, a crítica aqui veiculada é estritamente acadêmica.

Trata-se de rever, em caráter preliminar e inicial, alguns dos postulados vigentes no *main stream* da ciência política brasileira, conforme o qual "o presidencialismo de coalizão funciona". Com efeito, generalizou-se o juízo de que o sistema político brasileiro construiu arranjos institucionais capazes de minimizar as tendências centrífugas presentes na combinação entre presidencialismo, multipartidarismo e representação proporcional (com lista aberta). O julgamento corrente na ciência política e no direito constitucional é o de que, apesar da propensão à instabilidade, a interação entre os Poderes Executivo e Legislativo conta com ferramentas institucionais capazes de viabilizar a formação de amplas coalizões de governo, com alta *performance* na implementação da agenda do Poder Executivo.

Este artigo sustenta que o papel do Poder Judiciário na definição das regras para a formação das coalizões não pode mais ser ignorado. O presidencialismo de coalizão não pode mais ser visto apenas pelo ângulo da interação entre o Poder Executivo e o Poder Legislativo. E mais ainda: o Judiciário, até aqui, foi importante fator de instabilidade para a dinâmica do presidencialismo de coalizão.

Para demonstrar esse ponto, o artigo apresentará a formulação conceitual inicial do chamado presidencialismo de coalizão, tal como instituído pela Constituição Federal de 1988, e o diagnóstico mais otimista sobre ele (Seção 2). Em seguida, apresentaremos em linhas gerais o julgamento pelo STF das Ações Diretas de Inconstitucionalidade (ADI) 1.351-3/DF e 1.354-8/DF, que declararam inconstitucional a cláusula de barreira imposta pela Lei

9.096, de 19 de setembro de 1995, bem como dos Mandados de Segurança 26.602 e 26.603, que impuseram a perda do mandato ao candidato que se desfiliasse do partido político pelo qual havia sido eleito, filiando-se a outro (Seção 3). O resultado desses julgamentos, na prática, foi a escalada na criação de novos partidos, tendo como consequência uma fragmentação inédita do Poder Legislativo e consideráveis dificuldades para gerenciar a coalizão de governo (Seção 4).

## 2. O PRESIDENCIALISMO DE COALIZÃO NA ORDEM CONSTITUCIONAL DE 1988

O chamado *presidencialismo de coalizão* foi originalmente designado por Sérgio Abranches nos termos de um dilema institucional: uma sociedade extremamente complexa e heterogênea, saindo de vinte anos de ditadura militar, desaguou em uma Constituinte que teve de harmonizar direitos de cidadania (civis, políticos e sociais), federalismo, presidencialismo, municipalismo, intervencionismo estatal, liberalização econômica e uma série de reivindicações corporativistas em um contexto institucional que exigia maior protagonismo do parlamento e uma contenção da centralização de poderes em torno do Poder Executivo.[2] A tarefa: reduzir a colossal desigualdade social, marca constitutiva da ex-colônia. Um projeto consistente de distribuição de renda e inclusão social exigiria um governo apto a implementá-lo. Donde o dilema institucional brasileiro: "Não existe, nas liberais-democracias mais estáveis, um só exemplo de associação entre representação proporcional, multipartidarismo e presidencialismo"[3].

Nesse contexto institucional, governabilidade exigira a formação de grandes coalizões. As coalizões são formadas em três passos: (i) aliança eleitoral; (ii) constituição do governo; e (iii) formulação da agenda.

> É no trânsito entre o segundo e o terceiro momentos que está no caminho crítico da consolidação da coalizão e que determina as condições fundamentais de sua continuidade. [...] Não é demais

---

[2]  ABRANCHES, Sérgio. Presidencialismo de coalizão: o dilema institucional brasileiro. *Revista Brasileira de Ciências Sociais*, v. 31, n. 1, p. 5-34, 1988.

[3]  ABRANCHES, Sérgio. Presidencialismo de coalizão: o dilema institucional brasileiro cit., p. 19.

insistir que, no limite, o futuro das coalizões depende de sua capacidade de formular e implementar políticas substantivas[4].

As conclusões de Abranches indicavam uma tendência ao conflito de interesses e de classes e uma possível inadequação do quadro institucional do Estado brasileiro para harmonizar esses conflitos, dada a tradição que combinava presidencialismo, eleições parlamentares proporcionais, multipartidarismo e, *à época*, alguma fragmentação partidária.

Passados alguns anos desse diagnóstico, a perspectiva sobre o presidencialismo de coalizão mudou de sinal[5]. A ciência política brasileira passou a ressaltar, *positivamente*, os mecanismos institucionais que não somente detinham as tendências centrífugas e instabilizadoras oriundas da inusitada combinação entre presidencialismo, multipartidarismo e eleições parlamentares proporcionais, mas sobretudo asseguravam força institucional suficiente para a implementação das políticas propostas pelo Poder Executivo eleito. A literatura recente sobre o presidencialismo de coalizão é vasta e nossa visada será aqui necessariamente panorâmica[6].

Destacam-se os seguintes mecanismos: (i) composição do Ministério no Poder Executivo e designação dos líderes parlamentares e presidentes de comissões no Poder Legislativo de maneira semelhante à composição do gabinete no parlamentarismo; (ii) controle do Poder Executivo sobre o ritmo de liberação de recursos para emendas parlamentares; (iii) concentração da iniciativa legislativa nas mãos do Poder Executivo, notadamente em matérias administrativas (organização do aparato estatal), tributárias e orçamentárias, amplificada pela possibilidade de editar medidas provisórias, enviar projetos de lei em regime de urgência (com sobrestamento da pauta legislativa) e editar decretos; e (iv) altos índices de disciplina partidária verificados em votações nominais[7]. Esses mecanismos institucionais assegurariam poder de agenda

---

[4] ABRANCHES, Sérgio. Presidencialismo de coalizão: o dilema institucional brasileiro cit., p. 28-29.

[5] Cf., fundamentalmente, FIGUEIREDO, Argelina Cheibub; LIMONGI, Fernando. *Executivo e Legislativo na nova ordem constitucional*. 2. ed. Rio de Janeiro: FGV, 2001; e LIMONGI, Fernando. Presidencialismo, coalizão partidária e processo decisório. *Novos Estudos Cebrap*, v. 76, p. 17-41, 2006.

[6] Veja-se VICTOR, Sérgio A. F. *Presidencialismo de coalizão*: exame do atual sistema de governo brasileiro. São Paulo: Saraiva, 2015.

[7] FIGUEIREDO, Argelina Cheibub; LIMONGI, Fernando. *Executivo e Legislativo na nova ordem constitucional* cit., 2001.

suficiente para o Executivo gerir a coalizão e obter êxito na aprovação de sua agenda política.

À luz desses dispositivos, o governo de coalizão demonstra altas taxas de sucesso (razão entre os projetos, de iniciativa do Poder Executivo, que são aprovados pelo parlamento, sobre o total de projetos enviados) e dominância (razão entre leis de iniciativa do Poder Executivo sobre o total de leis aprovadas).

> Estaríamos diante de problemas de governabilidade se o governo se mostrasse incapaz de governar. Partidos seriam frágeis se incapazes de dar sustentação política às propostas do governo. No entanto, o exame dos dados revela quadro radicalmente diverso. O Brasil não é tão diferente dos países parlamentaristas[8].

E os números ficam, de fato, próximos de 90%. Em síntese: o Executivo domina a pauta. O Legislativo aprova o que o Executivo envia. Logo, o presidencialismo de coalizão funciona.

Algumas críticas poderiam ser, de saída, feitas à metodologia que atesta a governabilidade por meio das taxas de dominância e sucesso: (i) não se faz qualquer distinção *qualitativa* do que é aprovado (pois não é a mesma coisa rever a lei de licitações ou instituir o "Dia da Amizade Brasil-Argentina" – Lei 13.664, de 14 de maio de 2018); (ii) não estão incluídos projetos abandonados, ou seja, aqueles que o Poder Executivo sequer conseguiu enviar ao parlamento (e os casos recentes de reforma tributária e previdenciária "fatiados" ou engavetados são bons exemplos disso); (iii) taxas de sucesso e dominância não registram alterações legislativas introduzidas nos projetos enviados pelo Poder Executivo (que tem que ceder mais ou menos, conforme a força da coalizão); e, por fim (iv) outros atores institucionais influem de forma *exógena* na coalizão, fortalecendo-a ou enfraquecendo-a (o Judiciário, a mídia, os órgãos de controle etc.). Esses aspectos constituem uma agenda de pesquisa própria e não poderão ser aprofundados aqui. Neste artigo, apenas iniciaremos a problematização do presidencialismo de coalizão identificando como STF e TSE abriram um caminho para ampliar a fragmentação partidária, impactando a dinâmica da coalizão.

---

[8] LIMONGI, Fernando. Presidencialismo, coalizão partidária e processo decisório cit., p. 23.

150 | DECISÕES CONTROVERSAS DO STF – *Direito Constitucional em casos*

Ao fim e ao cabo, parece-nos, nos dias de hoje, algo ufanista o diagnóstico altamente otimista de que, "do ponto de vista da sua estrutura, da forma como efetivamente funciona, *há pouco que permita distinguir o sistema político brasileiro de outras democracias ditas avançadas ou consolidadas*", pois "o modo de operar do governo brasileiro é o mesmo da maioria das demais democracias contemporâneas"[9].

## 3. REDEFININDO AS REGRAS DA COALIZÃO

Em 2006, o Plenário do STF julgou conjuntamente as ADIs 1.351-3/DF e 1.354-8/DF, ajuizadas pelo Partido Comunista do Brasil (PCdoB) e pelo Partido Socialista Cristão (PSC), respectivamente. O STF, por unanimidade, declarou a inconstitucionalidade da cláusula de barreira prevista na Lei dos Partidos Políticos (Lei 9.096/1995). A cláusula de barreira estabelecida em 1995 assegurava participação parlamentar aos partidos políticos que alcançassem no mínimo 5% dos votos válidos para deputado federal no País e 2% do total de votos em pelo menos nove estados, ou seja, partidos políticos que ficassem aquém desse desempenho continuariam naturalmente a existir; apenas não teriam funcionamento parlamentar na legislatura, i.e., não teriam cadeiras no parlamento e acesso limitado a recursos do Fundo Partidário. Partidos que superassem a cláusula de barreira repartiriam entre si 99% dos recursos do Fundo Partidário, proporcionalmente à sua votação, e teriam garantidos programas semestrais de 20 minutos em cadeia nacional e nos Estados, bem como 40 minutos semestrais para a veiculação de inserções publicitárias de até 30 segundos em redes de televisão e rádio. Os partidos que não superassem a cláusula de barreira teriam acesso à sua quota do remanescente 1% do Fundo Partidário e apenas dois minutos dos programas semestrais para divulgar suas propostas em cadeia nacional[10].

---

[9]  LIMONGI, Fernando. Presidencialismo, coalizão partidária e processo decisório cit., p. 20.

[10]  Lei 9.096/1995: "Art. 13. Tem direito a funcionamento parlamentar, em todas as Casas Legislativas para as quais tenha elegido representante, o partido que, em cada eleição para a Câmara dos Deputados obtenha o apoio de, no mínimo, cinco por cento dos votos apurados, não computados os brancos e os nulos, distribuídos em, pelo menos, um terço dos Estados, com um mínimo de dois por cento do total de cada um deles. [...]

Art. 41. O Tribunal Superior Eleitoral, dentro de cinco dias, a contar da data do depósito a que se refere o § 1º do artigo anterior, fará a respectiva distribuição aos órgãos nacionais dos partidos, obedecendo aos seguintes critérios:

Parte 3 · CASO 9 – ADI 1.351-3/DF E 1.354-8/DF | **151**

Apesar de estatuídas em 1995, as regras que restringia, o direito ao funcionamento parlamentar, o acesso ao horário gratuito de rádio e televisão e a distribuição dos recursos do Fundo Partidário seriam integralmente aplicadas apenas a partir de 2007. Diante disso, PCdoB e PSC ajuizaram as mencionadas ADIs, sustentando que lei ordinária não poderia submeter partidos políticos a um tratamento desigual ao estabelecer limites e condições restritivas, tendo em vista o princípio da liberdade e da autonomia partidária. Em síntese, argumentavam que submeter o direito a funcionamento parlamentar ao desempenho eleitoral violaria o art. 17, *caput* e § 1º, da Constituição Federal[11]. O argumento básico era o de que a Constituição não havia instituído uma hierarquia entre os partidos políticos e que o legislador ordinário, ao condicionar o funcionamento parlamentar ao desempenho eleitoral, estaria atuando de forma autointeressada, com manifesto desrespeito às minorias e flagrante intenção de se perpetuar no poder.

---

I – um por cento do total do Fundo Partidário será destacado para entrega, em partes iguais, a todos os partidos que tenham seus estatutos registrados no Tribunal Superior Eleitoral;

II – noventa e nove por cento do total do Fundo Partidário serão distribuídos aos partidos que tenham preenchido as condições do art. 13, na proporção dos votos obtidos na última eleição geral para a Câmara dos Deputados. [...]

Art. 48. O partido registrado no Tribunal Superior Eleitoral que não atenda ao disposto no art. 13 tem assegurada a realização de um programa em cadeia nacional, em cada semestre, com a duração de dois minutos.

Art. 49. O partido que atenda ao disposto no art. 13 tem assegurado:

I – a realização de um programa, em cadeia nacional e de um programa, em cadeia estadual em cada semestre, com a duração de vinte minutos cada;

II – a utilização do tempo total de quarenta minutos, por semestre, para inserções de trinta segundos ou um minuto, nas redes nacionais, e de igual tempo nas emissoras estaduais".

Importa ressaltar ao leitor que os arts. 48 e 49 foram revogados pela Lei 13.497/2017.

[11] Constituição Federal de 1988: "Art. 17. É livre a criação, fusão, incorporação e extinção de partidos políticos, resguardados a soberania nacional, o regime democrático, o pluripartidarismo, os direitos fundamentais da pessoa humana e observados os seguintes preceitos: [...]

§ 1º É assegurada aos partidos políticos autonomia para definir sua estrutura interna, organização e funcionamento e para adotar os critérios de escolha e o regime de suas coligações eleitorais, sem obrigatoriedade de vinculação entre as candidaturas em âmbito nacional, estadual, distrital ou municipal, devendo seus estatutos estabelecer normas de disciplina e fidelidade partidária. (redação anterior à EC 97/2017".

Ora, de saída, vale apontar que a Constituição Federal de 1988, em seu art. 17, IV, assegura aos partidos políticos, literal e expressamente, "funcionamento parlamentar de acordo com a lei". Os preceitos invocados e supostamente violados pela Lei 9.096/1995 dizem respeito à liberdade para criação de novos partidos e à autonomia para a definição da estrutura interna da agremiação política e em nada se confundem com a necessária separação entre a liberdade para criação de partidos políticos (que ocorre *fora* do parlamento) e o funcionamento parlamentar (*dentro*). Do contrário, se nenhuma discriminação pudesse ser feita por lei, todo e qualquer partido deveria ter assento parlamentar – o que não faz qualquer sentido, do ponto de vista da democracia como forma de governo. Tal não foi, contudo, o entendimento do STF.

O voto do relator destacou que, dos 29 partidos registrados em 2006 no TSE, apenas sete alcançaram e suplantaram o patamar de cinco por cento dos votos para Câmara dos Deputados em todo o território nacional, distribuídos de tal maneira a atingir pelo menos dois por cento em nove Estados. É dizer, dos 29 partidos existentes, 22 não alcançariam os requisitos previstos na Lei dos Partidos Políticos e sofreriam as consequências da chamada "cláusula de barreira" a partir do ano de 2007. Note-se o *quid pro quo*: um fator positivo para o fortalecimento institucional dos partidos – o menor número de partidos no Parlamento – foi interpretado como um ponto negativo. Mantida a cláusula de barreira, apenas o PT, o então PMDB, o PSDB, o então PFL, o PP, o PSB e o PDT teriam funcionamento parlamentar. O voto do relator menciona ainda que a cláusula de barreira, constante da Constituição outorgada de 1967, não foi incorporada pela Constituição Federal de 1988. Desse ponto de vista, interpretou-se a cláusula de barreira legal como um obstáculo inconstitucional aos partidos minoritários. Asseverou-se que, dos governos democráticos, espera-se que resguardem as prerrogativas e a identidade própria daqueles que, até numericamente em desvantagem, porventura requeiram mais da força do Estado com anteparo para que lhe estejam asseguradas a identidade cultural ou, no limite, para que continue existindo. Com isso, declarou-se inconstitucional, por unanimidade, a cláusula de barreira prevista na Lei 9.096/1995.

Até aqui, tem-se uma clara confusão entre a *liberdade político-partidária*, que, de fato, é garantida pela Constituição e deve ser preservada a qualquer custo, e as *regras para funcionamento parlamentar*, que dizem respeito não ao direito de constituir novos partidos, mas sim aos aspectos internos ao funcionamento parlamentar. Quanto maior o número de partidos com direito a funcionamento parlamentar, *mais fragmentado* o parlamento; mais difusa, portanto, a representatividade popular. Esse quadro é complementado pelo julgamento dos Mandados de Segurança 26.602 e 26.603, que, com o intuito de fortalecer a fidelidade partidária, definiram a perda do mandato do deputado federal que mudasse de partido.

A Emenda Constitucional editada pela Junta Militar em 17 de outubro de 1969 introduziu, no art. 152 da Constituição de 1967, a sanção de perda de mandato por infidelidade partidária[12]. Nos estertores da ditadura militar, a Emenda Constitucional 25, de 1985, alterou a redação do art. 152, eliminando a hipótese de perda de mandato por infidelidade partidária, visando com isso assegurar maior liberdade na criação de partidos políticos (o que era natural àquela altura, dado o nível de erosão do regime). A Constituição Federal de 1988, por sua vez, também não impôs qualquer sanção de perda de mandato por infidelidade partidária[13].

Vale considerar que a mudança de partido (ou "infidelidade partidária") é um traço cultural forte em nossa democracia, como demonstra Jairo Nicolau:

> Em todas as democracias, ocasionalmente, alguns políticos abandonam o partido pelo qual foram eleitos durante o exercício do mandato. No Reino Unido, por exemplo, doze parlamentares da Câmara dos Comuns (2% dos 650 membros) abandonaram o partido na legislatura 2010-15. O que chama a atenção no caso

---

[12] O mencionado dispositivo possuía a seguinte redação: "Perderá o mandato no Senado Federal, na Câmara dos Deputados, nas Assembleias Legislativas e nas Câmaras Municipais quem, por atitudes ou pelo voto, se opuser às diretrizes legitimamente estabelecidas pelos órgãos de direção partidária ou deixar o partido sob cuja legenda foi eleito. A perda do mandato será decretada pela Justiça Eleitoral, mediante representação do partido, assegurado o direito de ampla defesa".

[13] O art. 55 traz as hipóteses de perda de mandato por deputado ou senador, nos seguintes termos:

"Art. 55. Perderá o mandato o Deputado ou Senador:

I – que infringir qualquer das proibições estabelecidas no artigo anterior;

II – cujo procedimento for declarado incompatível com o decoro parlamentar;

III – que deixar de comparecer, em cada sessão legislativa, à terça parte das sessões ordinárias da Casa a que pertencer, salvo licença ou missão por esta autorizada;

IV – que perder ou tiver suspensos os direitos políticos;

V – quando o decretar a Justiça Eleitoral, nos casos previstos nesta Constituição;

VI – que sofrer condenação criminal em sentença transitada em julgado".

brasileiro é a intensidade e a constância das trocas de legenda ao longo do tempo[14].

Com isso, não se pretende defender a infidelidade partidária, em geral relacionada às perspectivas individuais de reeleição de cada parlamentar, ao acesso a recursos distribuídos pelo Poder Executivo ou – residualmente – a divergências programáticas. Ou seja, trata-se de aspecto relacionado à sobrevivência política dos parlamentares eleitos. O ponto, portanto, é que qualquer alteração dessa regra deveria ser feita de maneira estrutural, revendo igualmente outros aspectos do sistema político brasileiro e prevendo, no mínimo, algum período de transição. Não foi o que aconteceu.

O caso remonta à Resolução TSE 22.526, de 2007, prolatada em resposta à Consulta 1.398 formulada pelo então PFL. O referido partido político indagava:

> Considerando o teor do art. 108 da Lei nº 4.737/65 (Código Eleitoral), que estabelece que a eleição dos candidatos a cargos proporcionais é resultado do quociente eleitoral apurado entre os diversos partidos e coligações envolvidos no certamente democrático; considerando que é condição constitucional de elegibilidade a filiação partidária, posta para indicar ao eleitor o vínculo político e ideológico dos candidatos; considerando ainda que, também o cálculo das médias, é decorrente do resultado dos votos válidos atribuídos aos partidos e coligações; indaga-se: os partidos e coligações têm o direito de preservar a vaga obtida pelo sistema eleitoral proporcional, quando houver pedido de cancelamento de filiação ou de transferência do candidato eleito por um partido para outra legenda?

A resposta do TSE foi afirmativa, sob o argumento de que os votos pertencem *ao partido político*, e não ao parlamentar. O TSE instituiu, assim, a base para uma regra de fidelidade partidária: o partido poderia reivindicar o mandato de seus eventuais dissidentes.

---

[14]  NICOLAU, Jairo. *Representantes de quem?* Os (des)caminhos do seu voto da urna à Câmara dos Deputados. Rio de Janeiro: Zahar, 2017. e-Book Kindle, posição 1389/139.

Em outubro de 2007, o PPS, o PSDB e o Democratas (DEM) apresentaram requerimento ao presidente da Câmara dos Deputados com base na resposta do TSE à Consulta 1.398, pleiteando: (i) a declaração de vacância, por renúncia presumida, dos mandatos exercidos pelos deputados federais que, eleitos sob aquelas legendas, tivessem mudado de filiação partidária; e (ii) a convocação dos respectivos suplentes. Os requerimentos foram negados pelo presidente da Câmara dos Deputados, sob argumento de que o fato não consubstanciava quaisquer das hipóteses do art. 56, § 1º, da Constituição[15]. Ademais, a presidência da Câmara dos Deputados recusou a tese da renúncia presumida, admissível, hipoteticamente, apenas nos casos de não prestação do compromisso no prazo regimental, tratando-se de deputados, e de não apresentação para entrada em exercício, cuidando-se de suplentes[16].

Diante disso, os partidos de que aqui se trata impetraram mandados de segurança em face da decisão do presidente da Câmara dos Deputados. Alegaram, em síntese, que o Brasil adota, para a distribuição de vagas na Câmara dos Deputados, o sistema eleitoral proporcional de listas abertas, em que são considerados o número de votos válidos, o quociente eleitoral, o quociente partidário e a eventual distribuição de sobras. Essas hipóteses foram evocadas a fim de demonstrar que o cômputo de votos válidos é primariamente do partido, e não do parlamentar, individualmente.

---

[15] "Art. 56. Não perderá o mandato o Deputado ou Senador:

I – investido no cargo de Ministro de Estado, Governador de Território, Secretário de Estado, do Distrito Federal, de Território, de Prefeitura de Capital ou chefe de missão diplomática temporária;

II – licenciado pela respectiva Casa por motivo de doença, ou para tratar, sem remuneração, de interesse particular, desde que, neste caso, o afastamento não ultrapasse cento e vinte dias por sessão legislativa.

§ 1º O suplente será convocado nos casos de vaga, de investidura em funções previstas neste artigo ou de licença superior a cento e vinte dias."

[16] O Regimento Interno da Câmara dos Deputados impõe o dever de que a renúncia seja *expressa* e, mais ainda, *oficial* e *pública*:

"Art. 239. A declaração de renúncia do Deputado ao mandato deve ser dirigida por escrito à Mesa, e independe de aprovação da Câmara, mas somente se tornará efetiva e irretratável depois de lida no expediente e publicada no Diário da Câmara dos Deputados.

I – o Deputado que não prestar compromisso no prazo estabelecido neste Regimento;

II – o Suplente que, convocado, não se apresentar para entrar em exercício no prazo regimental".

O Plenário o STF seguiu o entendimento consubstanciado pelo TSE na resposta à Consulta 1.398, assentando que o mandato pertence ao partido, e não ao parlamentar eleito. O relator argumentou que a questão teria duas dimensões:

> (a) a da fidelidade do representante eleito ao partido político sob cuja legenda se elegeu; e (b) a da fidelidade daquele que se elegeu aos cidadãos integrantes do corpo eleitoral –, de maneira a se reconhecer que o ato de infidelidade, quer à agremiação partidária, quer, sobretudo, aos eleitores, traduz um gesto de intolerável desrespeito à vontade soberana do povo, fraudado em suas justas expectativas e frustrado pela conduta desviante daquele que, pelo sufrágio popular e por intermédio da filiação a determinado partido, foi investido no alto desempenho do mandato eletivo.

A mudança de partido sem razão legítima violaria, nesses termos, o sistema proporcional das eleições, determinado no art. 45 da Constituição, desfalcando a representação dos partidos e fraudando a vontade do eleitor. Nos termos do voto, os mandatários mantêm-se fiéis às diretrizes programáticas e ideológicas dos partidos pelos quais foram eleitos para que a representação popular tenha um mínimo de autenticidade, ou seja, para que reflita um ideário comum aos eleitores e candidatos, de tal modo que entre eles se estabeleça um liame em torno de valores que transcendam os aspectos contingentes do cotidiano da política.

Ora, o argumento em prol da consistência ideológica e programática dos partidos políticos brasileiros não tem como ser levado a sério: à exceção dos polos partidários "DEM/PSDB", à direita no espectro político brasileiro, e "PSOL/PCdoB/PT", à esquerda, os demais partidos revezam-se na coalizão governista – de forma perene ou intermitente e, claro, com maior ou menor devoção, conforme o ritmo na liberação de emendas parlamentares e a distribuição de cargos de primeiro ou segundo escalão na Esplanada[17]. E claro: regionalmente, a flexibilidade é consideravelmente maior.

O STF, no entanto, entendeu que a exigência de fidelidade partidária deve traduzir, "na concreção do seu alcance, um valor constitucional revestido de elevada significação político-jurídica, a que se impõe dar consequência, no plano institucional, sob pena de inibição de seu conteúdo e de desrespeito ao

---

[17]  A defecção de parlamentares da oposição (os mandados de segurança foram impetrados por PPS, PSDB e DEM) poderia ter como destino partidos integrantes da coalizão petista.

partido político e, sobretudo, à vontade soberana do eleitor". Ao decidir o caso, contudo, o STF não impôs a perda de mandato imediata em função da defecção partidária; apenas disse inexistir direito subjetivo do parlamentar ao mandato:

> Não se trata, sublinhe-se, de sanção pela mudança de partido, a qual não configura ato ilícito, mas do reconhecimento da inexistência de direito subjetivo autônomo ou de expectativa de direito autônomo à manutenção pessoal do cargo, como efeito sistêmico-normativo da realização histórica [...] da hipótese de desfiliação ou transferência injustificada, entendida como ato culposo incompatível com a função representativa do ideário político em cujo nome foi eleito.

Isso porque o partido político tem direito subjetivo às vagas, conquistadas mediante incidência do quociente partidário, derivado do próprio Texto Constitucional. Ou seja, trocando em miúdos: *querendo*, o partido pode reivindicar o mandato (a "soberana vontade do eleitor" só não é maior que o soberano senso de oportunidade dos partidos...).

O arremate da questão viria com a Resolução 26.610 do TSE, de 25 de outubro de 2007, editada pelo TSE em observância ao julgamento pelo STF dos Mandados de Segurança 26.602, 26.603 e 26.604, que assim dispõem:

> Art. 1º O partido político interessado pode pedir, perante a Justiça Eleitoral, a decretação da perda de cargo eletivo em decorrência de desfiliação partidária sem justa causa.
>
> § 1º Considera-se justa causa:
>
> I – *incorporação ou fusão do partido*;
>
> II – *criação de novo partido*;
>
> III – mudança substancial ou desvio reiterado do programa partidário;
>
> IV – grave discriminação pessoal.

Com isso, abriu-se uma possibilidade para que o parlamentar que quisesse deixar seu partido o fizesse coletivamente – mediante fusão, incorporação ou criação de novo partido. É claro que os julgamentos do STF e do TSE tinham por escopo reduzir a mudança de partido logo após a eleição. E, de fato, produziram algum efeito nesse sentido[18]. Entretanto, no médio prazo,

---

[18]     NICOLAU, Jairo. *Representantes de quem?* cit., posição 1444.

verificou-se um "dilema do prisioneiro invertido": parlamentares passaram a cooperar entre si para burlarem a trava imposta pelo TSE:

> O fato é que os políticos encontraram uma nova forma de "burlar" a norma, criando novos partidos; entre eles, destacam-se o Partido Social Democrático (PSD), o Partido Republicano da Ordem Social (Pros) e o Solidariedade (SD). A decisão do TSE de março de 2007 restringindo as trocas de legenda foi eficiente para desestimular a migração partidária por quatro anos e meio, mas, a partir de setembro de 2011, a migração passou a acontecer coletivamente, com a transferência para novos partidos[19].

## 4. (IN)GOVERNABILIDADE DA COALIZÃO?

Vimos neste breve estudo inicial que a tentativa do Judiciário de amarrar o sistema político redundou em uma via para a criação de novos partidos, acentuando ainda mais o quadro de fragmentação parlamentar que vivenciamos historicamente. A interferência do Poder Judiciário nas regras para a composição das coalizões permitiu o surgimento de novos partidos, dificultando a gestão da coalizão de governo. Quanto maior e mais diversa a coalizão governista, mais custosa se torna a implementação da agenda do Poder Executivo eleito. Não que a saída seja a romântica autocontenção.

Todavia, vale, como exercício, a pergunta: o que teria acontecido se, por uma vez na história, a regra da cláusula de barreira tivesse sido mantida (com custo considerável de reorganização dos partidos que perderiam assentos no parlamento)? Talvez esteja aí um ponto de partida para uma coalizão política ampla e estruturante que tenha mínimas condições para enfrentar o dilema institucional brasileiro: crassa desigualdade social e um sistema político que renitentemente se imuniza perante a sociedade em prol de sua autorreprodução.

## REFERÊNCIAS

ABRANCHES, Sérgio. Presidencialismo de coalizão: o dilema institucional brasileiro. *Revista Brasileira de Ciências Sociais*, v. 31, n. 1, p. 5-34, 1988.

---

[19] NICOLAU, Jairo. *Representantes de quem?* cit., posição 1451.

FIGUEIREDO, Argelina Cheibub; LIMONGI, Fernando. *Executivo e Legislativo na nova ordem constitucional*. 2. ed. Rio de Janeiro: FGV, 2001.

LIMONGI, Fernando. Presidencialismo, coalizão partidária e processo decisório. *Novos Estudos Cebrap*, v. 76, p. 17-41, 2006.

NICOLAU, Jairo. *Representantes de quem?* Os (des)caminhos do seu voto da urna à Câmara dos Deputados. Rio de Janeiro: Zahar, 2017. e-Book Kindle.

VICTOR, Sérgio A. F. *Presidencialismo de coalizão*: exame do atual sistema de governo brasileiro. São Paulo: Saraiva, 2015.

---

## Questões para discussão

1. O presidencialismo de coalizão funciona no Brasil? É possível diferenciá-lo de práticas ilícitas?

2. A cláusula de barreira fere o direito de representação política das minorias ou a liberdade política para a organização de partidos políticos?

3. Quanto à fidelidade partidária, é consistente sustentar que o mandato pertence ao partido mesmo em um sistema eleitoral de lista aberta, com voto direto nas eleições proporcionais?

4. Há relação entre fidelidade partidária e a identidade ou a coerência programática dos partidos no Brasil?

5. A atuação dos tribunais superiores na promoção da fragmentação partidária poderia ter sido evitada? Com base em quais argumentos?

# Caso 10 – MS 32.326 MC/DF

## A CASSAÇÃO DO DEPUTADO DONADON E A PEÇA *MEDIDA POR MEDIDA*, DE WILLIAM SHAKESPEARE

**Lenio Luiz Streck**

Mestre e Doutor em Direito pela Universidade Federal de Santa Catarina. Pós-doutor pela Universidade de Lisboa. Professor titular do programa de pós-graduação em Direito (mestrado e doutorado) da Unisinos. Membro catedrático da Academia Brasileira de Direito Constitucional (ABDConst.). Presidente de honra do Instituto de Hermenêutica Jurídica, IHJ (RS-MG). Membro da comissão permanente de Direito Constitucional do Instituto dos Advogados Brasileiros (IAB), do Observatório da Jurisdição Constitucional do Instituto Brasiliense de Direito Público (IDP), da *Revista Direitos Fundamentais e Justiça*, da *Revista Novos Estudos Jurídicos*, entre outros. Coordenador do Dasein, Núcleo de Estudos Hermenêuticos. Ex-Procurador de Justiça do Estado do Rio Grande do Sul.

**Sumário:** 1. Dois modelos de juiz na peça *Medida por Medida* e de que modo ambos se manifestaram no caso concreto – 2. A atuação dos modelos de juiz – Referências.

## 1. DOIS MODELOS DE JUIZ NA PEÇA *MEDIDA POR MEDIDA* E DE QUE MODO AMBOS SE MANIFESTARAM NO CASO CONCRETO

Esse é um caso deveras interessante, uma vez que reflete a alteração radical de posicionamento no Supremo Tribunal Federal em curtíssimo prazo, sem prognose e sem justificação de *overruling*, para usar uma palavra da moda em um país em que cada vez mais o processo civil e constitucional adota pressupostos do *common law*.

Além de radical mudança de entendimento, a decisão é uma amostra interessante de ativismo judicial.[1] Como poderá ser percebido, o mesmo Ministro, que dias antes se declarou uma espécie de "escravo da Constituição", passa a ser o proprietário do sentido da Constituição.

Nesse sentido, de pronto vale lembrar o que ocorre na peça *Medida por Medida*, de William Shakespeare que, no início do século XVII, antecipou a discussão hermenêutica que será o centro das preocupações dos juristas do século XIX até os nossos dias. A estória se passa em Viena. O Duque Vivêncio, em face de um quadro de desordem e corrupção de costumes, transfere a seu amigo Ângelo o governo, simulando tirar um período de férias, em que visitaria a Polônia. Sob novo comando, a guarda prende o jovem Cláudio, sob a acusação de ter fornicado com Julieta, sua namorada. *Incontinenti*, é condenado à morte por Ângelo. Cláudio, então, pede a sua irmã Isabela para que interceda por ele a Ângelo. Isabela busca persuadir Ângelo. Este diz que Cláudio é um transgressor da lei e que ela estaria perdendo o seu tempo. Diz, também, que no contexto dado, a lei não permite vicissitudes idiossincráticas. É ela a palavra do poder: "A lei, não eu, condena o seu irmão. Se fosse meu parente, irmão ou filho, seria o mesmo. Ele morre amanhã". Isabela retorna no dia seguinte e insiste na tese. Ângelo se mantém irredutível. Entretanto, enquanto falava, a concupiscência tomava conta de Ângelo, vendo que por debaixo das vestes de Isabela (ela estava vestida com roupa de noviça) um belo exemplar da espécie humana se escondia. Assim, em um instante, Ângelo, aquele "poço de virtude", transmuda-se, dizendo à Isabela que, "se o amasse em retorno, seu irmão seria poupado". De escravo da lei, de escravo da estrutura, do "que está dado", Ângelo se transforma em "senhor da lei", "senhor dos sentidos". Do extremo objetivismo, Ângelo vai ao completo subjetivismo.

*Mutatis mutandis*, é possível fazer uma analogia da peça, na especificidade do comportamento do personagem Ângelo, com a resposta que a Suprema Corte deu ao caso que passarei a relatar.

---

[1] Não se pode esquecer que judicialização da política e ativismo judicial são fenômenos distintos. O primeiro é contingencial, fruto de um contexto caracterizado pela necessária implementação de direitos, por um déficit na atuação dos demais Poderes. O segundo, por sua vez, está relacionado a um problema hermenêutico, isto é, à pergunta sobre como se decide. O ativismo judicial consiste numa postura do Judiciário, extrapolando os limites constitucionais de sua atuação.

Com efeito, esse julgamento tratou de Medida Cautelar em Mandado de Segurança nº 32.326, do Distrito Federal, relatoria do Ministro Roberto Barroso, em que foi requerido pelo Partido da Social Democracia Brasileira a cassação do mandato do Deputado Federal Natan Donadon, condenado que fora a 13 anos, 4 meses e 10 dias de reclusão, em regime inicial fechado. O requerimento do Partido Político foi no sentido de que fosse reconhecido que, na hipótese, a perda do mandato parlamentar não está sujeita à decisão do Plenário, mas à mera declaração da Mesa da Câmara dos Deputados.

Foi sustentado, como causa de pedir, que a Emenda Constitucional nº 35, de 20.12.2001, ao tornar desnecessária a prévia licença da Casa Legislativa para a instauração de processo penal em face de parlamentar, teria provocado uma mutação constitucional quanto ao sentido e alcance do art. 55, VI e § 2º, da Constituição. Como consequência, não mais prevaleceria a exigência de deliberação pelo Plenário, para fins de perda do mandato, quando se trate de condenação criminal definitiva, ou seja, a nova redação dada aos §§ 1º e 3º do art. 53 da Constituição teria tornado inaplicável o procedimento previsto no § 2º do art. 55 à hipótese prevista no inciso VI.

No desenvolvimento do seu argumento, afirma o requerente que as referidas alterações teriam adequado o § 2º do art. 55 a outros preceitos constitucionais, tais como a autoridade do Poder Judiciário (art. 2º), o respeito à coisa julgada (art. 5º, XXXVI) e a necessidade de gozo dos direitos políticos como condição de elegibilidade (art. 14, § 3º, II), que fica prejudicada com a condenação criminal transitada em julgado (art. 15, III). Com base nisso, conclui que, nessa hipótese, a perda do mandato deve apenas ser declarada pela Mesa (art. 55, § 3º).

Do voto do Relator tem-se que: a) a Constituição prevê, como regra geral, que cabe a cada uma das Casas do Congresso Nacional, respectivamente, a decisão sobre a perda do mandato de Deputado ou Senador que sofrer condenação criminal transitada em julgado; b) essa regra geral, no entanto, não se aplica em caso de condenação em regime inicial fechado, que deva perdurar por tempo superior ao prazo remanescente do mandato parlamentar. Em tal situação, a perda do mandato ocorre automaticamente, por força da impossibilidade jurídica e fática de seu exercício; c) como consequência, quando se tratar de Deputado cujo prazo de prisão em regime fechado exceda o período que falta para a conclusão de seu mandato, a perda se dá como resultado direto e inexorável da condenação, sendo a decisão da Câmara dos Deputados vinculada e declaratória.

A Câmara dos Deputados havia deliberado, no dia 21.08.2013, pela não cassação do mandato do citado Deputado. Essa decisão foi suspensa pelo Supremo Tribunal Federal. Vale registrar que a decisão monocrática em sede de medida cautelar, de relatoria do Ministro Roberto Barroso, restou prejudicada na decisão definitiva que reconheceu a perda do objeto do mandado de segurança. O *mandamus* foi prejudicado pela superveniente perda do mandato levada a efeito por deliberação posterior ao ajuizamento (Resolução nº 53/2014), esvaziando o objetivo do MS nº 32.326 MC/DF, que havia sido impetrado com esse fim.

## 2. A ATUAÇÃO DOS MODELOS DE JUIZ

A Ação Penal nº 470 consagrou a posição do Supremo Tribunal Federal de que, quando há condenação criminal transitada em julgado de mandatário de cargo eletivo, a cassação do mandato é consequência automática da pena, independentemente de manifestação da Casa Legislativa. Com o "caso Cassol" (Ação Penal nº 565), houve uma reviravolta na jurisprudência do Supremo, da qual participou o Ministro Roberto Barroso: a perda do mandato passou a depender de decisão das Casas Legislativas, na forma como dispõe a Constituição brasileira (art. 55, VI, § 2º).

Sobre esse assunto, o Ministro Roberto Barroso apresentou posicionamento claro à época, afirmando que a cassação dos mandatos parlamentares pelo Congresso aliviaria a tensão entre os Poderes, *in verbis*: "É preciso acabar com esse clima de desconfiança. Em parte, esta decisão passando de volta ao Congresso essa competência é uma forma de desanuviar um pouco esta tensão". Ainda, manifestou-se dizendo que, embora não acreditasse que essa fosse uma boa decisão, é o que afirma a Constituição:

> Acho que a condenação criminal, pelo menos acima de um determinado grau de gravidade do delito, deveria ter essa consequência automática. Mas a Constituição diz o contrário. O dia que a Constituição for o que os intérpretes quiserem independentemente do texto, nós vamos cair numa situação muito perigosa[2].

Naquele momento, acertou o Ministro Roberto Barroso: não importa quão boa ou má seja essa decisão. Ela segue, digamos assim – e isso foi dito pelo próprio Ministro –, a "letra da Constituição", ou seja, o que é relevante

---

[2]  Citado por: NOGUEIRA, Ítalo. Decisão do STF reduz tensão com Congresso, diz ministro. *Folha de S.Paulo*. São Paulo, 10 Ago. 2013. Disponível em: http://www1.folha.uol.com.br/poder/2013/08/1324523-decisao-do-stf-reduz-tensao--com-congresso-diz-ministro.shtml. Acesso em: 31 maio 2018.

para um julgamento é se a decisão está de acordo com a Constituição. Essas são as regras do jogo. Não fosse isso, teríamos uma República Juristocrática.

No entanto, os fatos colocam o Direito em situação difícil. E o fato foi justamente o "caso Donadon" (Ação Penal nº 396), quando, como referido, a Câmara dos Deputados, cumprindo a prerrogativa que lhe foi concedida constitucionalmente e – gizo – reconhecida pelo Supremo graças ao per-cuciente voto do Ministro Roberto Barroso, optou por não cassar o mandato do Deputado. O Deputado Carlos Sampaio (PSDB-SP) correu ao Judiciário. Pediu que este "salvasse" o Parlamento.

Ora, a Constituição disciplina claramente esse assunto. O Supremo Tribunal Federal já havia se pronunciado sobre essa questão. Até o próprio Ministro Roberto Barroso havia se posicionado sobre esse tema, conforme vimos. Entretanto, para surpresa da comunidade jurídica, na contramão do posicionamento apresentado anteriormente, o Ministro Roberto Barroso concedeu liminar *inaudita altera pars*, suspendendo os efeitos da deliberação da Câmara dos Deputados, que tomou a decisão. Para o Ministro Relator, a regra da Constituição vale, só não é aplicável aos casos em que a condenação não gera prisão em regime fechado.

Nitidamente, há uma contradição na decisão do Ministro. Por isso, pretendo demonstrar que o Direito, como diria Dworkin[3], exige coerência e integridade. O Judiciário, especialmente a Corte Constitucional, que exerce um papel contramajoritário, não pode simplesmente mudar de ideia, nem mesmo se houver um grande descontentamento da opinião pública. Isso porque, acima de tudo, o argumento que fundamenta uma decisão judicial deve ser jurídico – nem moral, nem político.

O problema é que, para decidir, o Ministro Roberto Barroso recorreu a três artifícios perigosos: os argumentos metajurídicos, os métodos "tradi-cionais" (*sic*) de interpretação e a distinção entre casos fáceis e casos difíceis. Para ele, casos fáceis se resolvem como no século XIX, isto é, pelo velho método da subsunção. Assim, existiriam, segundo o Ministro, regras gerais que abarcam todas as hipóteses de aplicação. Já os casos difíceis seriam os que não se enquadram nos fáceis, isto é, o que fez o Ministro, na verdade, foi utilizar técnicas argumentativas para dar roupagem jurídica, um véu de legitimidade, para um posicionamento que é teleológico. Decidiu e depois buscou o fundamento. A argumentação utilizada não foi a condição de pos-sibilidade: qualquer decisão poderia ser justificada dessa maneira.

---

3    DWORKIN, Ronald. *O império do direito*. Trad. Jefferson Luiz Camargo. 3. ed. São Paulo: Martins Fontes, 2014.

Aliás, no âmbito da dogmática jurídica, os métodos interpretativos ou técnicas de interpretação são definidos como instrumentos/mecanismos eficientes e necessários para o alcance do conhecimento científico do Direito. Assim, na linha do que já denunciava Luis Alberto Warat[4], sob a aparência de uma reflexão científica, criam-se fórmulas interpretativas que permitem: a) veicular uma representação imaginária sobre o papel do Direito na sociedade; b) ocultar as relações entre as decisões jurisprudenciais e a problemática dominante; c) apresentar como verdades derivadas dos fatos, ou das normas, as diretrizes éticas que condicionam o pensamento jurídico; d) legitimar a neutralidade dos juristas e conferir-lhes um estatuto de cientistas. Nesse caso, o Ministro Roberto Barroso utiliza-se dos métodos como eles são, na prática, quase sempre aplicados: como argumentos retóricos para justificação da decisão.

Partindo da premissa de que existe uma regra concreta regulando a cassação de mandato parlamentar em razão de trânsito em julgado de sentença condenatória (art. 55, VI e § 2º, da Constituição), o Ministro Roberto Barroso faz uso dos métodos semântico (para ele, gramatical), histórico, sistemático e teleológico para fundamentar a validade desse dispositivo. Não é necessário ir muito fundo na discussão dos métodos. Parece que a teoria do Direito em *terrae brasilis* não consegue avançar, em determinados casos, além do século XIX.

Sobre os métodos de interpretação é importante registrar alguns pontos na perspectiva de retirar o debate do lugar-comum e tentar lançar um pouco mais de luz nessa discussão. Por exemplo, o "x" da questão para a escola histórica não estava na interpretação do Direito legislado, mas, sim, na afirmação de um Direito que fosse concebido radicalmente como produto da história e que não buscasse aparar a sua autoridade em alguma realidade transcendente. Por outro lado, esse Direito que encontra sua autoridade na história – ou no "espírito do povo" – não pode ser encarado como simples produto de um legislador racional. É equivocado pensar que a Escola Histórica era um positivismo do tipo exegético, assim como é errado pensar que Savigny era um legalista (entendendo por legalista o tipo de experiência que se tem no ambiente francês). Devemos apontar que tudo isso se passou no contexto de um Direito que tinha como objeto de estudo algo maior que um simples código estatuído por um Parlamento. Era da história que se falava. Quanto

---

[4] WARAT, Luis Alberto. *Por quien cantan las sirenas*. Unoesc/CPGD-UFSC, 1996; WARAT, Luis Alberto. *Introdução geral ao Direito I*. Porto Alegre: Fabris, 1994. p. 89.

ao método teleológico, mais cuidado ainda, porque aí estamos tratando de algo que vai além, como no caso da formulação do segundo Ihering, aquele que abandona a sistematicidade da Escola Histórica para ir em direção à finalidade do Direito.

Ainda: semântica não é igual a gramática, que tem relação com a sintática. Essa questão (da semântica) é bem discutida, mais tarde, no neo-positivismo lógico, no plano da semiótica, quando a sintaxe e a semântica eram a condição para um enunciado ser científico (a pragmática ficava de fora). Sintaxe é análise dos signos com os signos. Isso é método gramatical. Semântica é mais do que isso. Aliás, para ser bem claro, Kelsen foi um positivista semântico. A propósito, sobre a metodologia savignyana, basta ler a crítica arrasadora do pai do pós-positivismo, Friedrich Müller[5].

Portanto, o uso ou não uso desse tipo de "metodologia" é absolutamente irrelevante para o deslinde da causa. Tais métodos, nesse caso, podem ser considerados álibis retóricos para suprir a falta de integridade e coerência na fundamentação da decisão. Assim, legitimam a criação de uma exceção não prevista na Constituição nem no Código Penal (nem sequer no Regimento Interno da Câmara dos Deputados).

Portanto, tais métodos foram utilizados para dizer que quem cassa é a Câmara. No entanto, quando a pena for daquelas que inviabilizam o mandato, aí a cassação é automática. Segundo essa tese, então, alguém em regime semiaberto pode ser Deputado ou Senador? Pelo que se entende do teor da liminar, portanto, é escandaloso um Deputado condenado a uma pena alta e em regime fechado exercer o mandato; mas não o é, se ele estiver em regime semiaberto. A Democracia tem seus bônus e seus ônus. Em ambos existe um elemento de princípio que jamais pode ser violado: o respeito às regras preestabelecidas (algo como uma questão de princípio ou o sentimento de pertença que se vê na fala de Sócrates, no diálogo Críton[6]). Digo isso porque há, no texto constitucional, a determinação de que a cassação de um Parlamentar condenado criminalmente deve ser feita pela respectiva Casa, e não pelo Executivo ou pelo Judiciário. E a deliberação da Casa Legislativa para perda do mandato é instituto que possui uma razão histórica: está dentro do marco da separação de Poderes e constitui uma cláusula pétrea. E o Congresso não está obrigado a cassar o mandato.

---

[5]  MÜLLER, Friedrich. *O novo paradigma do direito*: introdução à teoria e metódica estruturantes. Trad. Dimitri Dimoulis e outros. São Paulo: RT, 2008.

[6]  PLATÃO. *Diálogos*. São Paulo: Nova Cultural, 1999.

A violação à Constituição é sempre uma ameaça à Democracia. O senso comum – sempre pragmati(ci)sta – costuma pensar a Democracia como um processo cujo fim é sua conquista, ou como algo do qual a coletividade se apropria. Não é considerado tal qual é: uma relação, sempre instável e sujeita a altos e baixos, a avanços e retrocessos, a continuidades ou rupturas. Nossa história mostra isso. A Democracia precisa ser vista numa perspectiva histórica e de lutas políticas.

O aplauso de hoje ao ativismo jurídico pode ter sua antítese amanhã, quando os que hoje festejam se sentirem prejudicados. Ora, o ativismo é behaviorista. Não pode ser admitido, pelo menos em um regime democrático, baseado no respeito às regras do jogo. Eles precisam decorrer de uma atribuição de sentidos oriunda de textos normativos. Assim como não existe salvo-conduto para atribuição arbitrária de sentidos, com tal razão não se pode admitir que um julgador deixe de lado o texto constitucional em benefício de qualquer outro fundamento. Senão, estará ferindo as regras do jogo democrático, do qual ele, por determinação constitucional, é exatamente o guardião.

Ao que me parece, o que há nos "argumentos metajurídicos" é, na verdade, uma tentativa de "moralização do Direito". Aposta-se no protagonismo judicial, considerado como inevitável (conforme Kelsen já dizia[7]). No entanto, o fato de o intérprete atribuir o sentido não quer dizer que ele possa, sempre, dar o sentido que lhe bem convier (como se houvesse uma separação integral entre texto e norma e como se estes tivessem existências autônomas) e deixar de lado o texto constitucional.

O Tribunal que julga por meio de "argumentos metajurídicos" (que não deixam de ser elementos pragmático-axiológicos) assume uma postura apartada da normatividade (veja-se, pois, o paradoxo: dias antes, o Ministro Roberto Barroso ancorava-se no texto da Constituição, dizendo que dele não podia fugir). Enfraquece-se o Direito, uma vez que o afasta da tradição e o instrumentaliza. Tanto o discricionarismo positivista quanto o pragmatismo (que é uma forma de positivismo[8]) possuem déficit democrático: no positivismo legalista, texto e norma são a mesma coisa, o que transforma o legislador em plenipotenciário; nos positivismos pós-kelsenianos, os juízes

---

[7] KELSEN, Hans. *Teoria pura do direito*. Trad. João Baptista Machado. 8. ed. São Paulo: Martins Fontes, 2009.

[8] Como discuto em: STRECK, Lenio Luiz. *Verdade e consenso*. 6. ed. São Paulo: Saraiva, 2017.

não estão obrigados a aplicar a lei (texto jurídico), em face do poder discricionário que o aplicador detém[9].

Dito de outro modo, se o Direito como transformador das relações sociais foi a grande conquista do século XX (Direito pós-bélico), decidir por meio de argumentos metajurídicos é um retrocesso. E acrescento: precisamos tanto de constitucionalistas quanto de Constituição; tanto de democratas quanto de Democracia. São aqueles que efetivam estas. E a Democracia é um processo – sempre inconcluso. Democracia é, antes de tudo, uma jornada, uma grande caminhada. Pede uma atenção e um cuidado constante. A Democracia exige de nós estarmos em alerta.

Por que, então, decidir somente com base em argumentos jurídicos? Porque a sociedade tem uma garantia: o respeito à Constituição. Ninguém está acima dela. Ela é o norte do regime democrático porque condiciona todos a um regramento único. Assim, sem o respeito a argumentos jurídicos na decisão judicial, o aplauso de hoje pode se tornar o seu grito de horror do amanhã.

Na mesma linha, acrescento que há sempre a necessidade de uma justificação moral mais abrangente para a teoria jurídica, o que não pode significar que o Direito seja tomado por moralismos pessoalistas. No fundo, cumprir o Direito em sua integridade evidencia a melhor forma de condução da comunidade política. Essa melhor forma não representa uma exclusão da moral, mas, antes, incorpora-a. A moral não é *outsider*. O Direito não ignora a moral, pois o conteúdo de seus princípios depende dessa informação. Todavia, quando o Direito é aplicado, não podemos olvidar dos princípios, tampouco aceitar que eles sejam qualquer moral. Aqui, também devemos pensar em Habermas[10]. E fundamentalmente em Dworkin: a necessidade do ajuste (*fit*), a mediação hermenêutica.

Em suma, lendo a decisão do Ministro Roberto Barroso, tem-se que o Congresso pode até não cassar o mandato do parlamentar, mas, quando a pena for daquelas que inviabilizam o mandato, a moral da nação (*sic*) exige que se construa um argumento para evitar isso. Logo, criou, a partir de argumentos metajurídicos, uma hipótese nova no ordenamento, ou seja: o Supremo Tribunal Federal, em nome de argumentos morais, legislou. Como

---

[9] Ver, para tanto, STRECK, Lenio Luiz. *Dicionário de hermenêutica*: quarenta temas fundamentais da teoria do direito à luz da crítica hermenêutica do direito. Belo Horizonte: Casa do Direito, 2017. Especialmente o verbete positivismo.

[10] HABERMAS, Jürgen. *Direito e democracia*: entre facticidade e validade. Trad. Flavio Beno Siebeneichler. Rio de Janeiro: Tempo Brasileiro, 1997. v. I e II.

superego (*Über-Ich*) da nação (utilizo a expressão de Ingeborg Maus[11]), o Ministro Relator arvorou-se no direito de corrigir não somente a atitude do Congresso, como também a própria Constituição. Reescreveu a Constituição, dizendo, em outras palavras, que toda perda do mandato de um parlamentar condenado à prisão não é automática, a não ser nas hipóteses descritas na decisão.

No caso sob análise, a resposta era muito singela. O deputado deveria ir para a prisão, no regime determinado pela condenação. Como não poderia comparecer às sessões da Casa Legislativa, passaria a ter, em seu desfavor, as faltas e, em consequência, perderia seu mandato com base no Regimento Interno, que determina as hipóteses de cassação por ausência nos trabalhos do parlamento.

## REFERÊNCIAS

DWORKIN, Ronald. *O império do direito*. Trad. Jefferson Luiz Camargo. 3. ed. São Paulo: Martins Fontes, 2014.

HABERMAS, Jürgen. *Direito e democracia*: entre facticidade e validade. Trad. Flavio Beno Siebeneichler. Rio de Janeiro: Tempo Brasileiro, 1997. v. I e II.

KELSEN, Hans. *Teoria pura do direito*. Trad. João Baptista Machado. 8. ed. São Paulo: Martins Fontes, 2009.

MAUS, Ingeborg. O Judiciário como superego da sociedade: o papel da atividade jurisprudencial na "sociedade órfã". Trad. Martônio Lima e Paulo Albuquerque. *Revista Novos Estudos Cebrap*, n. 58, nov. 2000.

MÜLLER, Friedrich. *O novo paradigma do direito*: introdução à teoria e metódica estruturantes. Trad. Dimitri Dimoulis e outros. São Paulo: RT, 2008.

NOGUEIRA, Ítalo. Decisão do STF reduz tensão com Congresso, diz ministro. *Folha de S.Paulo*. São Paulo, 10 Ago. 2013. Disponível em: http://www1.folha.uol.com.br/poder/2013/08/1324523-decisao-do-stf-reduz-tensao-com-congresso-diz-ministro.shtml. Acesso em: 31 maio 2018.

PLATÃO. *Diálogos*. São Paulo: Nova Cultural, 1999.

STRECK, Lenio Luiz. *Dicionário de hermenêutica*: quarenta temas fundamentais da teoria do direito à luz da crítica hermenêutica do direito. Belo Horizonte: Casa do Direito, 2017.

---

[11] MAUS, Ingeborg. O Judiciário como superego da sociedade: o papel da atividade jurisprudencial na "sociedade órfã". Tradução Martônio Lima e Paulo Albuquerque. *Revista Novos Estudos Cebrap*, n. 58, nov. 2000.

_____. *Verdade e consenso*. 6. ed. São Paulo: Saraiva, 2017.

WARAT, Luis Alberto. *Por quien cantan las sirenas*. Unoesc/CPGD-UFSC, 1996.

_____. *Introdução geral ao Direito I*. Porto Alegre: Fabris, 1994.

---

## Questões para discussão

1. O que há de diferente, em termos teóricos, na postura do Ministro Barroso no caso Donadon em contraste com o caso Cassol?

2. Por que os ditos "métodos de interpretação" podem, à luz da coerência e integridade, acabar servindo como meros álibis retóricos?

3. Qual é a relação entre argumentos "metajurídicos" e o pragmatismo no Direito?

4. Por que o ativismo judicial pode ser considerado necessariamente antidemocrático?

5. Quais as diferenças (e a posterior, consequente semelhança) entre o positivismo legalista dos oitocentos e o positivismo como entendido pós-Kelsen?

# Caso 11 – ADI 1.721 e 1.770

## A CONSTITUIÇÃO ONIPRESENTE E OS RISCOS A INTERAÇÕES INTRASSISTÊMICAS: A EXPERIÊNCIA DO STF NO JULGAMENTO DOS EFEITOS DA APOSENTADORIA ESPONTÂNEA

**FÁBIO LIMA QUINTAS**

Doutor em Direito do Estado pela USP. Mestre em Direito do Estado pela UnB. Professor no curso de graduação em Direito e no mestrado acadêmico em Direito Constitucional da Escola de Direito de Brasília (EDB) do Instituto Brasiliense de Direito Público (IDP).

**FERNANDO HUGO R. MIRANDA**

Doutor e mestre em Direito do Trabalho pela USP. Mestre em Direito e Ciências do Trabalho Europeu pela Université de Toulouse 1 Capitole. Professor da Escola de Direito de Brasília (EDB) do Instituto Brasiliense de Direito Público (IDP).

**Sumário:** Introdução – 1. A relação entre contrato de trabalho e aposentadoria segundo a evolução legislativa. A hesitação da Lei nº 8.213/1991 e a resposta do § 2º do art. 453 da CLT – 2. O STF e a ressignificação constitucional do conceito de despedida arbitrária e sem justa causa – 3. A Constituição onipresente e o risco de asfixiar o desenvolvimento do direito legislado e interpretado pelos Tribunais – Referências.

## INTRODUÇÃO

A efeméride dos trinta anos da promulgação da Constituição da República de 1988 sugere um olhar retrospectivo a importantes decisões do Supremo Tribunal Federal (STF) e, na perspectiva deste exame, seus impactos nas diversas áreas do Direito. O enfoque atrai interesse da hermenêutica quando se questiona sobre os limites da interpretação constitucional com relação à construção de cânones de diversos ramos da dogmática jurídica. Há, afinal, algum direito para além da Constituição? É preciso – ou possível – supor que as premissas fundamentais, ou mesmo de institutos específicos, de todas as áreas do Direito deverão ser percebidas a partir de uma interpretação ou revisão constitucional?

Um palco disponível para um rápido teste à indagação proposta é o Direito do Trabalho, notadamente no tocante à reflexão do STF acerca dos efeitos da aposentadoria espontânea, negando-lhe a capacidade de pôr fim ao contrato de trabalho. No caso, a conclusão a que chegou a Corte – em censura ao estabelecido pela legislação e por uma consolidada jurisprudência da Justiça do Trabalho – é capaz de evidenciar que o STF presume, ainda que subliminarmente, ser possível extrair da Carta Magna não só valores fundantes, mas também regulação exaustiva de certos institutos específicos, retirando do legislador a competência para fazê-lo.

A revisitação do precedente sob tal ângulo apresenta-se preparatória ao desafio imposto ao STF, nesta quadra do trintídio da Constituição de 1988, pela promulgação da Lei nº 13.467/2017 (Reforma Trabalhista). Passado e futuro imediatos, pois, encontram-se na indagação sobre a identificação dos limites da Constituição para a fixação das figuras próprias e peculiares a certos ramos do Direito.

O artigo desenvolve-se em três momentos. No primeiro, será desenhada a contextualização legislativa que culminou com a edição da Medida Provisória nº 1.596-14/1997, convertida na Lei nº 9.528/1997, visando à compreensão da evolução do instituto e do problema. No segundo, examina-se a solução conferida à questão pelo STF, conforme decidido no conjunto das Ações Diretas de Constitucionalidade (ADI) nos 1.721 e 1.770. Reserva-se o terceiro momento a uma reflexão sobre a necessidade de a jurisdição constitucional prestada pelo STF dialogar de forma mais próxima com a dos Juízes e Tribunais, aproveitando-se do acúmulo de experiência institucional obtida pela jurisdição na resolução de conflitos.

# 1. A RELAÇÃO ENTRE CONTRATO DE TRABALHO E APOSENTADORIA SEGUNDO A EVOLUÇÃO LEGISLATIVA. A HESITAÇÃO DA LEI Nº 8.213/1991 E A RESPOSTA DO § 2º DO ART. 453 DA CLT

Para os propósitos deste estudo, é possível resumir a discussão a respeito dos efeitos da aposentadoria sobre o contrato de trabalho a uma só pergunta: a aposentadoria, em seu propósito intrínseco, importa na inatividade, em prêmio em face da conclusão do percurso profissional?

Uma das definições conferidas ao termo "aposentadoria" pelo Dicionário Michaelis, por exemplo, é o direito que tem o empregado de "retirar-se do serviço, recebendo uma remuneração"[1]. Algo há no senso comum que associa a aposentadoria à inatividade remunerada, é possível afirmar. O exame da legislação, no entanto, revela uma razoável dúvida a esse respeito.

A primeira lei orgânica da previdência social foi editada em 1960, tombada como Lei nº 3.807. Embora o texto não explicite a relação entre o contrato de trabalho e a aposentadoria, é possível identificar certas sutilezas que evidenciam a lógica segundo a qual a aposentadoria se prestaria a remunerar a inatividade. O § 3º do art. 5º, por exemplo, veda ao aposentado nova filiação em virtude de *outra* atividade ou emprego[2]. No mesmo sentido, em 1966, pelo Decreto-lei nº 66, houve a alteração do referido § 3º, com o estabelecimento do pecúlio. Ao aposentado que *voltasse* a trabalhar, passou a dispor o novo texto, dar-se-ia nova filiação ao sistema, com o acréscimo de um abono correspondente ao novo período de contribuição acumulado[3]. A nova inscrição, portanto, não concorreria com os direitos já acumulados.

Da mesma forma, ainda em 1962, a Lei nº 4.130 estabeleceu a possibilidade de o empregado passar a receber um benefício previdenciário adicional, desde que, mesmo preenchendo as condições para aposentar-se, optasse por dar *prosseguimento* ao contrato de trabalho[4].

A despeito de tais inclinações, a questão foi resolvida a partir da definição, pelo Decreto-lei nº 66/1966, do termo inicial de recebimento do benefício da aposentadoria por tempo de serviço. Dispôs a nova redação do § 7º do art. 32 da então Lei Orgânica:

---

[1] Disponível em: http://michaelis.uol.com.br/moderno-portugues/busca/portugues-brasileiro/aposentadoria/. Acesso em: 20 maio 2018.

[2] "§ 3º Aquêle que conservar a condição de aposentado não poderá ser novamente filiado à previdência social, em virtude de outra atividade ou emprêgo."

[3] "§ 3º O aposentado pela previdência social que voltar a trabalhar em atividade sujeita ao regime desta Lei será novamente filiado ao sistema, sendo-lhe assegurado, em caso de afastamento definitivo da atividade, ou, por morte, aos seus dependentes, um pecúlio em correspondência com as contribuições vertidas nesse período, na forma em que se dispuser em regulamento, não fazendo jus a quaisquer outras prestações, além das que decorrerem da sua condição de aposentado."

[4] Trata-se da nova redação conferida ao § 3º do art. 32 da Lei nº 3.807/1960: "§ 3º Todo segurado que com direito ao gôzo pleno da aposentadoria de que trata êste artigo optar pelo prosseguimento na emprêsa na qualidade de assalariado, fará jus a um abono mensal de 25% (vinte e cinco por cento) do salário de benefício, pago pela instituição de previdência social em que estiver inscrito".

§ 7º A aposentadoria por tempo de serviço será devida a contar da data do comprovado desligamento do emprêgo ou efetivo afastamento da atividade, que só deverá ocorrer após a concessão do benefício.

O texto, que condicionava o início da percepção do benefício à data de comprovação do desligamento do emprego, foi capaz de reunir o consenso em torno da fixação da extinção do contrato de trabalho como requisito para a aposentadoria por tempo de serviço. Pela redação, o empregado deveria requerer a concessão do benefício e, após seu deferimento, comprovar, no órgão, o desligamento do emprego, momento a partir do qual passaria a perceber a aposentadoria.

Esse estado de coisas foi conservado, em linhas gerais, pelas três décadas seguintes, com algumas alterações perpetradas pelas Leis nº 5.890/1973, 6.887/1980 e 6.950/1981. Foi, portanto, apenas a Lei nº 8.213/1991, atual regulamento do Plano de Benefícios da Previdência Social, que estabeleceu o novo marco legal sobre o qual recaíram as dúvidas aqui examinadas. Trata-se do art. 49, I, *b*, do diploma, segundo o qual será devido o benefício previdenciário, quando não se der o desligamento do emprego, a partir do requerimento. Eis o texto que conserva sua redação original:

Art. 49. A aposentadoria por idade será devida:

I – ao segurado empregado, inclusive o doméstico, a partir:

a) da data do desligamento do emprego, quando requerida até essa data ou até 90 (noventa) dias depois dela; ou

b) da data do requerimento, quando não houver desligamento do emprego ou quando for requerida após o prazo previsto na alínea "a".

A regra de 1991, a exemplo de suas antecessoras, não se ocupou de forma expressa da relação entre aposentadoria e contrato de trabalho. Contudo, ao modificar a regra sobre a qual recaía, por interpretação, a solução da questão, gerou a lacuna. Não tendo a legislação previdenciária exigido, para fins administrativos, a extinção do contrato para o início da percepção do benefício, seria possível afirmar que a aposentadoria não teria o condão de extinguir o contrato de trabalho?

Para alguns, o foco da discussão nunca esteve na legislação previdenciária, mas sim na própria legislação trabalhista. Para estes, a resposta à questão estaria no *caput* do art. 453 da CLT. O dispositivo, ao versar sobre a possibilidade de considerar, em contratos sucessivos, um só cômputo de serviço, excepcionava de tal benefício as hipóteses de despedida por falta grave ou percepção de indenização legal. E, a partir da Lei nº 6.204/1975, tornou-se também impeditivo à contagem acumulada o advento da aposentadoria espontânea.

Confira-se o texto a partir de 1975, formalmente em vigor até a presente data:

> Art. 453. No tempo de serviço do empregado, quando readmitido, serão computados os períodos, ainda que não contínuos, em que tiver trabalhado anteriormente na empresa, salvo se houver sido despedido por falta grave[5], recebido indenização legal ou se aposentado espontaneamente.

O art. 453 da CLT, portanto, refere-se à hipótese na qual o empregado não teria direito à unicidade contratual, sendo, portanto, válida a existência de *múltiplos* contratos – daí a utilização da expressão readmissão. Dito de outra forma, para o dispositivo, mesmo na existência válida de *distintos* contratos, seria possível a acumulação da contagem de um só tempo de serviço. O benefício, por exemplo, poderia ser utilizado para fins de configuração da estabilidade decenal a que aludia o art. 492 da CLT.

A aposentadoria espontânea, portanto, por consequência lógica – e não determinação expressa – importaria na extinção do contrato. Se a premissa de aplicação do dispositivo é a existência de múltiplos e diversos contratos, é preciso, por derivação, reconhecer que a segunda parte do dispositivo se refere a hipóteses de extinção do contrato de trabalho (falta grave, percepção de indenização legal e aposentadoria espontânea)[6].

---

[5] É preciso bem compreender o dispositivo. A acumulação do cômputo do tempo de contratos sucessivos, quando há fraude, decorre do reconhecimento da figura da unicidade contratual, ou seja, de um só contrato. Assim, por exemplo, admitida a fraude no ajuste de sucessivos contratos por prazo determinado, o reconhecimento da unicidade contratual independe de invocação do *caput* do art. 453 da CLT, decorrendo antes da primazia da realidade e da indisponibilidade da norma trabalhista. Nesse caso, mesmo se demitido o empregado por falta grave, terá direito à unicidade.

[6] Apenas para fins de registro, é importante relembrar que, no marco da redação originária da CLT, indenização legal advinha do que estabelecido nos arts. 477 e 478, não sendo devida quando o empregado desse causa à extinção do contrato.

DECISÕES CONTROVERSAS DO STF – *Direito Constitucional em casos*

Esse entendimento justificou, em 1989, a edição da Súmula nº 295 pelo Tribunal Superior do Trabalho, com a seguinte redação:

> Súmula 295 – Aposentadoria espontânea – Depósito do FGTS – Período anterior à opção. A cessação do contrato de trabalho em razão de aposentadoria espontânea do empregado exclui o direito ao recebimento de indenização relativa ao período anterior à opção. A realização de depósito na conta do Fundo de Garantia do Tempo de Serviço, cogitada no § 2º do artigo 16 da Lei 5.107/66, coloca-se no campo das faculdades atribuídas ao empregador. (Redação original – Res. 5/1989, *DJ* 14, 18 e 19.04.1989.)[7]

Independentemente de tal aspecto, é certo que o legislador, preocupado com a ambiguidade do *caput* do art. 453 da CLT e da lacuna decorrente da Lei nº 8.213/1991, entendeu por bem fixar, de forma expressa, que a aposentadoria voluntária importaria na extinção do contrato de trabalho. A regra foi estabelecida pela Medida Provisória nº 1.596-14/1997, convertida trinta dias depois na Lei nº 9.528/1997. Voltada à alteração de dispositivos das Leis nºs 8.212/1991 e 8.213/1991, a regra acrescentou os §§ 1º e 2º ao art. 453 da CLT, com a seguinte redação, preservando intocado o *caput*:

> § 1º Na aposentadoria espontânea de empregados das empresas públicas e sociedades de economia mista é permitida sua readmissão desde que atendidos aos requisitos constantes do art. 37, inciso XVI, da Constituição, e condicionada à prestação de concurso público.
>
> § 2º O ato de concessão de benefício de aposentadoria a empregado que não tiver completado 35 (trinta e cinco) anos de serviço, se homem, ou trinta, se mulher, importa em extinção do vínculo empregatício.

Pela disposição do § 2º, portanto, finalmente, desde o advento da lei orgânica da previdência social, a legislação nacional contava com disposição

---

[7]   Essa Súmula veio a ser alterada em 2003 (Res. nº 121/2003), passando a ter a seguinte redação: "Aposentadoria espontânea. Depósito do FGTS. Período anterior à opção. A cessação do contrato de trabalho em razão de aposentadoria espontânea do empregado exclui o direito ao recebimento de indenização relativa ao período anterior à opção. A realização de depósito na conta do Fundo de Garantia do Tempo de Serviço, de que trata o § 3º do art. 14 da Lei nº 8.036, de 11.05.1990, é faculdade atribuída ao empregador". E foi cancelada em 2008 (Res. nº 152/2008).

apontando a aposentadoria voluntária como hipótese explícita de extinção do contrato.

Esse quadro normativo levou o Tribunal Superior do Trabalho, por meio de sua Subseção de Dissídios Individuais I, em novembro de 2000, a editar a Orientação Jurisprudencial nº 177, com a seguinte redação:

> OJ-SDI-1-177 APOSENTADORIA ESPONTÂNEA. EFEITOS. A aposentadoria espontânea extingue o contrato de trabalho, mesmo quando o empregado continua a trabalhar na empresa após a concessão do benefício previdenciário. Assim sendo, indevida a multa de 40% do FGTS em relação ao período anterior à aposentadoria.

A clareza do dispositivo e da interpretação consolidada que se estabeleceu na Justiça do Trabalho, no entanto, em vez resolver em definitivo a questão, com a confirmação do entendimento até então adotado majoritariamente, animou o Supremo Tribunal Federal a rever, por completo, a figura.

Foi o que passou no julgamento da ADI nº 1.721, entendimento confirmado e aprofundado pela ADI nº 1.770.

## 2. O STF E A RESSIGNIFICAÇÃO CONSTITUCIONAL DO CONCEITO DE DESPEDIDA ARBITRÁRIA E SEM JUSTA CAUSA

A ADI nº 1.721 investiu contra o § 2º do art. 453 da CLT, enquanto a ADI 1.770 versou sobre seu § 1º. Em síntese, a pretensão declaratória fundou-se no argumento de que a definição da aposentadoria voluntária como hipótese de extinção do contrato de trabalho implicaria a perda do direito à indenização pela despedida sem justa causa, conforme definido no art. 10, I, do ADCT[8], a importar em ofensa também o art. 7º, I[9], da CF.

---

[8] "Art. 10. Até que seja promulgada a lei complementar a que se refere o art. 7º, I, da Constituição: I – fica limitada a proteção nele referida ao aumento, para quatro vezes, da porcentagem prevista no art. 6º, *caput* e § 1º, da Lei nº 5.107, de 13 de setembro de 1966."

[9] "Art. 7º São direitos dos trabalhadores urbanos e rurais, além de outros que visem à melhoria de sua condição social: I – relação de emprego protegida contra despedida arbitrária ou sem justa causa, nos termos de lei complementar, que preverá indenização compensatória, dentre outros direitos."

Tal efeito, é importante assinalar, decorre da aplicação da norma posta. A indenização pela extinção do contrato sem justa causa, conforme definido pelos invocados dispositivos constitucionais, foi regulamentada pela Lei nº 8.036/1990, que versa sobre o FGTS. Enquanto o art. 18, § 1º, determina a indenização consistente em 40% dos valores acumulados no Fundo na hipótese de despedida sem justa causa, o art. 20, I e III, estabelecem o direito de levantamento dos valores depositados ao longo do contrato nas hipóteses de despedida sem justa causa e aposentadoria, respectivamente.

Em síntese, tendo o § 2º do art. 453 da CLT definido a aposentadoria espontânea como hipótese de extinção do contrato de trabalho, sem, contudo, estabelecer uma indenização a ela associada – como se passa, por exemplo, com o pedido de demissão –, empregados ao se aposentarem teriam direito apenas ao levantamento do Fundo, sem qualquer indenização, nos termos do art. 20, III, da Lei nº 8.036/1990.

Para os autores das ADIs nºˢ 1.721 e 1.770, no entanto, a aposentadoria, por representar exercício regular de direito, não poderia importar em perda da indenização prevista na hipótese de despedida sem justa causa. Tal se dá, segue o argumento, pelo fato de as relações jurídicas empregatícias e previdenciárias serem de índole distinta. Com isso, nada impede que haja a continuação do contrato de trabalho após o requerimento da aposentadoria voluntária a que se refere o § 2º do art. 453 da CLT. Concerne, ainda, ao princípio da isonomia: seria anti-isonômico o tratamento diferenciado entre a aposentadoria proporcional – prevista no § 2º citado – e a aposentadoria integral, não citada no texto, nada justificando o ônus imposto apenas à primeira modalidade.

A medida liminar da ADI nº 1.721 foi julgada em 1997, tendo o mérito sido examinado em 2006. A medida liminar da ADI nº 1.770 foi julgada em 1998, com decisão de mérito também em 2006. Em ambas as situações, o STF acolheu a pretensão dos autores da ADI, na medida cautelar e no julgamento definitivo.

No julgamento da liminar da ADI nº 1.721 (que primeiro foi examinada pelo Plenário do STF), o voto condutor, da lavra do Min. Ilmar Galvão (Relator), mostrou-se sensível ao argumento de serem duas as relações jurídicas envolvidas. Assim, em regra, o benefício previdenciário não deveria repercutir na relação trabalhista, salvo as hipóteses de aposentadoria por invalidez ou a aposentadoria compulsória, por idade. Curiosamente, extraiu o fundamento de validade de tais figuras, precisamente, das respectivas previsões legais (art. 475 da CLT e art. 51 da Lei nº 8.213/1991), e não da Constituição.

Examinou, ainda, o caráter intrínseco da aposentadoria proporcional, nela reconhecendo uma propensão natural à manutenção das atividades profissionais, como meio de atingir a integralidade do benefício. Assim, não poderia ela constituir causa de extinção do contrato.

Em conclusão, relacionou a figura ao texto constitucional. A ligação foi realizada a partir da previsão do art. 7º, I, da Carta. Em síntese, entendeu que tornar a aposentadoria proporcional por idade modalidade de extinção do contrato de trabalho seria criar hipótese de extinção imotivada sem indenização, o que confrontaria o texto que previne demissões sem justa causa desacompanhada de indenização. Eis o núcleo do fundamento:

> O texto legal impugnado, portanto, ao atribuir à aposentadoria proporcional o efeito de extinguir a relação de trabalho, na verdade outra coisa não fez senão transformá-la em esdrúxula justa causa para despedida do empregado, sem sequer a indenização que é devida aos que atingem o limite de idade.
>
> Trata-se de dispositivo que por haver exonerado o empregador da obrigação de indenizar o empregado arbitrariamente despedido ofende o art. 7º, inciso I, da Constituição, não tendo, por isso, condição de subsistir como norma jurídica (fls. 11 do acórdão).

A corrente divergente minoritária procurou estabelecer um diálogo com a legislação e a prática trabalhista, merecendo menção o seguinte fragmento do voto do Min. Nelson Jobim, que abriu a divergência:

> Então, é da tradição do Direito brasileiro – e há fixação nesse sentido – que a aposentadoria espontânea extingue o contrato de trabalho e a compulsória o suprime, se requerido pela empresa, importando em a empresa pagar a indenização trabalhista (fls. 23).

O julgamento da liminar da ADI nº 1.721, ocorrido em 19.12.1997, se deu por maioria, vencidos quatro ministros[10]. O julgamento da medida

---

[10] A maioria se constituiu com os seguintes Ministros: Ilmar Galvão (relator), Marco Aurélio, Carlos Velloso, Sepúlveda Pertence, Néri da Silveira, Maurício Corrêa e Celso de Mello. A corrente divergente minoritária se formou com os votos dos Ministros Nelson Jobim, Octavio Gallotti, Sydney Sanches e Moreira Alves.

cautelar da ADI nº 1.770, em 1998, sofrendo os influxos da decisão proferida na ADI correlata, foi unânime.

É importante destacar que, mesmo após o julgamento da liminar, o Tribunal Superior do Trabalho manteve sua orientação de que a aposentadoria espontânea era causa de extinção do contrato de trabalho, mesmo nas hipóteses de o empregado continuar trabalhando na empresa. Com efeito, é digno de menção que o Tribunal Pleno do Tribunal do Superior do Trabalho conservou, no julgamento do ERR nº 628600/00, ocorrido em 28.10.2003, o entendimento contido na Orientação Jurisprudencial nº 177 (SBDI-1).

O mérito, examinado quase uma década após o julgamento da liminar, invocou princípios constitucionais, tais como o do valor social do trabalho, o do pleno emprego e o da existência digna, para declarar a inconstitucionalidade dos dispositivos legais. O STF também examinou a controvérsia constitucional à luz do art. 7º, I, da CF, para dele extrair o entendimento de que a Constituição teria estabelecido duas modalidades de proteção: (i) aquela que se viabilizaria pelas situações previstas em futura lei complementar; (ii) a que se daria pela majoração do custo das "despedidas sem outra causa que não seja a vontade unilateral do empregador", ou seja, pela fixação da indenização para as hipóteses de despedidas de iniciativa discricionária do empregador.

Esse é o cenário, segue a fundamentação, que teria sido desrespeitado pelo § 2º do art. 453 da CLT, uma vez que por ele se estabeleceu nova modalidade de extinção do contrato de trabalho sem indenização. E mais: teria gravado com ônus o exercício regular de um direito, na medida em que a escolha do empregado pela aposentadoria representaria a renúncia à indenização.

É possível apontar a seguinte passagem como síntese do núcleo do fundamento, na ADI nº 1.721:

> Não é isto, porém, o que se contém no dispositivo legal agora adversado. Ele determina o fim, o instantâneo desfazimento da relação laboral, pelo exclusivo fato da opção do empregado por um tipo de aposentadoria (a voluntária) que lhe é juridicamente franqueada. Desconsiderando, com isso, a própria e eventual vontade do empregador de permanecer com o seu empregado. E também desatento para o fato de que o direito à aposentadoria previdenciária, uma vez objetivamente constituído, se dá no âmago de uma relação jurídica entre o "segurado" do Sistema Geral de Previdência e o Instituto Nacional do Seguro Social. Às expensas, portanto, de um sistema atuarial-financeiro que é gerido por este Instituto mesmo. Não às custas desse ou daquele empregador (fls. 14 do acórdão).

Na ADI nº 1.770, cujo mérito foi julgado na mesma assentada, em outubro de 2006, foram esgrimidos fundamentos semelhantes. A ADI investia contra a determinação estabelecida no § 1º do art. 453 da CLT, segundo a qual o empregado público aposentado espontaneamente – e, pois, em figura mais ampla do que a disposta no § 2º, que se limitava à aposentadoria voluntária proporcional – deveria ser aprovado em novo concurso público para readmissão.

Eis o núcleo da fundamentação:

> Levando-se em conta também essa perspectiva, haveria inconstitucionalidade no § 1º do art. 453 da CLT, porquanto fundado nas mesmas premissas em que elaborado o § 2º do mesmo dispositivo: o de que a aposentadoria espontânea do empregado, no caso, de empresa pública ou sociedade de economia mista gera o rompimento do vínculo empregatício, o que traz como consequência a despedida arbitrária ou sem justa causa, não tendo o empregado nenhum direito à indenização (fls. 14 do acórdão).

Em síntese, portanto, o Tribunal entendeu que o instituto da extinção do contrato de trabalho teria suas premissas gerais estabelecidas já na própria Constituição, de forma que ao legislador não competiria o estabelecimento de novas balizas, segundo os valores de políticas legislativas que entendesse apropriados. Verdadeiramente, o Tribunal partiu da premissa, ainda que subliminar, de que as bases de construção do instituto da extinção do contrato de trabalho têm assento constitucional, tudo baseado na hermenêutica a partir do texto que refere à proteção contra "despedida arbitrária ou sem justa causa".

Em vista do julgamento definitivo das ADIs, o Tribunal Superior do Trabalho cancelou, em 30.10.2006, a Orientação Jurisprudencial nº 177 da SBDI-1.

## 3. A CONSTITUIÇÃO ONIPRESENTE E O RISCO DE ASFIXIAR O DESENVOLVIMENTO DO DIREITO LEGISLADO E INTERPRETADO PELOS TRIBUNAIS

É fácil constatar que o STF, no exercício de sua jurisdição constitucional, toma com frequência decisões sobre questões políticas, morais e jurídicas controvertidas, com eficácia *erga omnes* e efeito vinculante para o Poder Judiciário (e para a Administração Pública), esvaziando o poder decisório da jurisdição ordinária.

Não obstante, podem ocorrer situações em que juízes e Tribunais, premidos por fazerem a justiça do caso concreto e buscando atuar no espaço de seu livre convencimento, contrapõem-se a essas decisões da Suprema Corte criando distinções de natureza factual ou jurídica para afastar a sua incidência, como ocorreu no caso em análise, na medida em que o Tribunal Superior do Trabalho manteve seu entendimento, consubstanciado na OJ nº 177 (SBDI-1), mesmo após o deferimento das medidas cautelares nas ADIs nos 1.721 e 1.770.

Não se devem tomar essas tensões como anomalias.

Mirando a situação espanhola, Francisco Fernandes Segado observa que a existência de um Tribunal Constitucional cria um problema de articulação entre a jurisdição praticada pela Corte Constitucional e pelos outros Tribunais e juízes, cuja solução não passa por uma lógica cartesiana, que ofereça respostas inequívocas sobre a delimitação da competência das jurisdições[11]. É o que ocorre em sistemas jurídicos em que ambas as jurisdições convirjam na tutela dos direitos constitucionais, como acontece na Espanha e no Brasil.

Essa tensão entre o STF e os juízes e Tribunais, desse modo, precisa ser encarada com certa naturalidade, mas enfrentada com comedimento.

Nesse cenário, cumpre ao STF a grandeza de viabilizar uma relação mais harmônica com os juízes e Tribunais, como condição para fortalecer o seu papel institucional. De fato, é importante que o STF perceba que sua autoridade e o respeito às suas decisões não podem se pautar apenas pelo poder de revisão das decisões judiciais que estejam em desconformidade com seus precedentes. Até porque nenhum poder tem condições de sustentar sua autoridade somente pelo uso da força, sendo imprescindível alguma adesão voluntária às suas decisões.

Em função disso, entende-se que a criação de uma melhor sinergia entre a Corte e os demais órgãos do Poder Judiciário passa necessariamente pelo reconhecimento e valorização de certas capacidades da jurisdição ordinária pelo STF.

---

[11] SEGADO, Francisco Fernándes. El recurso de amparo en España como via de generación conflictual entre el Tribunal Supremo y el Tribunal Constitucional. In: SEGADO, Francisco Fernándes. *La Justicia Constitucional*: una visión de derecho comparado. Madrid: Dykinson-Constitucional, 2009. t. I (Los sistemas de Justicia Constitucional, las "dissentig opinions" el control de las omisiones legislativas, el control de "comunitariedad"), p. 218-219.

Nessa medida, é importante que o Supremo Tribunal Federal, ao apreciar questões de índole não constitucional (que muitas vezes são ancilares na apreciação de questões constitucionais), leve em consideração as construções já consolidadas no âmbito da jurisdição ordinária, prestando homenagem aos juízes e Tribunais (sobretudo ao entendimento firmado pelos Tribunais Superiores).

A proposição pode ser singelamente posta nos seguintes termos: na apreciação de uma questão constitucional, havendo a necessidade de o Tribunal Constitucional definir o correto sentido da moldura fático-jurídica do que lhe é submetido, o Tribunal Constitucional não deve desprezar o entendimento já firmado pelos juízes e Tribunais ordinários.

Essa forma de ver e lidar com as tensões entre jurisdição constitucional (exercida pela Suprema Corte) e jurisdição ordinária (exercida pelos demais Tribunais e juízes) encontra, na Itália, um exemplo relevante para a jurisdição pátria.

Lá, como aqui, não se olvida a função do Tribunal Constitucional na guarda da Constituição. Igualmente lá, na Itália, como aqui, no Brasil, há a aguda compreensão sobre a importância do princípio do livre convencimento dos juízes ordinários como expressão da imparcialidade do Poder Judiciário. Por isso, é inevitável que haja situações em que a decisão do Tribunal Constitucional desafie problemas de interpretação em face da jurisprudência e das práticas de aplicação que já se firmaram sobre o texto legal (e vice-versa).

Para lidar com essas tensões, o direito constitucional italiano desenvolveu, como princípio de interpretação constitucional, doutrina que se consagrou denominar como "direito vivente"[12], hoje incorporada por aquele Tribunal Constitucional, segundo a qual o Tribunal Constitucional deve considerar como um dado do problema constitucional a ser resolvido o significado judicial (sobretudo a fixada pelos Tribunais Superiores) de determinada matéria[13].

Prestigiar essa forma de ver o Direito conduziria o STF – ao abordar temas que exijam definição a respeito do conteúdo de termos como "relação de trabalho", "aposentadoria", "readmissão" – a prestar mais atenção ao entendimento sedimentado perante a jurisdição trabalhista (sobretudo o Tribunal Superior do Trabalho), que certamente pode oferecer um bom

---

[12] ZAGREBELSKY, Gustavo. La dottrina del diritto vivente. *Giurisprudenza Costituzionale*, v. 31, n. 5/6, p. 1148-1166, mag.-giu. 1986.

[13] VEGA, Augusto Martín de la. *La sentencia constitucional en Italia*. Madrid: Centro de Estudios Políticos y Constitucionales, 2003. p. 198-200.

ponto de partida para a decisão que será tomada no âmbito da jurisdição constitucional, em vista do acúmulo de conhecimento que pode oferecer a respeito do direito civil, previdência, do trabalho etc.

Não foi isso o que ocorreu no julgamento das ADIs n^{os} 1.721 e 1.770. Apesar dos votos divergentes apresentados no julgamento da Medida Cautelar na ADI nº 1.721, em 1997, não se observou por parte do STF uma deferência mínima com a jurisdição prestada durante anos pela Justiça do Trabalho.

Sem que haja qualquer desprestígio à competência do STF no exercício de sua função de garantir a supremacia da Constituição, é importante que a Corte se engaje no esforço de apreender os sentidos e os conceitos desenvolvidos pela jurisdição ordinária, a partir da legislação posta, na construção de suas decisões, até para que sejam reforçadas a unidade e a organicidade do sistema jurídico.

Por óbvio, isso não significa que o STF precise seguir o entendimento da jurisdição ordinária. O que se defende é que ele leve em consideração tanto as razões de decidir dessas Cortes quanto os efeitos decorrentes do exercício dessa jurisdição perante a sociedade, mesmo que seja para superar o entendimento que tem sido atribuído pelos Juízes e Tribunais.

No caso dos efeitos da aposentadoria espontânea no contrato de trabalho, tal como estabelecida no art. 453 da CLT, essa falta de diálogo representou não só prejuízo à segurança jurídica (a concessão de uma medida cautelar, que teve vigência por praticamente dez anos, criou uma situação de fato consumado), mas também superou a iniciativa do legislador e da jurisprudência consolidada a respeito do assunto na esfera trabalhista (uma vez que uma medida cautelar, dada com fundamento em *fumus bonis iuris*, negligenciou todo o desenvolvimento legislativo e as decisões das instâncias ordinárias que se estabeleceram num cenário com certa estabilidade legislativa).

Ignorar a construção legal acumulada por Tribunais Superiores pode acarretar outro efeito igualmente nocivo: a redução da consistência do sistema legal. Ao julgar certa matéria com a angular muito fechada em dado problema, a Corte Constitucional pode se descuidar de repercussões mais amplas das premissas que enuncia.

Na situação tratada, o Tribunal, como visto, equiparou a aposentadoria espontânea a uma demissão sem justa causa por iniciativa do empregador, ao entendimento de que o empregado, mesmo tendo a iniciativa do requerimento da aposentadoria, age em exercício regular do direito, pelo que a perda da indenização importaria em "esdrúxula justa causa". Daí a inconstitucionalidade do texto legal prevendo o efeito extintivo.

Adotada de forma ampla a premissa do julgado, surgem dúvidas sobre os limites impostos à ação do legislador como criador de hipóteses diversas de extinção do contrato de trabalho, para além da dicotomia justa causa/sem justa causa. Em hipóteses como da extinção do contrato por força maior, o legislador determinou a redução da indenização prevista na Constituição ao assumir que seus objetivos não se aplicariam à hipótese de redução da capacidade produtiva da empresa por eventos naturais.

Mais recentemente, a reforma trabalhista implementada pela Lei nº 13.467/2017 estabeleceu uma nova modalidade de extinção do contrato de trabalho, por simples acordo (art. 484-A). A nova disciplina também importa em redução da indenização constitucional, retirando, inclusive, o direito ao seguro-desemprego, tudo baseado na premissa de existência de um ajuste de vontades entre empregado e empregador, que passa a ser lícito a partir da nova disposição. Em outras palavras, o texto confere à indenização constitucional *status* de direito disponível, passível de interferências contratuais.

Ora, se a indenização prevista na Constituição não pode ter sua aplicação reavaliada pelo legislador, como aceitar modulações a partir da atividade legislativa? Tais extensões do entendimento do STF, no entanto, nunca foram consideradas seriamente, e não parece ter sido a intenção do STF que fossem. Ao que tudo indica, considerando o teor dos julgamentos e o posicionamento posterior da Corte Constitucional, a construção destinou-se única e exclusivamente à questão da aposentadoria espontânea.

A perda de sistematicidade, portanto, revela situação ainda mais preocupante: a invocação da onipresença da Constituição para intervenções seletivas e pontuais.

Investir no aprimoramento do diálogo institucional pode ser uma lição a ser extraída no aniversário de 30 anos da Constituição de 1988.

## REFERÊNCIAS

BRASIL. Supremo Tribunal Federal. ADI nº 1.721-MC, Tribunal Pleno, Rel. Min. Ilmar Galvão, j. 19.12.1997, *DJ* 11.04.2003.

_____. Supremo Tribunal Federal. ADI nº 1.721, Tribunal Pleno, Rel. Min. Carlos Britto, j. 11.10.2006, *DJ* 29.06.2007.

_____. Supremo Tribunal Federal. ADI nº 1.770-MC, Tribunal Pleno, Rel. Min. Moreira Alves, j. 14.05.1998, *DJ* 06.11.1998.

_____. Supremo Tribunal Federal. ADI nº 1.770, Tribunal Pleno, Rel. Min. Joaquim Barbosa, j. 11.10.2006, *DJ* 1º.12.2006.

SEGADO, Francisco Fernándes. El recurso de amparo en España como vía de generación conflictual entre el Tribunal Supremo y el Tribunal Constitucional. In: SEGADO, Francisco Fernándes. *La Justicia Constitucional*: una visión de derecho comparado. Madrid: Dykinson-Constitucional, 2009. t. I (Los sistemas de Justicia Constitucional, las "dissentig opinions" el control de las omisiones legislativas, el control de "comunitariedad").

VEGA, Augusto Martín de la. *La sentencia constitucional en Italia.* Madrid: Centro de Estudios Políticos y Constitucionales, 2003.

ZAGREBELSKY, Gustavo. La dottrina del diritto vivente. *Giurisprudenza Costituzionale*, v. 31, n. 5/6, p. 1148-1166, mag.-giu. 1986.

---

## Questões para discussão

1. Na perspectiva da cronologia das normas legais sobre aposentadoria, quando se deu o marco legal que inaugurou dúvidas sobre o efeito da aposentadoria no contrato de trabalho? No que consiste a suposta lacuna identificada?

2. Quais as duas relações jurídicas referidas pelos autores da ADI para justificar a tese de que a aposentadoria não pode importar em extinção do contrato de trabalho? Qual a relação do argumento com a previsão do art. 7º, I, da Constituição da República?

3. Considerando que a aposentadoria não extingue *per se* o contrato de trabalho, devendo outra ser a forma de sua extinção, é dado a empregadores demitirem unilateralmente seus empregados aposentados com fundamento na idade, ou seja, com intuito de rejuvenescer a força de trabalho e reduzir salários?

4. A demissão de empregados com fundamento na idade poderia ser considerada discriminatória, à luz da Lei nº 9.029/1995?

5. Qual seu entendimento a respeito do argumento defendido no texto de que o adequado exercício da jurisdição constitucional pelo STF exige um diálogo institucional mais próximo com os demais órgãos do Poder Judiciário e com o Poder Legislativo? Esse argumento é compatível com a função do STF como guardião da Constituição?

# Caso 12 – ADI 4.029/DF

## SEGURANÇA JURÍDICA POR UM FIO: O STF, O CONGRESSO NACIONAL E A (IN)CONSTITUCIONALIDADE DA REGULAMENTAÇÃO DA COMISSÃO MISTA DO ART. 62, § 9º, DA CONSTITUIÇÃO FEDERAL (ADI 4.029/DF)

**Marco Túlio Reis Magalhães**

Doutor em Direito pela USP e mestre pela UNB. Professor no curso de
Mestrado Profissional da EDB e em cursos de pós-graduação *lato sensu*.
Ex-assessor da Presidência do STF e de Gabinete de Ministro do STF.
Procurador federal com atuação junto aos tribunais superiores.

**Sumário:** Introdução – 1. A descrição do caso e do julgamento da ADI 4.029 – 2. Os fundamentos da decisão plenária de 07.03.2012 – 3. A nova decisão plenária de 08.03.2012 em razão da superveniente Questão de Ordem – 4. Aspectos controvertidos e polêmicos do julgamento da ADI 4.029 – 4.1 De penetra a convidada: a reversão da ilegitimidade ativa *ad causam* – 4.2 Autocontenção, ativismo judicial ou nada disso? – 4.3 Comissão mista: exigência constitucional estrita ou matéria *interna corporis*? – 4.4 De procedência parcial à improcedência: pílula do dia seguinte para controlar o "imprevisível"? – Conclusão – Referências.

## INTRODUÇÃO

O julgamento da Ação Direta de Inconstitucionalidade (ADI) 4.029 pelo Supremo Tribunal Federal (STF), em 2012, é um caso emblemático e certamente elegível para o conjunto de decisões bastante polêmicas e controversas da Suprema Corte brasileira nos últimos 30 anos.

O caráter polêmico e controverso dessa decisão evidencia-se pelo cerne da discussão jurídica trazida na ADI 4.029: a possibilidade e os limites do controle jurisdicional de constitucionalidade (i) dos pressupostos constitucionais de edição de medidas provisórias (critérios de relevância e urgência do art. 62, *caput*, CF/1988); e (ii) da tramitação legislativa de conversão de medidas provisórias em leis ordinárias, no âmbito do Congresso Nacional, em face das exigências constitucionais do art. 62, § 9º, CF/1988.

Corrobora essa evidência a constatação de situação peculiar: a modificação da decisão do Plenário da Corte, literalmente de um dia (07.03.2012, quarta-feira) para o outro (08.03.2012, quinta-feira), com substancial alteração do pronunciamento final de mérito (de parcial procedência à improcedência da ação, com declaração incidental de inconstitucionalidade) e da modulação dos efeitos jurídicos da decisão (não só em referência à lei impugnada na ADI 4.029, mas também a diversas outras leis decorrentes de conversão de medidas provisórias vigentes até aquele momento). A razão dessa mudança estaria ligada ao fato de que o STF teria aparentemente desconsiderado que a forma como decidiu o caso acarretaria risco de graves efeitos negativos ao ordenamento jurídico, em termos de segurança jurídica. E mais curioso: tal fato só teria sido percebido, ao que parece, em razão do alerta indicado em Questão de Ordem apresentada pelo advogado-geral da União na quinta-feira (08.03.2012).

Ao leitor atento e curioso, lanço à provocação, de antemão, dois indícios que apontariam a polêmica do presente caso. Em primeiro lugar, o registro da última fala constante dos debates que integraram o inteiro teor do acórdão analisado, em que constou a seguinte manifestação do Ministro Luiz Fux: "Resolvido um problema nacional".[1]

Em segundo lugar, o fato de estar ironicamente estampada – aparentemente sem intenção – na própria Ementa do referido julgado uma suposta contradição, pois no cabeçalho da Ementa se lê "[...]. Ação direta parcialmente procedente", enquanto consta no item 11 da Ementa algo bem diferente: "11. Ação direta julgada improcedente, declarando-se incidentalmente a inconstitucionalidade [...]".[2] Esse fraco indício de contradição é, para além

---

[1]     STF, ADI 4.029/DF, Rel. Min. Luiz Fux, Pleno, j. 08.03.2012, *DJe* 27.06.2012. Inteiro teor do acórdão, p. 88. Disponível em: http://redir.stf.jus.br/paginadorpub/paginador.jsp?docTP=TP&docID=2227089. Acesso em: 6 ago. 2018. As posteriores referências relativas às falas constantes do inteiro teor do acórdão ou menção a votos escritos dos ministros serão feitas com indicação da página correspondente do documento eletrônico disponível no sítio do STF, que conta com 89 páginas.

[2]     STF, ADI 4.029/DF, Inteiro teor do acórdão, p. 1 e 4.

de um mero erro de digitação, um convite para investigar mais a fundo esse interessante caso.

Assim, pretende-se aqui contextualizar o julgamento da ADI 4.029 e seus fundamentos jurídicos, buscando debater as controvérsias existentes, com o intuito de contribuir para uma crítica construtiva dos desafios e do papel do controle jurisdicional de constitucionalidade promovido pelo STF em face da Constituição Federal de 1988.

## 1. A DESCRIÇÃO DO CASO E DO JULGAMENTO DA ADI 4.029

Em 2008, a ADI 4.029 foi ajuizada pela Associação Nacional dos Servidores do IBAMA (ASIBAMA), com pedido liminar, em face da Lei 11.516/2007, fruto de conversão da Medida Provisória 366/2007, que criou o Instituto Chico Mendes de Conservação da Biodiversidade (ICMBio) – nova autarquia federal que absorveu parte das atribuições e recursos humanos do Instituto Brasileiro do Meio Ambiente e dos Recursos Naturais Renováveis.

Os autores da ação direta alegaram dois vícios de inconstitucionalidade formal da referida lei: (i) a MP 366/2007, que deu origem à Lei 11.516/2007, não cumpriria os requisitos de relevância e urgência exigidos pelo art. 62, *caput*, CF/1988; (ii) o processo legislativo de conversão da MP 366/2007 não teria observado o disposto no art. 62, § 9º, CF/1988, que assim dispõe: "Caberá à comissão mista de Deputados e Senadores examinar as medidas provisórias e sobre elas emitir parecer, antes de serem apreciadas, em sessão separada, pelo plenário de cada uma das Casas do Congresso Nacional".

Também se alegou vício de inconstitucionalidade material da referida lei, por violação dos princípios da eficiência e da proporcionalidade e do art. 225, *caput*, e § 1º, CF/1988, pois a criação do ICMBio fragmentaria a gestão ambiental nacional e enfraqueceria o Sistema Nacional do Meio Ambiente – fato que demonstraria ser desnecessária (ante a capacidade institucional do IBAMA), além de gerar despesas públicas supérfluas.

No STF, foi adotado o rito procedimental do art. 12 da Lei 9.868/1999. Em seguida, o advogado-geral da União defendeu a ilegitimidade ativa *ad causam*, por ausência de representatividade da ASIBAMA, bem como a improcedência da ação direta. O procurador-geral da República, por sua vez, manifestou-se pela improcedência do pedido, embora tenha defendido a legitimidade ativa *ad causam* da ASIBAMA. O Senado Federal prestou informações em sentido semelhante à Advocacia-Geral da União, destacando que a ausência de apreciação da Medida Provisória 366/2007 por comissão mista de Deputados e Senadores não seria razão de inconstitucionalidade – a exemplo do que decidido na ADI 3.289.

Em 2009, o então relator, Ministro Eros Grau, negou seguimento à ação direta por ausência de legitimidade ativa *ad causam* da autora. Opostos embargos declaratórios pela ASIBAMA, foram eles convertidos em agravo regimental e, posteriormente, providos pelo novo relator, Ministro Luiz Fux, que afirmou existir legitimidade ativa *ad causam* da autora e reconsiderou a decisão anterior para que novo julgamento de mérito fosse proferido.

O julgamento de mérito da ADI 4.029 ocorreu no dia 07.03.2012 (quarta-feira), tendo o Plenário do STF assim decidido:

> Decisão: **O Tribunal, por maioria** e nos termos do voto do Relator, **julgou parcialmente procedente a ação direta, com modulação da eficácia**, contra os votos dos Senhores Ministros Ricardo Lewandowski, que a julgava improcedente, e Marco Aurélio, que a julgava de todo procedente. Votou o Presidente, Ministro Cezar Peluso. Impedido o Senhor Ministro Dias Toffoli. Ausente, justificadamente, o Senhor Ministro Joaquim Barbosa. Falou, pela Advocacia-Geral da União, o Ministro Luís Inácio Lucena Adams, Advogado-Geral da União. Plenário, 07.03.2012[3] (grifo nosso).

Ao que tudo indica, essa decisão foi proferida pelo Plenário da Corte com a expectativa de ser definitiva e exauriente – sem necessidade de posteriores retificações ou esclarecimentos.

Contudo, no dia seguinte (08.03.2012), em razão da Questão de Ordem apresentada pelo advogado-geral da União, alegando a necessidade de revisão da decisão por risco de grave insegurança jurídica, o caso voltou a ser rediscutido, tendo-se alcançado, após novos debates, a seguinte decisão final que alterou a solução judicial anteriormente encontrada:

> Decisão: **O Tribunal acolheu questão de ordem** suscitada pelo Advogado-Geral da União, **para, alterando o dispositivo** do acórdão da Ação Direta de Inconstitucionalidade nº 4.029, **ficar constando que o Tribunal julgou improcedente a ação, com declaração incidental de inconstitucionalidade** do artigo 5º, *caput*, artigo 6º, §§ 1º e 2º, da Resolução nº 01/2002, do Congresso

---

[3] STF, ADI 4.029/DF, Inteiro teor do acórdão, p. 89.

Nacional, **com eficácia** *ex nunc* **em relação à pronúncia dessa inconstitucionalidade**, nos termos do voto do Relator, contra o voto do Senhor Ministro Cezar Peluso (Presidente), que julgava procedente a ação. Impedido o Senhor Ministro Dias Toffoli. Ausentes, justificadamente, o Senhor Ministro Joaquim Barbosa e, nesta questão de ordem, o Senhor Ministro Marco Aurélio. Plenário, 08.03.2012[4] (grifo nosso).

Constatada essa mudança de solução judicial adotada entre os dois momentos decisórios supramencionados, passa-se a uma breve exposição dos fundamentos adotados pelos ministros da Suprema Corte para o caso e para justificar a mencionada mudança decisória.

## 2. OS FUNDAMENTOS DA DECISÃO PLENÁRIA DE 07.03.2012

O relator do caso, Ministro Luiz Fux, ressaltou, preliminarmente, a importância de adequada compreensão da legitimidade ativa *ad causam* no processo de controle concentrado de constitucionalidade, afirmando ser inadequada uma interpretação demasiadamente restritiva do conceito de "entidade de classe de âmbito nacional", previsto no art. 103, IX, CF/1988. Nesse ponto, valeu-se das ideias de fomento de uma sociedade aberta de intérpretes da Constituição e da máxima otimização dos canais de participação democrática perante o Judiciário.

No tocante ao mérito da ação direta, o Ministro Luiz Fux acolheu as duas alegações de vício de inconstitucionalidade formal quanto ao processo legislativo, que culminou na edição da Lei 11.516/2007, mas negou provimento à alegação de inconstitucionalidade material.

Reconheceu o ministro a ocorrência de violação do art. 62, § 9º, CF/1988, ante a ausência de análise efetiva da MP 366/2007 por comissão mista de Deputados e Senadores, sendo inconstitucional o procedimento legislativo adotado no caso, consistente em simples nomeação de um parlamentar para, individualmente (e em substituição da comissão mista), examinar a medida provisória, emitir o parecer e levá-lo diretamente à apreciação do Plenário da Câmara, com posterior conversão da MP 366/2007 na Lei 11.516/2007.

---

4    STF, ADI 4.029/DF, Inteiro teor do acórdão, p. 89.

Nesse sentido, o referido procedimento legislativo, adotado com base nos arts. 5º, *caput*, e 6º, *caput* e parágrafos, da Resolução 01/2002, do Congresso Nacional, não seria suficiente para suprir a exigência constitucional específica de exame de medida provisória e emissão de parecer por uma comissão mista, prevista no art. 62, § 9º, CF/1988. A eventual justificativa de ausência de quórum de votação, a despeito de instauração da referida comissão mista, no entender do Ministro Luiz Fux, também não supriria aquela exigência constitucional.

O Ministro Luiz Fux também reconheceu a possibilidade de o STF poder exercer o controle da existência dos requisitos constitucionais de edição de medidas provisórias e, no caso, avaliou ter havido abuso de poder ao editá-las, ante a ausência do pressuposto de urgência para a edição da MP 366/2007, visto que as atribuições definidas para o ICMBio já eram exercidas regularmente pelo IBAMA.

Além disso, a fim de resguardar a validade de atos e fatos abrangidos pela Lei 11.516/2007 desde sua entrada em vigor, o Ministro Luiz Fux propôs a modulação dos efeitos da decisão, com eficácia *pro futuro*. Desse modo, a decisão não teria efeitos imediatos nem atingiria fatos e atos passados. Os efeitos da decisão de inconstitucionalidade seriam apenas futuros (prospectivos), a partir de 24 meses da data do julgamento da Suprema Corte, o que permitiria ao Poder Legislativo sanar os vícios formais e manter a lei impugnada, caso fosse de seu interesse. O ICMBio também poderia continuar a exercer suas atribuições regularmente até o referido prazo de 24 meses e, para o período subsequente, outra lei deveria ser editada para garantir a continuidade de existência da referida autarquia federal ambiental.[5]

Assim, o Ministro Luiz Fux propôs julgar a ADI 4.029 parcialmente procedente, por vícios de inconstitucionalidade formal da Lei 11.516/2007,

---

[5]   Assim consta no voto inicialmente proferido pelo Ministro Luiz Fux na sessão do dia 07.03.2012 (quarta-feira), disponibilizado no sítio do STF na internet no mesmo dia do julgamento: "[...] Entendo, ante as razões narradas, que é o caso de declarar a inconstitucionalidade da Lei Federal nº 11.516/07, não pronunciando, contudo, a sua nulidade pelo prazo de 24 (vinte e quatro) meses. Nesse prazo, poderá o Congresso Nacional aprovar nova Lei, de teor semelhante, que impedirá a solução de continuidade do Instituto Chico Mendes de Conservação da Biodiversidade (ICMBio). Em contrapartida, findo esse prazo, o referido diploma perde sua eficácia, deixando o ordenamento jurídico e permitindo a aplicação da normativa pretérita, que fora inconstitucionalmente revogada" (Disponível em: http://www.stf.jus.br/arquivo/cms/noticiaNoticiaStf/anexo/ADI4029.pdf. Acesso em: 6 ago. 2018).

modulando temporalmente os efeitos da pronúncia de nulidade (art. 27 da Lei 9.868/1999), com eficácia *pro futuro*, a partir de 24 meses a contar da prolação da decisão.

A maioria dos demais ministros (Rosa Weber, Cármen Lúcia, Ayres Britto, Gilmar Mendes, Celso de Mello e Cezar Peluso) seguiu o voto do Ministro Luiz Fux, concordando com a existência de vícios formais de inconstitucionalidade, embora alguns ministros tenham rejeitado o reconhecimento do abuso de poder quanto ao requisito de urgência da MP 366/2007 (limitando-se a reconhecer a violação do art. 62, § 9º, CF/1988, por não ter a comissão mista examinado e emitido parecer no caso)[6] e outros tenham manifestado maior reserva quanto à amplitude – ainda que não tenham discordado sobre a possibilidade – do controle jurisdicional dos requisitos constitucionais de edição de medidas provisórias pelo STF.

Dois ministros divergiram expressamente do Ministro Luiz Fux. De um lado, o Ministro Marco Aurélio julgou a ação direta totalmente procedente, nos termos do pedido inicial. De outro, o Ministro Ricardo Lewandowski julgou totalmente improcedente a ADI 4.029, entendendo que o procedimento adotado seria compatível com o art. 62, § 9º, CF/1988, configuraria matéria *interna corporis* e que o parecer da comissão mista não seria vinculante. Por fim, vale destacar que o Ministro Dias Toffoli estava impedido de proferir voto no caso e o Ministro Joaquim Barbosa não participou da sessão de julgamento.

## 3. A NOVA DECISÃO PLENÁRIA DE 08.03.2012 EM RAZÃO DA SUPERVENIENTE QUESTÃO DE ORDEM

Da noite daquela histórica quarta-feira para o dia seguinte (08.03.2012), espalharam-se rumores de que os fundamentos adotados pelo STF no caso da ADI 4.029 seriam igualmente aplicáveis a aproximadamente 500 outras medidas provisórias – muitas delas convertidas em lei sem análise e parecer da comissão mista prevista no § 9º do art. 62 da Constituição. Pior ainda: haveria muitas outras medidas provisórias em tramitação no Congresso Nacional que não observariam a referida exigência constitucional.

Esses rumores se materializaram em uma Questão de Ordem apresentada pelo advogado-geral da União no dia 08.03.2012. Requereu-se ao STF que: (i) o mesmo prazo de 24 meses fosse concedido ao Congresso Nacional

---

6    O Ministro Cezar Peluso reconheceu apenas o vício de inconstitucionalidade formal por não estar demonstrado o requisito de urgência para a edição da MP 366/2007.

para que este pudesse se adaptar à nova orientação fixada quanto à exigência da comissão mista do art. 62, § 9º, CF/1988, que superava o entendimento firmado no anterior julgamento da ADI 3.289; (ii) fossem resguardados os efeitos de todos os diplomas legais já editados conforme a Resolução 01/2002 do Congresso Nacional, a fim de evitar uma grave insegurança jurídica e uma corrida desenfreada ao Poder Judiciário.

Na tarde daquela quinta-feira, o Ministro Luiz Fux trouxe a Questão de Ordem para apreciação do Plenário da Corte. Ela provocou um intenso debate sobre diversos pontos: (i) as consequências jurídicas da decisão tomada e sua repercussão para além do caso da ADI 4.029 (pois serviria de fundamento para ajuizamento de inúmeras outras ações no controle difuso e concentrado de constitucionalidade); (ii) a necessidade de manter a solução jurídica de violação do art. 62, § 9º, CF/1988, afastando-se a aplicação da Resolução 01/2002 do Congresso Nacional; (iii) como a modulação temporal dos efeitos da decisão poderia solucionar esse impasse; (iv) se era caso de manter mesmo a procedência parcial da ação ou de mudar a solução judicial, em face de fatores que geravam efeitos para além do caso judicial analisado.

Por fim, o Plenário da Corte decidiu modificar substancialmente a solução judicial dada anteriormente ao caso, a partir da alteração do dispositivo do acórdão, no sentido de

> [...] ficar constando que o Tribunal julgou improcedente a ação, com declaração incidental de inconstitucionalidade do artigo 5º, *caput*, artigo 6º, §§ 1º e 2º, da Resolução nº 01/2002, do Congresso Nacional, com eficácia *ex nunc* em relação à pronúncia dessa inconstitucionalidade.[7]

## 4. ASPECTOS CONTROVERTIDOS E POLÊMICOS DO JULGAMENTO DA ADI 4.029

A exposição das principais ocorrências do julgamento da ADI 4.029 pelo STF permite evidenciar diversos aspectos polêmicos e controversos. Alguns deles serão discutidos a seguir em tópicos específicos.

---

[7] STF, ADI 4.029/DF, Inteiro teor do acórdão, p. 89.

## 4.1 De penetra a convidada: a reversão da ilegitimidade ativa *ad causam*

Um primeiro aspecto controverso é a reversão total da compreensão da legitimidade ativa da autora para propor a ação direta em um curto espaço de tempo (entre 2009 e 2012). O Ministro Eros Grau adotou postura interpretativa muito restritiva, enquanto o Ministro Luiz Fux apontou para uma compreensão mais alargada do conceito de "entidade de classe de âmbito nacional", previsto no art. 103, IX, CF/1988. Ao bater às portas do Judiciário, o primeiro barrou a entrada da autora e "acabou com a festa", enquanto o segundo a admitiu, entendendo estarem presentes as suas credenciais (inclusão no conceito constitucional e existência de pertinência temática), e "mandou seguir o baile".

A crescente visibilidade da atuação da Suprema Corte, aliada à repercussão de suas decisões, parece exigir, pouco a pouco, maior adesão a uma visão menos restritiva da legitimidade ativa no âmbito do controle concentrado de constitucionalidade.[8] Basta lembrar que o Ministro Luiz Fux, em seu voto, fundamentou-se nas ideias de democracia participativa e estímulo da participação da sociedade civil organizada na jurisdição constitucional, bem como na pertinência temática de agentes públicos de órgãos de proteção do meio ambiente – tema esse continuamente ressaltado em diversos votos como de extrema relevância constitucional.

Nesse ponto, o caso evidencia que a discussão do rigor interpretativo dos requisitos procedimentais pode influenciar decisivamente na maior abertura ou fechamento do canal de acesso à jurisdição constitucional, ainda que outros mecanismos – tais como admissão de *amicus curiae* e realização de audiências públicas – possam servir como válvula auxiliar de canalização de demandas de maior legitimação e participação nas decisões do STF.

## 4.2 Autocontenção, ativismo judicial ou nada disso?

Outro ponto controverso está presente na discussão meritória do caso: os limites do controle jurisdicional de constitucionalidade da atuação do Poder Legislativo, especialmente quanto ao processo legislativo de apreciação de medidas provisórias e de sua eventual conversão em lei. Três perguntas

---

[8]   A esse respeito, vide: SILVA, José Afonso da. *Comentário contextual à Constituição*. 9. ed. São Paulo: Malheiros, 2014. p. 569-570; MENDES, Gilmar Ferreira; BRANCO, Paulo Gustavo Gonet. *Curso de direito constitucional*. 9. ed. São Paulo: Saraiva, 2014. p. 1.133-1.138.

surgiram no debate do caso: (i) Pode haver controle dos pressupostos de edição de medidas provisórias? (ii) Em que medida? (iii) Pode haver controle do processo legislativo para exigir instauração e efetiva atuação da comissão mista prevista no art. 62, § 9º, CF/1988?

Esse tema é delicado e polêmico, pois envolve o Poder Legislativo diretamente e, por questão de princípio, o próprio Poder Executivo, que é o responsável pela edição da medida provisória. Discutir no STF a ausência/presença dos requisitos constitucionais de urgência e relevância significa rever, em certa medida, a justificativa dada pelo Executivo e, no caso em questão, a sua ratificação pelo Legislativo. Como lembrou o Ministro Ricardo Lewandowski, "Aí junta-se a vontade política do Poder Executivo à vontade política do Legislativo, [...]".[9]

Se a pergunta sobre a possibilidade de controle teve resposta positiva pela Suprema Corte,[10] a controvérsia instaurou-se quanto à amplitude e ao grau de revisão judicial.

No tocante ao controle dos requisitos de urgência e relevância das medidas provisórias, o voto do Ministro Luiz Fux evidencia uma postura mais ativa, pois afirmou que tal controle, "ao contrário de denotar ingerência contramajoritária nos mecanismos políticos de diálogo dos outros Poderes, serve à manutenção da Democracia e do equilíbrio entre os três baluartes da República", apontando, ainda, não ser novidade na jurisprudência da Corte essa postura e que, no caso, "o abuso de poder de editar Medidas Provisórias afigura-se evidenciado de forma patente [...]".[11]

Contudo, outros ministros mostraram-se mais cautelosos em defender uma ampla revisão judicial desses requisitos, excetuadas situações de

---

[9]   STF, ADI 4.029/DF, Inteiro teor do acórdão, p. 59. Acerca dessa interação e de sua revisão judicial, Cristina Queiroz relembra que: "[...] os juízes dos tribunais de justiça constitucional atuam num contexto que já foi objeto de interpretação por outros órgãos ou participantes no processo de decisão política (*v.g.*, políticos, parlamento, governo e juízes comuns)" (QUEIROZ, Cristina M. M. Controle de constitucionalidade: o controle jurisdicional da constitucionalidade. Democracia, poder judicial e justiça constitucional. In: BONAVIDES, Paulo; MIRANDA, Jorge; AGRA, Walter de M. *Comentários à Constituição Federal de 1988*. Rio de Janeiro: Forense, 2009. p. 1.567).

[10]  Embora o Ministro Marco Aurélio, no decorrer do debate, tenha relembrado em suas manifestações que "Durante muitos anos, o Supremo entendeu que não podia examinar o atendimento aos dois requisitos: relevância e urgência. Ficávamos, então, vencidos" (STF, ADI 4.029/DF, Inteiro teor do acórdão, p. 66).

[11]  STF, ADI 4.029/DF, Inteiro teor do acórdão, p. 23 e 26.

manifesto abuso ou erro gritante da medida legislativa. O Ministro Gilmar Mendes, por exemplo, relembrou haver um forte elemento de política inerente a esse exame, muitas vezes dependente de uma avaliação do próprio Executivo, seja para avançar em certos temas ou coibir abusos, seja para sinalizar uma mudança de postura da política governamental. Em sentido semelhante, o Ministro Ayres Britto consignou que tal avaliação – ainda que fosse absolutamente discricionária – seria subjetiva e partiria de uma avaliação de um quadro objetivo, que é feita pelo Presidente da República.

Agrega maior polêmica a esse debate o uso excessivo de medidas provisórias no Brasil, com alto poder – desejável ou não – de obstrução do poder de agenda do Congresso Nacional e com claro desestímulo de provocar um debate mais amplo de temas que poderiam ser inaugurados a partir de um projeto de lei ordinária.

Portanto, houve bastante controvérsia na compreensão dos limites do controle jurisdicional dos requisitos de urgência e relevância, verificada na solução do caso e na posição pessoal dos ministros do STF. Essa discussão demonstra um legítimo âmbito de controle de constitucionalidade do tema, mas que não se limita a uma contraposição simplória entre as ideias de autocontenção e ativismo judicial – embora elas certamente integrem essa análise.[12]

### 4.3 Comissão mista: exigência constitucional estrita ou matéria *interna corporis*?

Também a interpretação do art. 62, § 9º, CF/1988 escancara o caráter controverso do julgamento da ADI 4.029, sobretudo no que se refere à forma de sua implementação pelo Congresso Nacional. O Ministro Ricardo Lewandowski capitaneou entendimento de que a Resolução 01/2002 do Congresso Nacional seria plenamente compatível com a disposição constitucional, pois ela fixaria prazo de 14 dias para a comissão mista analisar e emitir parecer e,

---

[12] Segundo Alexandre de Moraes, "O bom senso entre a '*passividade judicial*' e o '*pragmatismo jurídico*', entre o '*respeito à tradicional formulação das regras de freios e contrapesos da Separação de Poderes*' e '*a necessidade de garantir às normas constitucionais a máxima efetividade*' deve guiar o Poder Judiciário, e, em especial, o Supremo Tribunal Federal na aplicação do *ativismo judicial*, [...], com o desenvolvimento de técnicas de autocontenção judicial, principalmente afastando sua aplicação em questões estritamente políticas, e, basicamente, com a utilização minimalista desse método decisório [...]" (MORAES, Alexandre de. *Constituição do Brasil interpretada e legislação constitucional*. 8. ed. São Paulo: Atlas, 2011. p. 44-47).

caso assim não procedesse, caberia a um parlamentar fazê-lo individualmente, levando a questão imediatamente ao Plenário da Câmara. Segundo o Ministro Lewandowski, esse mecanismo serviria para resolver impasses comuns de obstrução por ausência de quórum – como efetivamente teria ocorrido no caso – e funcionaria como uma espécie de avocação da questão pelo Plenário das duas Casas Legislativas (compatível com o princípio da proporcionalidade, pois os plenários têm representatividade de todas as correntes partidárias).

Em suma, esse posicionamento se assenta em uma visão mais procedimental, preocupada em não inviabilizar o prazo constitucional de apreciação legislativa das medidas provisórias na Câmara e no Senado. Sob esse enfoque, a Resolução 01/2002, do Congresso Nacional, tipificaria matéria *interna corporis*, traria fluidez ao *iter* procedimental em caso de manobras políticas indevidas e possibilitaria o funcionamento da comissão mista – ainda que não privilegiasse, por certa "indução coercitiva", a sua atuação efetiva.

Em oposição ao entendimento supramencionado, foi vencedora a tese mais atenta à finalidade essencial do rito legislativo de efetivo debate e emissão de parecer pela comissão mista de Deputados e Senadores, a qual não poderia deixar de ser considerada, inclusive em razão de sua expressa exigência constitucional. Essa finalidade essencial, segundo o Ministro Luiz Fux, não poderia ser amesquinhada, pois reduziria o papel fiscalizatório do Legislativo em face da atípica função legislativa do Executivo, além de pecar pela centralização de poder excessivo nas mãos de um parlamentar designado como relator para emissão do parecer sem qualquer escrutínio da matéria pelos demais congressistas. Também o Ministro Celso de Mello frisou que a Constituição quis um pronunciamento colegiado, e não uma manifestação unipessoal.

A reforçar a tese vencedora, foi apontado um segundo nível de controvérsia consistente na revisita e superação do anterior entendimento da Suprema Corte, fixado especialmente no julgamento da ADI 3.289.[13] É que, nesse caso, o STF havia discutido o tema no ano de 2005, ou seja, temporalmente muito próximo à então recente mudança implementada pela Emenda Constitucional 32/2001.[14] Naquele momento, a Corte avaliou que

---

[13]   ADI 3.289/DF, Rel. Min. Gilmar Mendes, Pleno, j. 05.05.2005, *DJe* 03.02.2006.

[14]   José Levi Amaral Júnior relembra que a EC 32/2001 alterou diversos aspectos da tramitação congressual da medida provisória que antes eram regulados por normas regimentais (*interna corporis*) e, após a referida Emenda, passaram a ter previsão constitucional (AMARAL JÚNIOR, José Levi Mello do. Art. 62 (Comentário). In: CANOTILHO, José Joaquim Gomes et al. (Coord.). *Comentários à Constituição do Brasil*. São Paulo: Saraiva/Almedina, 2013. p. 1.153).

essa falha procedimental, caso existisse, não poderia ainda ser tomada com excessivo rigor de reprovação, a ponto de ser declarada inconstitucional.[15] Ocorre que, no entender da maioria dos ministros, após uma década do novo desenho institucional, esse proceder interpretativo do STF, que resguardou um espaço de ação legislativa próprio de um período de transição a um novo desenho institucional, estava acabando por acobertar uma inércia do Legislativo e estimulando um descumprimento reiterado e notório do art. 62, § 9º, CF/1988 pelo Congresso Nacional. A excepcional válvula de escape pensada para acomodar uma situação transitória virou regra, acelerando indevidamente a tramitação legislativa por meio da redução de uma fase do debate político. Como lucidamente sintetizou o Ministro Gilmar Mendes, "isso se tornou um tipo de Direito Costumeiro, só que Direito Costumeiro inconstitucional".[16]

Toda essa polêmica aponta para a dificuldade de o STF ingressar no debate das engrenagens do delicado e complexo processo legislativo atinente à apreciação de medidas provisórias, sabidamente desafiado por inúmeros conflitos políticos e déficit de funcionalidades do próprio desenho institucional (a exemplo da discussão mais concreta do trancamento de pauta legislativa ou da discussão mais teórica de ser essa medida legislativa originariamente pensada em sistemas parlamentaristas), para, cirurgicamente, exigir observância efetiva do art. 62, § 9º, CF/1988 e garantir a força normativa da Constituição. Aqui se escancara o controvertido desafio de promover equilíbrio dinâmico entre a finalidade essencial da norma constitucional e os empecilhos próprios do jogo político. O descompasso dessa calibragem pode inviabilizar o próprio funcionamento do Legislativo.

Lapidar, nesse ponto, a afirmação do Ministro Ayres Britto de que "a filosofia da Constituição, em matéria de medida provisória, não é de boa vontade; é como se as medidas provisórias fossem toleráveis, mas não desejáveis".[17] Por isso se evidencia que a deliberação e a ampla discussão pela comissão mista ganham relevo prático e jurídico-constitucional para escancarar pontos polêmicos, registrar o debate, constranger eventuais

---

[15] Relembre-se que o § 9º do art. 62 foi incluído na Constituição pela EC 32/2001.

[16] STF, ADI 4.029/DF, Inteiro teor do acórdão, p. 36.

[17] STF, ADI 4.029/DF, Inteiro teor do acórdão, p. 49. Nesse contexto, relembra Manoel Gonçalves Ferreira Filho que: "A previsão de um Legislativo ligado à 'separação de poderes' não é hoje suficiente para impedir que, aberta ou disfarçadamente, o Executivo se torne o (mais frequente) legislador" (FERREIRA FILHO, Manoel Gonçalves. *Estado de Direito e Constituição*. 4. ed. São Paulo: Saraiva, 2007. p. 52).

abusos e dar ampla publicidade ao que se legisla para a sociedade brasileira, sem que isso, necessariamente, signifique inviabilizar o processo legislativo ou engessar o uso da medida provisória, que, sabidamente, tem méritos e pontos positivos.[18]

## 4.4 De procedência parcial à improcedência: pílula do dia seguinte para controlar o "imprevisível"?

Talvez o ponto mais controverso que possa elevar o julgamento da ADI 4.029 ao panteão das decisões mais polêmicas da Suprema Corte, nos últimos 30 anos, seja a consideração de dois aspectos: o grau de mudança do dispositivo do acórdão e a velocidade/forma de sua ocorrência.

A polêmica não reside na possibilidade da mudança em si do dispositivo da decisão, que é comum e normalmente se vincula à correção de erros materiais e vícios de omissão, obscuridade ou contradição inerentes ao próprio julgamento. No entanto, não foi bem isso o que ocorreu.

A solução judicial inicialmente adotada, a partir da técnica decisória de parcial procedência do pedido (por inconstitucionalidade formal vinculada à inobservância do art. 62, § 9º, CF/1988), com eficácia *pro futuro* dos efeitos de inconstitucionalidade da Lei 11.516/2007 (para 24 meses após a prolação da decisão do STF), em si mesma, não tinha nada de errado. Em termos técnico-jurídicos, não constituía algo estranho ou incomum.[19]

Contudo, ao que parece, o STF não teria se apercebido do forte impacto simbólico e prático que a solução judicial adotada teve – para muito além dos efeitos esperados para resolver a questão posta na ADI 4.029.

Em termos simbólicos, a mensagem emitida pela Corte seria a de que as leis vigentes que decorreram de conversão de medidas provisórias sem efetiva análise colegiada e parecer da comissão mista, mas apenas sustentadas em parecer unipessoal de parlamentar designado por força da Resolução 01/2002 do Congresso Nacional, também poderiam ser, em tese,

---

[18] José Levi acentua a utilidade positiva da medida legislativa, o que não se confunde, necessariamente, com a vulgarização de seu uso (cf. AMARAL JÚNIOR, José Levi Mello do. *Medida provisória*: edição e conversão em lei; teoria e prática. São Paulo: Saraiva, 2012. p. 251).

[19] Para estudo pormenorizado sobre as técnicas e tipos decisórios no controle de constitucionalidade de normas e seus efeitos, consulte: MENDES, Gilmar Ferreira; BRANCO, Paulo Gustavo Gonet. *Curso de direito constitucional*. 9. ed. São Paulo: Saraiva, 2014. p. 1.283 e ss.

consideradas inconstitucionais. O resultado alcançado pelo STF permitiria que o acórdão fosse usado como fundamento exemplar (paradigma) para impugnação de diversas outras leis e medidas provisórias em situação semelhante.

Em termos práticos, isso significaria, a um só tempo, uma série de consequências impactantes para o Judiciário, para o Legislativo e para o próprio ordenamento jurídico. A abertura dos portões do Judiciário para discussão imediata da constitucionalidade do processo legislativo de aproximadamente 500 medidas provisórias que foram convertidas em lei e que seguiram o referido "atalho procedimental" inconstitucional – sem mencionar todas as demais medidas provisórias ainda em trâmite e sem a observância estrita do art. 62, § 9º, CF/1988 – seria um grande problema. Para piorar o cenário, a possibilidade de que o questionamento judicial não se limitasse ao âmbito do controle concentrado de constitucionalidade no STF, espraiando-se, possivelmente, para todo o Judiciário, pela via do controle incidental (difuso) de constitucionalidade, seria outro grave problema.

Para o Poder Legislativo, esse cenário significaria a necessidade de inesperada e intensa atribuição extraordinária para "remendar" o erro em todos os casos já analisados e em um provável curto espaço de tempo. Por seu turno, para o ordenamento jurídico, em termos de segurança jurídica, a decisão do STF poderia trazer mais dúvida do que estabilidade jurídica, mais externalidades negativas do que positivas.

Para apimentar o caráter controvertido do caso, o incomum e peculiar contexto não passou despercebido. Em primeiro lugar, o remédio encontrado para abortar ou, ao menos, redimensionar a decisão judicial inicial, fora administrado no dia seguinte ao julgamento de 07.03.2012. Em segundo lugar, a administração desse remédio iniciara-se pela via de uma Questão de Ordem apresentada pelo advogado-geral da União, que acabou, na prática, equiparando-se a um recurso ou pedido de reconsideração.

Independentemente disso, ao reabrir a discussão do caso por meio da referida Questão de Ordem, o Ministro Luiz Fux buscou apresentar o problema e uma nova solução a partir de uma tríade qualificadora da postura judicial de uma Suprema Corte nos dias atuais: ora minimalista, ora maximalista, ora consequencialista. E, para o "imprevisto" problema recolocado à mesa para julgamento, ele defendeu que a última postura devesse ser adotada. O debate que se seguiu demonstra a complexidade e o potencial impacto das decisões do STF, em termos de segurança jurídica, para o equilíbrio do ordenamento jurídico e para a estabilidade institucional e harmonia entre os Poderes da República.

Alguns aspectos ainda chamam a atenção nesse debate. Não há dúvida sobre a gravidade da questão e a necessidade de seu equacionamento. Isso foi muito bem exposto nas manifestações de diversos ministros.[20] Contudo, não se pode dizer, desde logo, que o "imprevisto" consistia apenas na "surpresa" quanto ao avassalador número de leis votadas sem observância estrita da atuação efetiva da comissão mista. Afinal de contas, não seria difícil pressupor esse cenário negativo, visto que a tendência do trâmite legislativo, desde 2005, estava mais para a preferência do lado do "atalho procedimental" do que para o lado do cumprimento do art. 62, § 9º, CF/1988.

Pode-se dizer que o "imprevisível" também residiria na ausência de explicitação de um melhor exercício preventivo de prognose judicial sobre os possíveis efeitos da decisão tomada em sede de ação direta. Nesse sentido, parece ser cada vez mais relevante que o STF desenvolva, em casos de modulação temporal da eficácia decisória, uma espécie de régua mínima de perguntas, considerações e avaliações – como certo roteiro mínimo de *checklist* – acerca dos possíveis efeitos jurídicos e extrajurídicos, intramuros e extramuros de suas decisões judiciais. Esse modo de proceder poderia eventualmente contribuir para trazer ganhos positivos ao controle dessas situações capazes de causar forte insegurança jurídica.

Outro aspecto controverso merece destaque. Essa mudança considerável da parte dispositiva não parece ter se limitado à nova calibragem da modulação dos efeitos decisórios em face dos impactos indesejados em termos de segurança jurídica. Ela também parece refletir, em certa medida, a rediscussão indireta dos próprios fundamentos do acórdão proferido no dia anterior. É que a tentativa de consertar o "imprevisível", a partir da conjugação da manutenção da procedência parcial da ADI 4.029 (o que significaria a inconstitucionalidade da Lei 11.516/2007) com a revisão da modulação da eficácia da decisão, não parecia resolver satisfatoriamente o problema. Era preciso garantir que não houvesse margem para que a decisão da ADI 4.029 servisse de rediscussão de diversas outras leis em situação semelhante.

---

[20]  Relembre-se que o Ministro Ricardo Lewandowski afirmou que: "Essa questão de ordem é até mesmo uma questão de ordem pública" (STF, ADI 4.029/DF, Inteiro teor do acórdão, p. 75). E também o Ministro Gilmar Mendes assim se pronunciou: "De fato, a situação é extremamente grave, talvez uma das mais graves com as quais nós já tenhamos nos deparado, tendo em vista a dimensão, que vai muito além do caso que foi objeto de discussão, uma vez que, pelo que se fala, de alguma forma poderia incidir sobre algo em torno de quinhentas leis ou medidas provisórias já convertidas em lei" (STF, ADI 4.029/DF, Inteiro teor do acórdão, p. 78).

Daí por que foi adotada a solução de optar pela ideia de que a Lei 11.516/2007 seria "ainda constitucional", com o fim de resolver adequadamente o caso e, ao mesmo tempo, refrear as externalidades negativas indesejáveis e "imprevistas".[21] Isso seria alcançável pela declaração de improcedência da ação direta e pela declaração incidental de inconstitucionalidade do "atalho procedimental" da Resolução 01/2002 do Congresso Nacional, com eficácia *ex nunc*. Essa fórmula manteria viva a mensagem de ser exigível, a partir de então, a estrita observância do art. 62, § 9º, CF/1988, com atuação efetiva da comissão mista, sem que houvesse abertura de questionamento do procedimento legislativo adotado para as anteriores leis enquadradas na mesma situação ou para aquelas medidas provisórias em tramitação no Congresso Nacional.

Nesse imbróglio jurídico, ficou evidente que, no xadrez da solução jurídica dada ao caso, em certa medida, os argumentos de inconstitucionalidade por ausência do requisito de urgência e por inobservância do art. 62, § 9º, CF/1988 tiveram que recuar para uma composição satisfatória do problema imediato previsto e do problema sistêmico "imprevisto".

## CONCLUSÃO

O julgamento da ADI 4.029 reflete uma decisão emblemática e controversa. A discussão do mérito mistura-se com o tema da harmonia e independência entre os Poderes da República. A discussão das peculiaridades procedimentais do processo legislativo expõe intrincados desafios do jogo político-legislativo, bem como os limites de sua revisão pelo STF.

Todo esse contexto revela algo maior: a magnitude do poder da Suprema Corte para intervir – com maior ou menor sorte e sucesso – no ordenamento jurídico, na estabilidade das relações jurídicas, no equilíbrio institucional dos Poderes e nos próprios rumos do País. Esse desafio está conferido em forma de competência dada pela Constituição ao STF. Exercer essa atribuição é uma grande responsabilidade constitucional.

O julgamento da ADI 4.029 também evidencia controvérsias sobre como as decisões do STF são capazes de gerar efeitos previstos para decidir um caso específico e efeitos sistêmicos "imprevistos" e indesejáveis que se descolam

---

[21] A respeito da declaração de constitucionalidade das leis e a questão da "lei ainda constitucional", vide: MENDES, Gilmar Ferreira; BRANCO, Paulo Gustavo Gonet. *Curso de direito constitucional*. 9. ed. São Paulo: Saraiva, 2014. p. 1.297-1.299.

dele. E que a tentativa de refrear esses últimos efeitos pode exigir da Corte mudanças substanciais na forma de decidir e – talvez até mesmo – nos próprios fundamentos decisórios.[22] Um descuido no ajuste dessa sintonia fina pode trazer grave insegurança jurídica quando se trata de controle concentrado de constitucionalidade. No caso analisado, seria até possível dizer, metaforicamente, que, por sorte, o STF veio a ser *salvo pelo gongo* (personificado aqui pela Questão de Ordem).

Assim como as Meras Cloto, Láchesis e Átropo personificavam a regulação do destino de cada ser humano na mitologia grega – a primeira tecendo o fio da vida desde o nascimento, a segunda esticando-o e enrolando-o (muitas vezes embolando, prendendo ou dando nós nele), e a terceira cortando o fio (significando o fim da vida) –,[23] também os ministros do Supremo poderiam personificar, em certa medida, a figura de fiandeiros que têm a Constituição como sua roda de tear para regular a vida jurídica do País e de seus cidadãos, a partir do manuseio de um fio que engloba fatos constitutivos (tal como Cloto), modificativos (tal como Láchesis) e extintivos (tal como Átropo) de direitos e deveres.

Entretanto, o desajuste e a falta de sintonia fina no exercício do controle jurisdicional de constitucionalidade poderiam transformar a roda de tear em roda da fortuna (carregada de enorme imprevisibilidade) e, ao som de famoso trecho da cantata Carmina Burana de Carl Orff, o Supremo poderia colocar em risco – e entregar ao destino – a ordem e a segurança jurídicas.

Se a comparação anteriormente referida parecer vã para alguns, manter viva a lembrança desse mito, no contexto aqui investigado, pode ser um conselho útil para refletir sempre sobre o papel da Suprema Corte, o impacto de suas decisões e o valor do juízo de prudência no ofício judicante de seus ministros. Ao menos para a Suprema Corte norte-americana isso parece ter algum sentido, pois na parte frontal de seu prédio principal, flanqueando as escadarias que lhe dão acesso, há dois grandes candelabros de mármore, cujas bases quadradas contêm quatro painéis em alto relevo: um deles ostenta a

---

[22] Basta lembrar as reviravoltas ocorridas nesse caso: de procedência parcial à improcedência do pedido; de lei inconstitucional a lei "ainda constitucional"; de modulação *pro futuro* a modulação *ex nunc*; de patente abuso do poder de editar medidas provisórias ao contrário disso; de ICMBio com vício de nascimento e prazo de validade a ICMBio hígido e constitucionalmente sadio. E tudo isso podendo ocorrer de um dia para outro.

[23] Cf. GRIMAL, Pierre. *Dicionário da mitologia grega e romana*. Trad. Victor Jabouille. Rio de Janeiro: Bertrand Brasil, 1992. p. 306.

figura da Justiça, enquanto os demais contêm nada menos do que as figuras das Meras Cloto, Láchesis e Átropo.[24]

## REFERÊNCIAS

AMARAL JÚNIOR, José Levi Mello do. Art. 62 (Comentário). In: CANOTILHO, José Joaquim Gomes et al. (Coord.). *Comentários à Constituição do Brasil*. São Paulo: Saraiva/Almedina, 2013. p. 1145-1155.

_____. *Medida provisória*: edição e conversão em lei; teoria e prática. São Paulo: Saraiva, 2012.

FERREIRA FILHO, Manoel Gonçalves. *Estado de Direito e Constituição*. 4. ed. São Paulo: Saraiva, 2007.

GRIMAL, Pierre. *Dicionário da mitologia grega e romana*. Trad. Victor Jabouille. Rio de Janeiro: Bertrand Brasil, 1992.

MENDES, Gilmar Ferreira; BRANCO, Paulo Gustavo Gonet. *Curso de direito constitucional*. 9. ed. São Paulo: Saraiva, 2014.

MORAES, Alexandre de. *Constituição do Brasil interpretada e legislação constitucional*. 8. ed. São Paulo: Atlas, 2011.

QUEIROZ, Cristina M. M. Controle de constitucionalidade: o controle jurisdicional da constitucionalidade. Democracia, poder judicial e justiça constitucional. In: BONAVIDES, Paulo; MIRANDA, Jorge; AGRA, Walter de M. *Comentários à Constituição Federal de 1988*. Rio de Janeiro: Forense, 2009. p. 1.559-1.573.

SILVA, José Afonso da. *Comentário contextual à Constituição*. 9. ed. São Paulo: Malheiros, 2014.

---

[24] Na língua inglesa, as Meras (ou Moiras) costumam ser definidas como *The Three Fates*. Sobre a arquitetura do prédio da Suprema Corte, consultar a página da referida instituição, no campo *Building Features*. Disponível em: https://www.supremecourt.gov/about/buildingfeatures.aspx. Acesso em: 8 ago. 2018.

208 | DECISÕES CONTROVERSAS DO STF – *Direito Constitucional em casos*

## Questões para discussão

1. Quais fundamentos foram utilizados a favor e contra a legitimidade ativa da autora da ação direta de inconstitucionalidade, fundada no art. 103, IX, CF/1988, e como esse debate pode influenciar a legitimação do processo de controle de constitucionalidade?

2. Como o STF discutiu a possibilidade e a amplitude da revisão judicial dos requisitos constitucionais para edição de medidas provisórias (relevância e urgência – art. 62, *caput*, CF/1988) e em que medida essa discussão se conecta com o princípio da separação de Poderes (art. 2º, *caput*, CF/1988)?

3. Que elementos de ordem jurídica e política podem ser hauridos do caso estudado como determinantes para fundamentar o entendimento de que a exigência de efetiva instauração e atuação da comissão mista de Deputados e Senadores para exame de medidas provisórias (art. 62, § 9º, CF/1988) não é matéria *interna corporis*, mas sim norma constitucional de observância obrigatória do processo legislativo?

4. A mudança de técnicas decisórias de controle de constitucionalidade e de modulação dos efeitos jurídicos no tempo (art. 27, Lei 9.868/1999), tal como observada no caso estudado, pode influenciar a mudança dos próprios fundamentos decisórios do STF?

5. Que pontos controvertidos do julgamento do caso estudado podem contribuir para a discussão do papel institucional do STF, especialmente sobre a natureza do controle de constitucionalidade e sobre a repercussão das decisões (quanto à atuação do Poder Legislativo e do Poder Executivo, à promoção da segurança jurídica e à estabilidade do ordenamento jurídico)?

# Caso 13 – RE 630.147/DF

## CRITÉRIOS PARA PROCLAMAÇÃO DE RESULTADO NOS CASOS DE EMPATE NO STF: LIÇÕES DE UMA (NÃO) DECISÃO QUE ARRUINOU AS ELEIÇÕES DE 2010 NO DISTRITO FEDERAL

JORGE OCTÁVIO LAVOCAT GALVÃO

Advogado e professor adjunto da Universidade de Brasília (UnB) e do curso de mestrado do Instituto Brasiliense de Direito Público (IDP). Doutor em Direito Constitucional pela Universidade de São Paulo (USP). Mestre em Direito pela New York University (NYU). *Visiting Researcher* na Yale Law School.

### I

No dia 23.09.2010, o Plenário do Supremo Tribunal Federal (STF) foi palco de uma das mais longas e improdutivas sessões de sua história. Com efeito, às vésperas das eleições, faltando apenas dez dias para a votação em primeiro turno, não se sabia se os candidatos enquadrados como inelegíveis pela Lei da Ficha Limpa poderiam, ou não, concorrer às eleições gerais daquele ano. A dúvida jurídica consistia em saber se o art. 16 da Constituição Federal de 1988[1], que fixa o chamado princípio da anualidade eleitoral, impediria a aplicação da Lei Complementar nº 135, de 04.06.2010 (Lei da Ficha Limpa), ao mesmo ano de sua edição.

Em pauta estava o julgamento do Recurso Extraordinário nº 630.147/DF, interposto contra acórdão do Tribunal Superior Eleitoral, no qual se discutia a situação do candidato que liderava, até então, as pesquisas para o cargo de Governador do Distrito Federal. O referido candidato havia renunciado ao cargo de Senador da República em 2007 a fim de evitar processo de cassação. Tendo

---

[1] "Art. 16. A lei que alterar o processo eleitoral entrará em vigor na data de sua publicação, não se aplicando à eleição que ocorra até um ano da data de sua vigência".

em vista tal fato, a Justiça eleitoral enquadrou-o na hipótese do art. 2º, "k", da LC 64/1990, que dispõe que aqueles que renunciarem a seus mandatos desde o oferecimento de representação capaz de autorizar a abertura de processo de perda do cargo tornam-se inelegíveis nos oito anos subsequentes ao término da legislatura.

Do ponto de vista temporal, não havia dúvida de que a Lei Complementar nº 135/2010 havia sido editada a menos de um ano das eleições, o que, portanto, atrairia o princípio da anualidade. Contudo, o Ministro Ayres Britto, relator do caso, entendeu que não se estaria diante de mudança do "processo eleitoral", dado que a própria Constituição, no art. 14, § 9º, ordena que se observe a vida pregressa do potencial candidato, de maneira que não haveria qualquer inovação no ordenamento jurídico. Após mais de 11 horas de debates, votaram na linha do relator os Ministros Joaquim Barbosa, Cármen Lúcia, Ricardo Lewandowski e Ellen Gracie. Já os Ministros Dias Toffoli, Gilmar Mendes, Marco Aurélio, Celso de Mello e o presidente Cezar Peluso entenderam ser necessário observar o interregno de um ano para que a Lei da Ficha Limpa passasse a vigorar. Para essa corrente, somente em 2011 a lei teria eficácia jurídica.

Chegou-se, assim, a um inusitado empate de 5 a 5, tendo em vista a vacância da cadeira Ministro Eros Grau, que havia se aposentado alguns meses antes. Passo seguinte, iniciou-se uma discussão sobre qual seria o critério a ser adotado para proceder ao desempate. Formaram-se duas correntes: os cinco ministros que votaram pela aplicação da Lei da Ficha Limpa já em 2010 entenderam que deveria prevalecer o acórdão do Tribunal Superior Eleitoral, enquanto os outros cinco ministros contrários à sua aplicação concluíram que deveria prevalecer a posição do Ministro Presidente, que teria o chamado voto de qualidade. Com o novo impasse, na madrugada do dia 24, à 1h15, os ministros decidiram suspender a sessão indefinidamente, deixando em aberto a pauta quanto à inelegibilidade do candidato em questão.

## II

Faltando apenas poucos dias para a realização das eleições, obviamente que seria recomendável que o STF tivesse esclarecido quais candidaturas seriam viáveis, como efetivamente se tentou fazer na madrugada do dia 24 de setembro de 2010. A possibilidade de empate na votação entre os ministros já era previsível, principalmente entre os membros da Corte. A pergunta que exsurge, nesse contexto, é se não seria possível adotar, de antemão, um critério de desempate a fim de evitar todo o constrangimento pelo qual a Corte passou. Em outras palavras, não haveria um precedente de empate para servir de parâmetro? Qual deveria ser a atitude do Presidente Cezar Peluso diante do fatídico impasse?

Tratando-se o STF de um órgão de tradição centenária, a hipótese obviamente não era nova. Em razão de inevitáveis vacâncias no Tribunal e de eventuais impedimentos de um ou de outro magistrado, a Corte sempre teve que lidar com a possibilidade de ocorrer empate em suas votações.

No Mandado de Segurança nº 21.689, julgado em dezembro de 1993, por exemplo, em que se discutia a constitucionalidade do ato do Senado Federal que cassou os direitos políticos do ex-Presidente Fernando Collor, mesmo tendo este renunciado ao mandato antes de finalizado o processo de *impeachment*, o STF viu-se diante de um obstáculo: em razão do impedimento dos Ministros Marco Aurélio, Sydney Sanches e Francisco Rezek, e tendo havido empate na votação do *writ*, tornou-se impossível a proclamação de um resultado definitivo. O tribunal resolveu, então, com base na antiga redação do art. 40 de seu regimento interno[2], convocar três juízes do Superior Tribunal de Justiça (STJ) para concluir a votação.

A solução de convocar magistrados exógenos para decidir causa de tamanha envergadura não passou imune a críticas, como bem deixou registrado o Ministro William Patterson, convocado do STJ, em seu voto:

> Seria desnecessário dizer a satisfação e orgulho que temos nós, Juízes do Superior Tribunal de Justiça, de integrar, eventualmente, este Pretório Excelso, para colaborar em julgamento de tamanha magnitude. Todavia, as críticas que se levantaram, algumas de compreensível aspecto jurídico, conduzem-me a prestar esclarecimento, para registros futuros. A convocação feita por Vossa Excelência, Senhor Presidente, com o apoio dos eminentes pares, observou a normatividade regimental consagrada na tradição do sistema judiciário pátrio. A providência não tem o significado que alguns pretenderam dar. O Supremo Tribunal Federal não está transferindo a outro Tribunal a decisão que lhe cabia e cabe. Está, ao contrário, exercitando o direito de não permitir impasse no julgamento[3].

---

[2]  A antiga redação do art. 40 preceituava que: "Para completar *quorum* no Plenário, em razão de impedimento ou licença superior a três meses, o Presidente do tribunal convocará Ministro licenciado, ou, se impossível, Ministro do Tribunal Federal de Recursos, que não participará, todavia, da discussão e votação das matérias indicadas nos arts. 7º, I e II, e 151, II".

[3]  STF, Mandado de Segurança nº 21.689, Rel. Min. Carlos Velloso, *DJ* 07.04.1995, p. 442.

212 | DECISÕES CONTROVERSAS DO STF – *Direito Constitucional em casos*

Também o então presidente do STF, Ministro Otacvio Gallotti, veio a público justificar a medida tomada pela Corte, afirmando que "a convocação de Ministros, primeiramente do Tribunal Federal de Recursos, depois do Superior Tribunal de Justiça, é um velho e uniforme procedimento, assentado pelo Regimento em seu art. 40 e pela praxe do Supremo Tribunal Federal"[4]. Comprovou sua afirmativa, citando oito casos em que teria havido convocação de magistrados de outros tribunais para compor o quórum do STF.

Se tal prática era relativamente bem aceita até então, o que se percebe é que, desde o julgamento do referido caso, que envolvia questões políticas delicadas, o STF evitou adotar essa solução. É de registrar, contudo, que, nos 17 anos subsequentes ao caso, não houve maiores discussões sobre o tema, visto não ter ocorrido qualquer situação de empate mais relevante.

Isso porque em situações ordinárias, em que o empate ocorre em razão da ausência de algum magistrado, aguarda-se o retorno do ministro faltante ou a nomeação de um juiz para o cargo vago. É o que ocorreu, por exemplo, no Mandado de Segurança nº 24.875, em que, após empate na votação, se decidiu aguardar pelo voto do Ministro Ricardo Lewandowski, que sequer havia tomado posse.

Com a edição da Emenda Regimental nº 35 de 2009, extirpou-se de vez a possibilidade legal de convocação de juízes do STJ para compor o quórum do tribunal[5]. A partir de então, verificada uma situação de empate no Plenário, concedeu-se ao voto do presidente maior peso na deliberação, criando-se a figura do "voto de minerva" no âmbito do STF[6], excepcionando-se duas situações previstas no art. 146 do RISTF: a) havendo a necessidade de votação por maioria absoluta e ocorrendo empate na votação, considera-se julgada a questão, proclamando-se a solução contrária à pretendida pelo requerente; e

---

[4]  STF, Mandado de Segurança nº 21.689, Rel. Min. Carlos Velloso, *DJ* 07.04.1995, p. 440.

[5]  O art. 40, que permitia a convocação dos ministros do STJ, passou a ter a seguinte redação: "Para completar *quorum* no Plenário, em razão de impedimento ou licença superior a 30 (trinta) dias, o Presidente do Tribunal convocará o Ministro licenciado".

[6]  "Art. 13. São atribuições do Presidente: [...]
IX – proferir voto de qualidade nas decisões do Plenário, para os quais o Regimento Interno não preveja solução diversa, quando o empate na votação decorra da ausência de Ministro em virtude de:
a) impedimento ou suspeição;
b) vaga ou licença médica superior a 30 (trinta) dias, quando seja urgente a matéria e não se possa convocar Ministro licenciado".

b) no julgamento de *habeas corpus*, deverá prevalecer a decisão mais favorável ao paciente no caso de empate[7].

Coincidência ou não, foi a partir dessa alteração regimental que ocorreram as situações mais dramáticas desde o caso Collor. Foi no julgamento da Ação Penal nº 433, em 11.03.2010, que se cogitou pela primeira vez do uso do voto de qualidade da então Presidente Ellen Gracie. Após empate em 5 a 5 na votação quanto à condenação do réu e ausente na sessão o Ministro Eros Grau, percebeu-se que não haveria tempo hábil para aguardar o voto de desempate, pois o crime prescreveria no dia seguinte à sessão plenária. A Corte, todavia, entendeu não se tratar de caso urgente a autorizar o voto de minerva da presidente, deliberando aguardar o voto faltante, ainda que tal ato acabasse por fulminar a pretensão punitiva do Estado.

Já na presidência do Ministro Cezar Peluso, alguns impasses marcantes impuseram várias releituras do regimento interno da Corte. Como mencionado, às vésperas das eleições gerais de 2010, chegaram ao STF dois recursos extraordinários, dos candidatos Joaquim Roriz e Jader Barbalho, que discutiam a aplicabilidade da Lei da Ficha Limpa no ano de sua edição, tendo em vista o princípio da anualidade eleitoral prevista no art. 16 da Constituição da República. Ao apreciar a matéria, a Corte chegou ao empate na votação, em face da vacância da cadeira do Ministro Eros Grau, que se havia aposentado alguns meses antes. Considerando a proximidade do pleito, não havia dúvida de que a questão demandava uma solução urgente. O Ministro Peluso, contudo, recusou-se a proferir o voto de qualidade, deixando a questão para ser definida pelo Plenário. Ocorreu um novo impasse quanto ao critério de desempate a ser adotado: cinco ministros defendiam que a orientação do presidente deveria prevalecer, enquanto outros cinco votavam pela manutenção do acórdão recorrido[8].

Coube ao decano da Corte encontrar uma solução para o caso. Abrindo mão do ponto de vista externado no julgamento dos recursos, o Ministro Celso de Mello propôs que a Corte aplicasse, por analogia, o art. 205, parágrafo

---

[7] "Art. 146. Havendo, por ausência ou falta de um Ministro, nos termos do art. 13, IX, empate na votação de matéria cuja solução dependa de maioria absoluta, considerar-se-á julgada a questão proclamando-se a solução contrária à pretendida ou à proposta.
Parágrafo único. No julgamento de *habeas corpus* e de recursos de *habeas corpus* proclamar-se-á, na hipótese de empate, a decisão mais favorável ao paciente".

[8] Cf. a seguinte notícia no sítio eletrônico da ConJur, do dia 23.09.2019: http://www.conjur.com.br/2010-set-23/supremo-retoma-julgamento-aplicacao-lei-ficha-limpa.

único, II, do Regimento Interno do STF[9], no sentido de que, em caso de empate, deveria ser mantida a decisão impugnada, proferida pelo Tribunal Superior Eleitoral (TSE)[10].

Esse entendimento, contudo, logo foi superado. Com a nomeação, em 2011, do Ministro Luiz Fux para a vaga deixada pelo Ministro Eros Grau, a questão da aplicação da Lei da Ficha Limpa para as eleições de 2010 foi desempatada em sentido contrário ao entendimento do TSE[11]. Com base nesse precedente, o candidato Jader Barbalho opôs embargos de declaração contra o acórdão que lhe fora desfavorável. O julgamento do recurso, realizado em 14.11.2011, terminou novamente empatado em razão da vacância da cadeira deixada pela Ministra Ellen Gracie. Nesse caso, entretanto, o Presidente Cézar Peluso decidiu proclamar o resultado favoravelmente ao candidato, utilizando-se de sua prerrogativa de prolatar o voto de qualidade. Assim, o acórdão do TSE foi reformado pelo STF[12].

Tratando-se de caso em que se discute a constitucionalidade de uma lei, contudo, há uma complexidade maior, devendo-se prestar atenção se se trata de controle difuso ou concentrado. Como se sabe, o art. 97 da Constituição Federal de 1988 estabelece a regra do *full bench*, preceituando que "somente pelo voto da maioria absoluta de seus membros ou dos membros do respectivo órgão especial poderão os tribunais declarar a inconstitucionalidade de lei". Assim, uma das conclusões possíveis é a de que, não havendo seis votos

---

[9]  "Art. 205. Recebidas as informações ou transcorrido o respectivo prazo, sem o seu oferecimento, o relator, após vista ao Procurador-Geral, pedirá dia para julgamento, ou, quando a matéria for objeto de jurisprudência consolidada do tribunal, julgará o pedido.

Parágrafo único. O julgamento de mandado de segurança contra ato do Presidente do *Supremo Tribunal Federal* ou do *Conselho Nacional da Magistratura* será presidido pelo Vice-Presidente ou, no caso de ausência ou impedimento, pelo Ministro mais antigo dentre os presentes à sessão. Se lhe couber votar, nos termos do art. 146, I a III, e seu voto produzir empate, observar-se-á o seguinte: [...]

II – Havendo votado todos os Ministros, salvo os impedidos ou licenciados por período remanescente superior a três meses, prevalecerá o ato impugnado".

[10]  Cf. o que foi noticiado pela ConJur, no dia 07.10.2010: http://www.conjur.com.br/2010-out-27/empate-faz-supremo-manter-decisao-tse-ficha-limpa.

[11]  Veja entrevista dada por Luiz Fux sobre seu voto no caso da Ficha Limpa em: http://www.conjur.com.br/2011-mar-28/fux-nao-encontrou-argumentos-juridicos-manter-ficha-limpa.

[12]  STF, Embargos de Declaração no Recurso Extraordinário nº 631.102, Rel. Min. Joaquim Barbosa, Rel. p/ acórdão Min. Dias Toffoli, *DJe* 02.05.2012.

pela inconstitucionalidade das leis questionadas, devem elas ser consideradas constitucionais no controle concentrado.

Por outro lado, havendo empate na votação de recurso extraordinário, uma das soluções já aplicada pela Corte é a de que, não resultando maioria para reforma do acórdão atacado, mantém-se a conclusão do tribunal *a quo*, ou seja, caso adotadas as soluções mais ortodoxas, haveria uma contradição entre os resultados obtidos no âmbito dos controles difuso e concentrado.

Nenhuma das decisões, todavia, teria efeito vinculante. Como se sabe, os acórdãos proferidos em controle concentrado, bem como em recursos extraordinários afetados ao rito da repercussão geral, vinculam, ordinariamente, os demais casos que tramitam nas instâncias inferiores. O mesmo não ocorre quando não se obtém o mínimo de seis votos a favor de uma das orientações. É o que restou decidido, por exemplo, na Ação Direta de Inconstitucionalidade (ADI) nº 4.167, julgada em 27.04.2011, em que se discutia a constitucionalidade de lei federal que fixou piso nacional para os professores da educação básica[13]. Na ocasião, o Ministro Dias Toffoli declarou-se impedido, o que resultou em empate na votação. A rigor, como não houve seis votos para declarar a inconstitucionalidade da norma, concluiu-se pela improcedência da ação. No entanto, o STF deliberou que, não atingido o quórum de maioria absoluta para qualquer dos lados, aquela decisão não produziria efeitos vinculantes, o que, na prática, permite que os tribunais inferiores decidam de maneira diferente[14].

De modo semelhante, no julgamento do Recurso Extraordinário nº 596.152, decidido em 13.10.2011, a Corte defrontou-se com outro empate decorrente da vacância da cadeira da Ministra Ellen Gracie. Discutia-se a possibilidade de retroação da Lei nº 11.343/2006, que trouxe nova causa de diminuição da pena para aqueles considerados "pequenos traficantes". Reconhecida a repercussão geral do tema e tendo havido empate na votação, o Plenário deliberou que, no caso concreto, deveria prevalecer a interpretação mais benéfica ao réu, mas que a decisão não teria eficácia vinculante. Foi exatamente esta a observação da Ministra Cármen Lúcia ao fim do julgamento, de que, "em que pese a repercussão geral ter sido reconhecida, vai

---

[13] STF, Ação Direta de Inconstitucionalidade nº 4.167, Rel. Min. Joaquim Barbosa, *DJe* 27.04.2011.

[14] Tal conclusão partiu da interpretação do parágrafo único do art. 23 da Lei 9.868/1999 que exige, para o controle concentrado, o quórum de maioria absoluta tanto para a declaração de inconstitucionalidade quanto para o juízo de constitucionalidade.

ser necessário que se retorne [o tema] para que se consolide o entendimento que passará a vincular"[15]. É relevante notar que se estava diante de uma das duas hipóteses de não aplicação do voto de qualidade do presidente, já que se tratava de recurso em *habeas corpus*.

## III

Percebe-se, pois, que havia inúmeros critérios que poderiam ser utilizados para se proclamar o resultado do Recurso Extraordinário nº 630.147/DF. A única solução que não parecia razoável, naquele momento, era a suspensão do julgamento por tempo indefinido, uma vez que o tempo era fator crucial para a definição das eleições que ocorreriam na semana seguinte. No entanto, para se alcançar alguma decisão, seria necessário que algum dos ministros concordasse em alterar sua orientação quanto ao critério de desempate a ser utilizado ou que o Ministro Presidente, atuando como condutor dos trabalhos do Pleno, proclamasse o resultado que entendesse mais correto. Tendo em vista os acalorados debates ocorridos naquela fatídica sessão, a primeira opção estava claramente descartada.

À época, o Ministro Presidente afirmou, durante a sessão de julgamento, que não teria "vocação para déspota", razão pela qual não se utilizaria da prerrogativa conferida pelo art. 13, IX, do Regimento Interno do STF. O que talvez o ministro não tenha percebido é que cabe ao presidente do Tribunal proclamar o resultado, utilizando-se, ou não, do voto de minerva. Com efeito, o presidente do STF possui inúmeras competências inerentes ao cargo, inclusive a de proclamar os resultados das votações do Plenário. Havendo um empate, a decisão sobre como proclamar o resultado do caso era do presidente, por mais ingrata que fosse essa função: cabia a ele dar a interpretação final ao Regimento Interno do tribunal. Ao se furtar de decidir, o presidente talvez tenha evitado se indispor com os seus colegas de Corte, mas causou constrangimento sem precedentes àqueles que realmente se importavam com a definição do caso: o eleitorado do Distrito Federal.

De fato, a "não decisão" acarretou graves consequências para o pleito no Distrito Federal. Até o início da última semana antes da votação em primeiro turno não se sabia se o candidato que liderava as pesquisas poderia ser empossado no cargo. Com receio de perder o seu legado político, o então candidato indicou sua esposa, sem nenhuma experiência política, para substituí-lo nas

---

[15] STF, Recurso Extraordinário nº 596.152, Rel. Min. Ricardo Lewandowski, Rel. p/ acórdão Min. Ayres Britto, *DJe* 10.02.2012.

urnas. A falta de qualificação da candidata ficou patente nos debates que se seguiram, tendo ela protagonizado cenas de manifesto constrangimento público que levaram à vitória de seu adversário, candidato de pouca expressão, que muito provavelmente só se sagrou vencedor das eleições em razão das circunstâncias criadas pelo Poder Judiciário. Tanto isso é verdade que, nas eleições de 2014, o então Governador, que assumiu o cargo com a ajuda da "não decisão", tentou se reeleger, mas não conseguiu sequer avançar para o segundo turno.

O mais irônico disso tudo é que, alguns meses após a "não decisão" da Suprema Corte, o próprio Ministro Presidente, em caso idêntico, utilizou-se do voto de qualidade em favor de candidato ficha-suja ao Senado Federal. Os julgamentos da Corte influenciaram o resultado de eleições majoritárias em dois Estados da Federação, com critérios distintos, aplicados pelo mesmo ministro. Não há dúvida de que o eleitorado assistiu a tudo com certa perplexidade. Com efeito, o cidadão percebe estar sendo governado por um déspota quando verifica que não são adotados critérios isonômicos para decidir casos similares. Se a intenção era fugir dessa pecha, o resultado foi inglório.

---

### Questões para discussão

1. Tendo sido a Lei da Ficha Limpa editada no mesmo ano das eleições, havia dúvida razoável quanto à aplicação do princípio da anualidade ao caso (art. 16 da CF/1988)?

2. A menos de dez dias das eleições, a omissão da Corte em decidir se o candidato líder das pesquisas poderia concorrer em razão da Lei da Ficha Limpa teve o condão de impactar o resultado das eleições?

3. Verificando a ocorrência de empate no julgamento do recurso extraordinário, quais seriam as opções para proclamar o resultado?

4. O presidente do STF teria legitimidade para prolatar o voto de qualidade?

5. Havendo dúvida quanto à aplicação da Ficha Limpa, não seria mais prudente autorizar a participação do candidato nas eleições, em obediência ao princípio democrático?

# PARTE 4
# ATIVISMO JUDICIAL
# E CONTROLE DE
# CONSTITUCIONALIDADE

# Caso 14 – ADPF 54/DF

## O ABORTO E O EXPLÍCITO ATIVISMO JUDICIAL

**LENIO LUIZ STRECK**

Mestre e Doutor em Direito pela Universidade Federal de Santa Catarina. Pós-doutor pela Universidade de Lisboa. Professor titular do programa de pós-graduação em Direito (mestrado e doutorado) da Unisinos. Membro catedrático da Academia Brasileira de Direito Constitucional (ABDConst.). Presidente de honra do Instituto de Hermenêutica Jurídica, IHJ (RS-MG). Membro da comissão permanente de Direito Constitucional do Instituto dos Advogados Brasileiros (IAB), do Observatório da Jurisdição Constitucional do Instituto Brasiliense de Direito Público (IDP), da *Revista Direitos Fundamentais e Justiça*, da *Revista Novos Estudos Jurídicos*, entre outros. Coordenador do Dasein, Núcleo de Estudos Hermenêuticos. Ex-Procurador de Justiça do Estado do Rio Grande do Sul.

**Sumário:** 1. De como tudo começou com um *habeas corpus* – 2. O ativismo judicial em ação – 3. Do aborto de feto anencefálico ao aborto de feto saudável – 4. A ponderação à brasileira alavancando o ativismo judicial – Referências.

## 1. DE COMO TUDO COMEÇOU COM UM *HABEAS CORPUS*

Discussões jurídicas podem ser perigosamente transformadas em discussões morais. O tema do aborto necessariamente acaba mergulhado em um caldo no qual a religião é o tempero mais marcante. O caso aqui comentado é decorrente de um *Habeas Corpus* (nº 124.306), de relatoria do Ministro Marco Aurélio Mello, impetrado por Jair Leite Pereira, em face de acórdão da Sexta Turma do Superior Tribunal de Justiça, que não conheceu do HC 290.341/RJ, em que os pacientes – que mantinham clínica de aborto – foram presos em flagrante, devido à suposta prática dos crimes descritos nos arts. 126 (aborto) e 288 (à época, formação de quadrilha) do Código Penal.

No *habeas corpus* discutia-se se o caso apresentava requisitos para a decretação de custódia preventiva dos réus. Como o julgamento do *writ* havia sido suspenso, na continuidade houve o voto-vista do Ministro Redator do Acórdão, Roberto Barroso, que continha como fundamentação principal os seguintes aspectos: (a) o *habeas corpus* não era cabível na hipótese, embora tenha sido considerado caso de concessão da ordem de ofício, para o fim de desconstituir a prisão preventiva; (b) não estavam presentes os requisitos que legitimam a prisão cautelar, a saber, o risco para a ordem pública, a ordem econômica, a instrução criminal ou a aplicação da lei penal (CPP, art. 312); (c) tratava-se de caso de interpretação conforme a Constituição aos próprios arts. 124 a 126 do Código Penal para excluir do seu âmbito de incidência a interrupção voluntária da gestação efetivada no primeiro trimestre, uma vez que a criminalização, em tal hipótese, violaria diversos direitos fundamentais da mulher, bem como o princípio da proporcionalidade. A decisão foi por maioria de votos, no sentido de não conhecer da impetração, mas conceder a ordem, de ofício, nos termos do voto do Ministro Roberto Barroso. Foi vencido o Ministro Marco Aurélio.

## 2. O ATIVISMO JUDICIAL EM AÇÃO

Discutir Teoria do Direito significa compromissos teóricos e epistêmicos. Não se trata de saber qual a opinião político-ideológica dos juízes. Do contrário, aceitando essa premissa, não resta mais nada para o Direito. Do que adianta discutir princípios, separação de Poderes, interpretação jurídica, se, ao fim e ao cabo, o Direito depende exclusivamente das preferências pessoais do juiz? Parcela considerável da comunidade jurídica dirá que "isso é assim mesmo". "Afinal, juiz decide conforme sua consciência", dirão outros. De todo modo, se queremos discutir Direito, e não opiniões morais, devemos debater, com sinceridade, os seguintes pontos: (i) não faz sentido nenhum permitir que decisões políticas sejam transferidas da esfera legislativa para a jurisdicional, sob pena de alienarmos nossa cidadania por completo; (ii) o poder jurisdicional dos juízes não tem qualquer legitimidade política, na medida em que não a recebem pelo voto popular; (iii) o Direito fracassou, pois não conseguiu criar uma teoria da decisão que possa impedir que as decisões judiciais sejam tomadas a partir de critérios puramente privados.[1]

---

[1] STRECK, Lenio Luiz. *O que é isto*: decido conforme minha consciência? 5. ed. Porto Alegre: Livraria do Advogado, 2015. *Passim*.

## 3. DO ABORTO DE FETO ANENCEFÁLICO AO ABORTO DE FETO SAUDÁVEL

Para lembrar, em abril de 2012, o Supremo Tribunal Federal julgou a ADPF 54/DF que discute a constitucionalidade da ausência de previsão, como excludente de ilicitude no Código Penal, da interrupção da gravidez de feto anencefálico. Não há dúvidas de que se trata de um dos temas mais polêmicos da contemporaneidade. Há os mais diversos argumentos conservadores e progressistas com relação ao aborto e à discussão sobre o que é vida. No entanto, como juristas, o papel não é opinar moral ou ideologicamente a respeito. Isso fragilizaria a autonomia do Direito, duramente conquistada no período pós-bélico, para homenagear Mário Losano.

Por oito votos contra dois, a maioria decidiu a favor da descriminalização da hipótese. Seguindo o voto do Relator, Ministro Marco Aurélio, os Ministros julgaram pelo fundamento de que não há vida em jogo na medida em que a "vida" equivale à teoria médica que entende que essa só começa com a formação cerebral. Não havendo vida em questão, sequer haveria tipificação penal. Indo numa direção diferente é o voto do Ministro Gilmar Mendes. Apesar de concordar com os demais Ministros quanto ao resultado, o Ministro Gilmar Mendes considerou que há vida em questão e, portanto, trata-se de aborto. A razão para a descriminalização seria o fato de que a hipótese já estaria compreendida entre as hipóteses de exclusão de ilicitude, apenas não positivada porque "inimaginável para o legislador de 1940".

A posição vencida, com apenas dois votos, também ficou dividida quanto aos fundamentos. O Ministro Cezar Peluso considerou inadmissível aceitar que o feto anencefálico não tenha vida, uma vez que ao feto não seria resguardada a menor "dignidade jurídica e ética que lhe vem da incontestável ascendência da natureza humana". Com outro fundamento, o Ministro Ricardo Lewandowski abre a temática central da Teoria do Direito no século XXI, o papel do Judiciário no Estado Democrático de Direito. *In verbis*: "não é dado aos integrantes do Poder Judiciário, que carecem da unção legitimadora do voto popular, promover inovações no ordenamento normativo como se parlamentares eleitos fossem". Ministro Ricardo Lewandowski foi certeiro. Respeitou a coerência e a integridade do Direito ao determinar que o tema fosse decidido pela instância competente. Aliás, se o Judiciário pudesse interferir no mérito, deveria fazê-lo unicamente dentro dos limites já estabelecidos pelo legislador, considerando os bens jurídicos que fundamentam as excludentes de punibilidade.

Eis o ponto central: quais os limites da interpretação judicial? E quais os limites da intervenção do Judiciário nas decisões políticas? O caso sobre a interrupção da gravidez de feto anencefálico foi, anos mais tarde, apenas a primeira etapa para uma nova rediscussão do assunto. Agora, sobre o aborto de feto saudável com até três meses de gestação.

## 4. A PONDERAÇÃO À BRASILEIRA ALAVANCANDO O ATIVISMO JUDICIAL

Ao contrário do voto do Ministro Ricardo Lewandowski na ADPF 54 e na contramão dos limites que a democracia exige do seu Judiciário, o Supremo Tribunal Federal alavanca o ativismo judicial a cada dia. Dessa vez, o ativismo ultrapassou qualquer limite que ainda restava daquilo que Montesquieu havia nos deixado. No voto-vista do HC 124.306/RS, da lavra do Ministro Roberto Barroso, é possível perceber a dimensão do ativismo em *terrae brasilis*. E, veja-se: não se trata de entrar no mérito da decisão. Não é sobre isso que queremos discutir, e sim sobre as condições de possibilidade de o Direito sobreviver à moral e à política.

Entretanto, qual é, especificamente, o problema do voto do Ministro Roberto Barroso? Para respondermos a essa pergunta, temos de começar pela sua própria correção, pois não se trata de um, mas de diversos problemas graves na exposição do voto do Ministro. Não são (apenas) problemas de conteúdo, mas da própria estrutura formal de como a decisão foi obtida, o que agrava ainda mais a situação.

Em seu voto, o Ministro Roberto Barroso se utiliza do "princípio da proporcionalidade" (*sic*) para "estruturar a argumentação de uma maneira racional, permitindo a compreensão do itinerário lógico percorrido e, consequentemente, o controle intersubjetivo das decisões". Bom se assim o fosse. Além dos problemas próprios da "proporcionalidade" ou da "ponderação",[2] o que se vê no voto é uma simplificação da teoria alexyana cumulada com argumentos retóricos dos quais não respeitam o mínimo de exigência aos parâmetros institucionais do Direito, como coerência e integridade.

O fundamento central do voto seria uma ponderação entre o bem jurídico protegido pelos arts. 124 e 126, "vida potencial do feto" em face de "diversos direitos fundamentais da mulher" (*sic*), feita em nome do "princípio da proporcionalidade" da teoria de Robert Alexy. De início, podemos referir que a nomenclatura "princípio da proporcionalidade" é empregada de forma

---

[2] DALLA BARBA, Rafael Giorgio. *Nas fronteiras da argumentação*: a discricionariedade judicial na teoria discursiva de Robert Alexy. Salvador: JusPodivm, 2017. *Passim.*

equivocada. Na famosa Teoria dos Direitos Fundamentais,[3] a proporcionalidade é uma máxima utilizada como método para aplicar a colisão entre princípios. Trata-se da máxima da proporcionalidade (*Verhältnismäßigkeitsgrundsatz*). E isso não é apenas uma discussão semântica. Na medida em que a máxima da proporcionalidade é o critério para determinar o peso da colisão entre princípios, como poderia ser, ela mesma, um princípio? Aliás, Virgílio Afonso da Silva alerta para o fato de que, ainda que tivéssemos apenas as opções "regra" ou "princípio", seria mais adequado enquadrar a "máxima da proporcionalidade" como regra (ou melhor, uma metarregra).[4] Ademais, o próprio Alexy considera que "As três máximas parciais são consideradas como regras".[5] Evidente, pois princípios para Alexy são mandamentos de otimização e, dessa forma, podem ser aplicados em maior ou menor grau. Como o critério que julga a otimização dos princípios colidentes poderia ser, ele mesmo, otimizado?

Além disso, embora a teoria alexyana seja complexa, uma coisa parece bem evidente: regras, por se tratar de mandamentos de definição (*definitive Gebote*), aplicam-se por subsunção; princípios, por sua vez, têm natureza de mandamentos de otimização (*Optimierungsgebote*), pois ordenam que algo seja realizado em máxima medida com relação às possibilidades fáticas e jurídicas. Para Alexy, "a ponderação é a forma característica da aplicação dos princípios".[6] Ora, os tipos penais tanto do art. 124 como do art. 126 são, nos termos de Alexy, regras. Portanto, aplicam-se por meio de subsunção, ao velho estilo "tudo ou nada" (*all or nothing fashion*). Se o Ministro Roberto Barroso utilizou Alexy para fundamentar sua decisão, o mínimo que se exige seriam coerência e fidelidade à teoria do autor que ele mesmo adota, não é mesmo?

Entretanto, há que seguir com a crítica ao voto. Vamos supor que as regras das quais se questiona a constitucionalidade, por estarem amparadas pelo princípio constitucional da proteção à vida, entrassem em colisão com "diversos direitos fundamentais da mulher" (para usar as palavras do Ministro). Teríamos que utilizar a máxima da proporcionalidade, em suas três submáximas parciais (adequação, necessidade e proporcionalidade em sentido estrito) para resolver essa colisão. Isso, porém, não ocorreu no voto.

---

[3]    ALEXY, Robert. *Theorie der Grundrechte*. Frankfurt am Main: Suhkamp, 1994.

[4]    SILVA, Virgílio Afonso da. *Direitos fundamentais*: conteúdo essencial, restrições e eficácia. 2. ed. São Paulo: Malheiros, 2011. p. 168-169.

[5]    "Die drei Teilgrundsätze sind also als Regeln einzustufen." ALEXY, Robert. *Theorie der Grundrechte*. Frankfurt am Main: Suhkamp, 1994. p. 100.

[6]    "Die Abwägung ist die für Prinzipien kennzeichnende Form der Anwendung." ALEXY, Robert. *Begriff und Geltung des Rechts*. Munique: Alber, 2002. p. 120.

Frisa-se, ademais, que a máxima da proporcionalidade – subdividida em três submáximas parciais –, como é apresentada no voto, foi conformada inadequadamente. Explico. A submáxima da adequação, ao seguir a lógica da eficiência de Pareto, procura eliminar os meios empregados pelo legislador que, além de não protegerem a finalidade à qual se destinam, prejudicam outros bens jurídicos tutelados pela ordem jurídica. Para Barroso, a tipificação do crime do aborto teria "duvidosa adequação para proteger o bem jurídico que pretende tutelar (vida do nascituro), por não produzir impacto relevante sobre o número de abortos praticados no país, apenas impedindo que sejam feitos de modo seguro".

Ora, se o bem jurídico tutelado é a vida do nascituro, que outro meio poderia ter sido utilizado pelo legislador para alcançar tal finalidade? Se o número de abortos praticados no País é um argumento válido para afastar o meio legal escolhido para proteção à vida, por que não seguimos esse mesmo raciocínio para os demais crimes contra a vida? Afinal, somos o País que nos últimos anos alcançou a meta de 60 mil homicídios anuais. Não se mede a adequação de meios para obtenção de fins por meio do seu grau de eficácia social, do contrário, a própria noção de norma jurídica "iria por água abaixo" na medida em que sua concretização ficaria à mercê das condições contingenciais e aleatórias. O que o Ministro Roberto Barroso fez foi um retorno ao realismo jurídico por meio de uma equivocada interpretação da teoria dos princípios de Alexy.

Vamos à submáxima da necessidade. Em linhas gerais, essa submáxima estabelece que, havendo dois meios adequados a promover determinado princípio (leia-se finalidade), deve ser escolhido aquele que interfira menos intensamente possível em outros princípios que possam ser atingidos. O Ministro Roberto Barroso entende que "é possível que o Estado evite a ocorrência de abortos por meios mais eficazes e menos lesivos do que a criminalização, tais como educação sexual, distribuição de contraceptivos e amparo à mulher que deseja ter o filho, mas se encontra em condições adversas". É possível mesmo? Todavia, como se pode afirmar tão categoricamente que a descriminalização de tais tipos penais poderia evitar novos abortos? Uma coisa é descriminalizar. Outra é dizer que isso evitaria novos abortos. Afinal, qual é a prognose? Mais: Isso deve ser realizado pelo Judiciário? Mais ainda: a submáxima da necessidade pressupõe que o meio correto a ser empregado seja aquele que protege determinado bem jurídico e interfere o menos possível em outro(s).

Ainda que o Estado implemente políticas de educação sexual, distribuição de contraceptivos e amparo a mulheres (o que, repetindo, não cabe ao Judiciário avaliar), de que maneira tais medidas protegeriam o bem jurídico "vida" tutelado pela norma penal? Mesmo com tais políticas públicas, não haveria nenhum mecanismo jurídico para proteger a vida do nascituro. Passando a ser lícita a conduta, a vulnerabilidade do feto aumenta expressiva e inexoravelmente, já que o Direito nada mais tem a dizer sobre isso.[7]

Por fim, a submáxima da proporcionalidade em sentido estrito. Nessa submáxima, é apresentada por Alexy a famosa lei do sopesamento (*Abwägungsgesetz*), com a seguinte redação: "quanto maior for o grau de não satisfação ou de afetação de um princípio, maior deverá ser a importância da satisfação do outro".[8] Conforme o voto-vista, o direito constitucional à vida se trata, ao fim e ao cabo, de uma questão de compensação. *In verbis*: "[...] em relação à proporcionalidade em sentido estrito, é preciso verificar se as restrições aos direitos fundamentais das mulheres decorrentes da criminalização são ou não compensadas pela proteção à vida do feto".

Ocorre que a ponderação do Ministro Roberto Barroso já pressupõe que a criminalização do aborto protege insuficientemente os direitos sexuais e reprodutivos da mulher, sua autonomia, integridade e a igualdade de gênero, acrescentando ornamentalmente que a criminalização gera "custos sociais para o sistema de saúde", que "decorrem da necessidade de a mulher se submeter a procedimentos inseguros", ou seja, decide-se para depois buscar fundamentos. Quem perde é a Teoria do Direito e a democracia. De novo.

A grande questão é: como o Ministro Roberto Barroso verifica o peso do princípio de proteção à vida em relação ao da autonomia da gestante? Como se demonstra que o grau de não satisfação de um princípio é proporcional ao da importância da satisfação do outro? Existiria um cálculo, uma fórmula pela qual possamos ter acesso a essa realidade a ele – Ministro – tão evidente? Não se trataria, simplesmente, de um juízo ideológico-pessoal?

Observemos: é claro que a mulher tem direitos sexuais e reprodutivos, bem como à autonomia, à integridade física e psíquica e de ser tratada com igual consideração e respeito. Não é disso que se trata. Não se cuida de uma ponderação do "direito 'x' *versus* o direito 'y'". É pressuposto básico de um Estado de Direito que este se encarregue da proteção da vida dos seus cidadãos. Esses direitos mencionados não abarcam a possibilidade de o indivíduo (independentemente da sua sexualidade) tirar a vida de um terceiro. Como se diz popularmente, "a liberdade de ação de um termina quando começa a

---

[7] Para uma crítica filosófica ao voto de Barroso, ver SILVA, Gabriel Ferreira da. As escolhas filosóficas e o aborto. *O Estado de S.Paulo*, São Paulo, 6 dez. 2016, coluna "O Estado da Arte".

[8] ALEXY, Robert. *Theorie der Grundrechte*. Frankfurt am Main: Suhkamp, 1994. p. 146.

228 | DECISÕES CONTROVERSAS DO STF – *Direito Constitucional em casos*

de outro". E isso já sabemos desde que o liberalismo político estava em seus primórdios.

Do contrário, deveríamos concluir, por coerência argumentativa, que, por meio de argumentos principiológicos abstratos, possam ser justificadas violações gravíssimas a bens jurídicos concretos e reais. Na verdade, por intermédio da lei do sopesamento, esconde-se a facticidade atrás da abstratividade semântica de conceitos como "dignidade sexual", "direitos reprodutivos" ou "autonomia", que, por sua força simbólica, acabam, na prática, distorcendo a proteção constitucional a bens jurídicos indispensáveis a qualquer Estado de Direito, como o direito à vida. Aliás, o próprio Alexy refere, como uma das etapas da lei da ponderação, considerar o peso abstrato dos princípios (GPi,jA), o que foi sonegado na ponderação do Supremo.

De igual forma, o argumento utilitarista da geração de despesas e custos para o sistema de saúde, além de se basear em um argumento de política (*policies*) que visa a maximização do bem-estar geral em detrimento dos direitos genuínos do indivíduo contra maiorias – trunfos (*trumps*), como disse Ronald Dworkin em sua obra *Levando os direitos a sério*[9] –, faz que o próprio Direito seja submetido a decisões baseadas em argumentos contingenciais, a depender das condições empíricas particulares, o que gerará inevitavelmente arbitrariedade. Não é por acaso que o critério de "três meses" estipulado no voto não é, em nenhum momento, justificado. Alguém poderia perguntar: sim, mas e por que três, e não seis? Ou sete?

Esse é o trunfo que o Direito, como norma, tem (ou deveria ter) em face de argumentos sociológicos ou empíricos. Aliás, sobre isso Mathias Jestaedt faz uma brilhante crítica ao Tribunal Constitucional alemão.[10] Afinal, determinado ato normativo é (ou não) constitucional porque sua disposição viola o texto constitucional, em sua dimensão formal ou material, e não por meio de argumentos contingenciais, subjetivos, se quisermos ser mais claros. Estes nada mais são do que modos em que a subjetividade ideológica do juiz encontra um resguardo para poder decidir conforme suas preferências pessoais. Por isso o apego a argumentos de política, como o "custo-benefício" para o

---

[9]   DWORKIN, Ronald. *Taking rights seriously*. Cambridge: Harvard University Press, 1977. p. XI.

[10]  JESTAEDT, Mathias. Verfassungsgericht Positivismus. Die Ohnmacht des verfassung gesetzgebers im verfassungsgerichtlichen Jurisdiktionsstaat. *Nomos und Ethos*. Hommage an Josef Isensee zum 65. Geburtstag von seinen Schülern. Mit Frontispiz (Schriften zum Öffentlichen Recht; SöR 886) Gebundene Ausgabe – 2002, Duncker & Humblott, Berlin, p. 183-228, 2002.

Estado, a dificuldade de acesso ao SUS ou simplesmente conceitos abstratos cujo conteúdo é preenchido livremente pelo intérprete. Ora, o Direito é, por definição, um mecanismo contrafactual. Ele opera no plano do dever-ser. É deontológico. Se assim não o fosse, não haveria qualquer sentido a noção de norma jurídica, pois sua normatividade ficaria submissa ao subjetivismo do juiz. No caso em discussão, ficou.

Numa palavra, a discussão a respeito do modo com que se deve considerar a recepção do crime de aborto em face do direito fundamental à autonomia privada das mulheres pode ser questionado, mas devemos dispensar, inclusive por isso mesmo, toda a retórica da ponderação, se quisermos realmente levar a liberdade individual das mulheres a sério, já que princípios e direitos não são, enquanto normas obrigatórias, ponderáveis, bem como se quisermos enfrentar o problema de saúde pública ali envolvido ou daí decorrente. Inclusive hoje, para começo de conversa, de que modo garantir a possibilidade de aborto pelo SUS ou convênios suplementares, quando os atendimentos são tão demorados (uma vez que o aborto só pode ser feito até três meses de gravidez)? Descriminalizando simplesmente os procedimentos até então "clandestinos" é que não parece ser a "solução" advinda de uma Suprema Corte. E, se fosse, isso deveria vir acompanhado de ampla prognose. Que, por certo, não é do âmbito de competência do Judiciário.

Não se invalida uma lei com argumentos de política ou de moral. Os julgamentos devem ser de princípio. Por isso, é desimportante aquilo que o juiz pensa ou acha pessoalmente acerca do conteúdo da lei. É desimportante se o juiz é contra ou a favor do aborto. Quem vai a juízo não o faz para perguntar a opinião pessoal do julgador. A linguagem privada deve ceder à linguagem pública,[11] *locus* no qual é produzido o Direito.

## REFERÊNCIAS

ALEXY, Robert. *Begriff und Geltung des Rechts*. Munique: Alber, 2002.

_____. *Theorie der Grundrechte*. Frankfurt am Main: Suhkamp, 1994.

DALLA BARBA, Rafael Giorgio. *Nas fronteiras da argumentação*: a discricionariedade judicial na teoria discursiva de Robert Alexy. Salvador: JusPodivm, 2017.

DWORKIN, Ronald. *Taking rights seriously*. Cambridge: Harvard University Press, 1977.

---

[11] Nesse sentido, STRECK, Lenio Luiz. *Dicionário de hermenêutica*: quarenta temas fundamentais da teoria do direito à luz da crítica hermenêutica do direito. Belo Horizonte: Casa do Direito, 2017.

JESTAEDT, Mathias. Verfassungsgericht Positivismus. Die Ohnmacht des verfassung gesetzgebers im verfassungsgerichtlichen Jurisdiktionsstaat. *Nomos und Ethos*. Hommage an Josef Isensee zum 65. Geburtstag von seinen Schülern. Mit Frontispiz (Schriften zum Öffentlichen Recht; SöR 886) Gebundene Ausgabe – 2002, Duncker & Humblott, Berlin, p. 183-228, 2002.

MONTESQUIEU, Charles de Secondat, Baron de. *O espírito das leis*. Trad. Cristina Murachco. São Paulo: Martins Fontes, 1996.

SILVA, Gabriel Ferreira da. As escolhas filosóficas e o aborto. *O Estado de S.Paulo*, São Paulo, 6 dez. 2016, coluna "O Estado da Arte".

SILVA, Virgílio Afonso da. *Direitos fundamentais*: conteúdo essencial, restrições e eficácia. 2. ed. São Paulo: Malheiros, 2011.

STRECK, Lenio Luiz. *Dicionário de hermenêutica*: quarenta temas fundamentais da teoria do direito à luz da crítica hermenêutica do direito. Belo Horizonte: Casa do Direito, 2017.

_____. *O que é isto*: decido conforme minha consciência? 5. ed. Porto Alegre: Livraria do Advogado, 2015.

---

### Questões para discussão

1. A proporcionalidade é um princípio? Explique.

2. Por que é possível afirmar que falta prognose aos argumentos do Ministro Roberto Barroso?

3. A ponderação do Ministro foi, de fato, alexyana?

4. O que há de diferente entre argumentos de princípio e argumentos de política à luz do caso em análise?

5. Quais pressupostos subjazem os dois votos dissidentes, Peluso e Lewandowski? Em que medida pode-se dizer que o argumento do Ministro Lewandowski perpassa toda a discussão?

# CASO 15 – PET 3.388/RR

## O STF E A RAPOSA SERRA DO SOL

RODRIGO DE OLIVEIRA KAUFMANN

Doutor em Direito, Estado e Constituição pela UnB. Mestre em Direito e Estado pela UnB. Professor de Direito Constitucional e Filosofia do Direito em cursos de graduação e pós-graduação em Brasília. Ex--assessor e chefe de gabinete de três ministros do Supremo Tribunal Federal. Advogado com atuação perante o Supremo Tribunal Federal, o Congresso Nacional e o Poder Executivo.

**Sumário:** 1. A avaliação crítica das decisões do STF – 2. Eficiência das decisões e direito das minorias – 3. A dupla dimensão da decisão do STF – 4. A TI Raposa Serra do Sol e suas circunstâncias. Impactos econômicos e políticos para Roraima – 5. O STF em posição estranha – 6. Problemas e consequências da decisão – 7. Conclusão – Referências.

## 1. A AVALIAÇÃO CRÍTICA DAS DECISÕES DO STF

Nas democracias mais sólidas e seguras, uma das principais funções da chamada "comunidade jurídica" e da "opinião pública" é refletir e examinar as consequências das decisões emanadas dos respectivos Tribunais Constitucionais ou Supremas Cortes[1]. Não se trata de trabalho simples, uma vez que a crítica consistente a um posicionamento do Tribunal de Cúpula não pode se

---

[1] Um exemplo poderoso dessa importante contribuição ao debate constitucional foi dada, em 1998, com a publicação do livro nos Estados Unidos *Constitutional Stupidities, Constitutional Tragedies*, editado por William Eskridge Jr. e Sanford Levinson. Tratou-se de uma coletânea de textos escritos por importantes juristas acerca das piores decisões da Suprema Corte americana.

confundir com a mera insatisfação casuística de uma decisão, especialmente quando a cosmovisão do crítico não se coaduna com as premissas adotadas pela Corte. Não que a manifestação dessa simples irresignação seja ilegítima ou inoportuna, mas certamente, quando projetada no tempo, aquelas considerações realmente construtivas sustentar-se-ão em elementos relativamente objetivos de análise, mesmo que subjetivamente haja discordância pessoal.

É importante destacar que o acompanhamento da execução e avaliação de efetividade e utilidade das decisões não é uma prática regular no Brasil, embora fosse fundamental que o próprio Supremo Tribunal Federal (STF) demonstrasse esse interesse, como forma de crescimento institucional[2]. A classificação de uma decisão do STF como equivocada ou desastrosa é juízo que deveria fazer parte das preocupações de todos os que acompanham o trabalho da Suprema Corte, e essa crítica, quando serena e baseada em elementos objetivos, não significa desrespeito à autoridade do Tribunal e, muito menos, aos seus membros.

Nesses 30 anos da Constituição, não foram poucas as decisões perigosas exaradas pelo Tribunal, e esse número logicamente aumenta na medida em que o STF se arvora a povoar espaços normativos e institucionais de outros Poderes. A assunção dessa responsabilidade pela ocupação expansiva do *locus* constitucional do Legislativo ou Executivo significa a exposição da Corte a uma avaliação mais criteriosa de todos, o que, no tempo, pode significar até a fragilização de sua legitimidade.

## 2. EFICIÊNCIA DAS DECISÕES E DIREITO DAS MINORIAS

Há temas tratados pela jurisdição constitucional que são sensíveis e podem mergulhar os seus membros em consistentes linhas de ataque e de crítica. As decisões de "moralidade política" formam, por exemplo, um espaço perigoso

---

[2] Durante a presidência do Ministro Nelson Jobim, o STF vivenciou a primeira e talvez única tentativa de realização de autocrítica ao seu trabalho. O Tribunal, no biênio 2004-2005, contratou o Instituto de Desenvolvimento Gerencial (INDG) para que se realizasse um amplo levantamento de informações e procedimentos internos de forma a tornar a atividade da Corte mais eficiente e racional com o estabelecimento de metas e prazos para atingi-la. Os números estatísticos que o STF hoje apresenta com regularidade acerca de seus julgamentos encontram nessa iniciativa o seu embrião mais evidente. Entretanto, aquele levantamento tinha por foco apenas os aspectos administrativos do funcionamento do STF. Nunca o Tribunal se organizou para verificar a utilidade e eficiência do mérito de seus julgamentos.

de atuação do STF, especialmente se se adota postura judicante ativista. O mesmo ocorre quando o Tribunal decide temas que envolvem a interpretação do princípio da separação dos Poderes. Nesses casos, não é de surpreender com a reação dos outros poderes constituídos que não o fazem apenas por uma questão de sobrevivência, mas como defesa do próprio Estado Democrático de Direito. Um terceiro conjunto de processos delicados são aqueles que envolvem o chamado "direito de minorias", na perspectiva da interpretação do princípio da igualdade na sua mais ampla e filosófica concepção (art. 5º da CF).

Ocorre que, em sua maioria, as discussões a respeito do princípio da igualdade e da proteção das minorias deveria envolver a análise imparcial e objetiva em torno das consequências e impactos das providências e medidas que, julgadas pelo Tribunal, foram consideradas constitucionais ou inconstitucionais. A necessidade de um método de aferição da funcionalidade de cada decisão do STF seria instrumento fundamental para avaliar a correção dos seus julgados e da forma como um de seus componentes interpreta a Constituição.

Por outro lado, após esses 30 anos desde 1988, é possível apontar o equívoco da postura interpretativa que o STF adotou em face de algumas situações, quando claramente elevou um dos lados, na discussão sobre o conflito de direitos fundamentais, à posição de "vítimas sociais" ou "subjugados históricos", e o outro lado rebaixou a algozes e inimigos do Estado Democrático. Essa linha hermenêutica, sustentada em um discurso parcial, vitimista e demagogo, é a primeira que deveria se submeter a uma avaliação equilibrada e racional acerca de seus resultados práticos.

Um exemplo desse enquadramento tem sido alguns dos julgados do STF referente ao direito dos índios. Como historicamente questões fundiárias, os processos que envolvem as comunidades indígenas trazem típico conflito de direitos fundamentais, no qual, de um lado, estão os índios e a interpretação do art. 231 da CF, e, de outro, a população não indígena sustentando a aplicação do art. 5º, XXII e XXIII; e art. 170, II e III, da CF. Tais processos envolvem temas complexos e situações fundiárias dramáticas que deveriam exigir do Tribunal toda a sua capacidade mediadora e criativa para desenhar uma solução que não comprometa as bases do Estado Constitucional ou ameace a posição de sujeitos de direito de algum dos polos. Entretanto, o Tribunal ainda flerta com a tentação de construir discursos de efeito[3], sugerindo mesmo

---

[3]     O item 9 da ementa do julgamento da PET nº 3.388 (relatoria do Ministro Carlos Britto, julgado em 19.03.2009) traz um eloquente exemplo desse discurso ao falar de um "constitucionalismo fraternal" e solidário e em "igualdade civil-moral de minorias, tendo em vista o protovalor da integração comunitária".

que, sem qualquer base constitucional, o art. 231 tem algum tipo de especial hierarquia dentre as normas da Constituição[4] ou, sem autoridade científica, que a narrativa histórica "correta" é aquela que aponta um longo e contínuo processo de exploração e abuso por parte da população não indígena nas regiões de conflito[5].

O julgamento da PET nº 3.388/RR, relativo à demarcação da terra indígena Raposa Serra do Sol (TI Raposa Serra do Sol), de relatoria do Ministro Carlos Britto, encerrado em 19.03.2009 (*DJe* 25.09.2009 e republicado em *DJe* 1º.07.2010), é desses casos que tudo está a indicar o retumbante equívoco do Tribunal e seu erro em absolutamente ignorar as preocupações práticas e subestimar as desastrosas repercussões econômicas e sociais da decisão tomada. Soma-se a isso a evidente falta de sensibilidade e inteligência consequencialista ao resolver um conflito de direitos fundamentais na base da eleição dos "bons" contra os "maus".

## 3. A DUPLA DIMENSÃO DA DECISÃO DO STF

Em 19.03.2009, o plenário do STF terminou o julgamento de um dos mais emblemáticos casos já analisados pelos seus ministros. Eram várias as questões delicadas e polêmicas submetidas a seu escrutínio, catalisadas pelo anteparo de um caso acerca do "direito de minorias", desses que atiçam o imaginário do "superjuiz" e aguçam a ação política dos grupos de pressão. Nesse contexto, seu julgamento final e o acórdão definitivo apontaram para

---

4    Também se encontra na ementa da PET nº 3.388 (item 12) um assustador exemplo dessa pretensa superioridade normativa quando se afirma que a expressão "direitos originários" constante do art. 231 quer "traduzir um direito mais antigo do que qualquer outro, de maneira a preponderar sobre pretensos direitos adquiridos, mesmo os materializados em escrituras públicas ou títulos de legitimação de posse em favor de não índios".

5    Infelizmente, esse tem sido também o caminho adotado por parcela da doutrina jurídica. A preocupação com as consequências da decisão judicial parece inexistir quando o resultado significa a demonização da população de não índios na região. É nessa linha, por exemplo, que se explica a radicalização do discurso para tratar o chamado "marco temporal", uma das mais importantes e lógicas conclusões atestadas pelo STF na interpretação do art. 231. Veja como exemplo eloquente dessa doutrina o recente trabalho publicado *Direitos dos povos indígenas em disputa*, organizado por Manuela Carneiro da Cunho e Samuel Barbosa, um conjunto de artigos e pareceres que, adotando o tom militante e genérico já tradicional desse posicionamento, pouco se importam em demonstrar os eventuais assertos ou benefícios práticos e concretos da crítica que assumem.

uma decisão interpretada por muitos juristas como o maior exemplo da polêmica atuação criativa e normativa do STF em função das salvaguardas propostas (GOMES, 2009; MINHOTO, 2014; FERREIRA, 2015; YAMADA; VILLARES, 2010), curiosamente consideradas por seus ministros como exemplo de "técnica de decidibilidade" para "conferir maior teor de operacionalidade ao acórdão"[6].

O julgamento da ação popular contra a União ajuizada em 20.05.2005 pelo então Senador Augusto Affonso Botelho Neto e assistido pelo também Senador Francisco Mozarildo de Melo Cavalcanti – ambos do Estado de Roraima – questionava o chamado "modelo contínuo" de demarcação da TI Raposa Serra do Sol, instituída pela Portaria nº 534/2005, do Ministro da Justiça e confirmada pelo Decreto Homologatório de 15.04.2005 do Presidente da República.

O julgamento da PET nº 3.388, em realidade, fundiu dois horizontes de análise da questão indígena no Brasil: (a) no primeiro deles, os ministros se debruçaram sobre as questões específicas da demarcação da terra indígena em Roraima, decidindo por sua demarcação contínua na linha do que proposto pelo Ministério da Justiça; e (b) no segundo deles, avaliaram os problemas e os abusos na regulamentação insuficiente do processo administrativo demarcatório que, por isso, gerava uma série de abusos na interpretação do que é, de fato, uma terra indígena.

Para o segundo horizonte, o STF estabeleceu, a partir do contundente e definitivo voto do Ministro Carlos Alberto Direito, a "teoria do fato indígena" (em superação definitiva à chamada "teoria do indigenato") e as famosas 19 "salvaguardas institucionais" indicadas na parte dispositiva da decisão, cujo objetivo era regular a convivência entre índios, não índios e autoridades federais, estaduais e municipais em todas as etapas do processo demarcatório e após a demarcação. A importância da fixação dessas salvaguardas, ao lado do estabelecimento da chamada "teoria do fato indígena"[7], embora tenham sido fundamentais para estancar os abusos e absurdos na defesa militante e ideológica da causa indígena, ainda vem sendo alvo de inúmeras iniciativas que tentam, a todo momento, repisar essas premissas fundamentais[8]. Embora

---

[6] Item 18 da ementa do acórdão da PET nº 3.388.

[7] Página 21 do voto do Ministro Menezes Direito.

[8] Os embargos de declaração opostos pelo MPF e julgados com os demais em 23.10.2013 questionavam a vinculatividade dessas salvaguardas. O plenário do STF, no julgamento desses embargos, sob a relatoria do Ministro Roberto Barroso, entendeu que "as chamadas condições ou condicionantes foram consideradas pressupostos

já se tenha consolidado jurisprudência do STF[9] em reforço à adoção dessa forma de interpretação sistemática do art. 231 da CF e que essa interpretação seja a única compatível com a Súmula nº 650 do próprio Tribunal[10], os ministros do STF ainda sofrem enorme pressão para a revisão dessa premissa[11].

Entretanto, esse aspecto – contundente exemplo de uma verdadeira sentença aditiva do STF[12] – não é objeto da presente reflexão. O presente

---

para o reconhecimento da validade da demarcação efetuada". Também consta da ementa desse julgado de 23.10.2013 (*DJe* 04.02.2014) que "a decisão proferida em ação popular é desprovida de força vinculante, em sentido técnico", embora "ostenta a força moral e persuasiva de uma decisão da mais alta Corte do País, do que decorre um elevado ônus argumentativo nos casos em se cogite da superação de suas razões".

[9] De fato, após a fixação da teoria do fato indígena, o STF reafirmou essa premissa interpretativa em outros julgamentos como no RMS nº 29.087 (Rel. Gilmar Mendes, *DJe* 14.10.2014); RMS nº 29.542 (Rel. Cármen Lúcia, *DJe* 13.11.2014); ACO nº 2.224 (Rel. Min. Luiz Fux, decisão monocrática de 06.11.2013); e ARE nº 803.462 (Rel. Teori Zavascki, *DJe* 12.02.2015).

[10] Basta para tanto conferir o próprio texto da súmula e o acórdão que precedeu sua fixação: RE nº 219.983 (Rel. Min. Marco Aurélio, *DJ* 17.09.1999). Em realidade, a própria proposta de redação do art. 231 da CF feita durante a Assembleia Constituinte apontava para essa leitura, como bem indicado por Ferraz (2018).

[11] A Confederação Nacional da Agricultura e Pecuária do Brasil (CNA) propôs, em 20.10.2009, ao STF a edição de nova súmula, agora vinculante, com fixação das bases do julgamento da PET nº 3.388 como forma de pacificar em definitivo essa discussão. Entretanto, a Comissão de Jurisprudência do Tribunal (na época formada pela Ministra Ellen Gracie e pelos Ministros Joaquim Barbosa e Ricardo Lewandowski) resolveu, em 30.03.2010, arquivar o PSV nº 49, sob o argumento de que o assunto ainda estava em processo de consolidação. Finalmente, cabe salientar que mesmo a União tentou adotar postura mais pragmática no tema e, como forma de preservar a segurança jurídica e evitar a prorrogação dessa discussão, fez editar o Parecer nº 01/2017/GAB/CGU da AGU com a interpretação do art. 231 da CF, tal como sugerido pelo STF. O parecer foi adotado pelo Parecer Vinculante da AGU nº 005/GMF/2017.

[12] O julgamento da PET nº 3.388, ao lado de outros importantes julgamentos do STF (RMS nº 22.307, Rel. Min. Marco Aurélio, *DJ* 13.06.1997; ADI nº 3.105, Rel. Min. Cezar Peluso, *DJ* 18.02.2005; MI nº 670, Rel. Min. Gilmar Mendes, *DJe* 31.10.2008; MI nº 708, Rel. Min. Gilmar Mendes, *DJe* 31.10.2008; MI nº 712, Rel. Min. Eros Grau, *DJe* 31.10.2008; RE nº 405.579, Rel. Min. Joaquim Barbosa, *DJe* 04.08.2011), é frequentemente caracterizado como uma verdadeira "decisão interpretativa de conteúdo aditivo", por representar inquestionavelmente um alargamento do âmbito de aplicação normativa diante da inexistência de um suporte legal para adequadamente resolver determinada questão (MEDEIROS, 1999; SOUZA NETO; SOUSA FILHO, 2018).

estudo tem como foco a demarcação da TI Raposa Serra do Sol em si e os problemas sociais, econômicos e políticos que resultaram da sua demarcação em bases contínuas pelo STF, aceitando, na época, a pressão de alguns grupos militantes e organizados e o argumento de evitar a criação de "bolsões" ou "ilhas", mesmo que, para isso, fosse necessário ignorar estradas e cidades.

O julgamento de março de 2009 talvez seja um dos casos mais evidentes de decisão do STF que deu errado, sem ter considerado aspectos fundamentais para o Estado de Roraima e sem avaliar o desastre humanitário na região para não índios e para os próprios índios que, em boa parcela, hoje vivem em situação difícil e de desemparo na região. Trata-se de um exemplo contundente e honesto a identificar a responsabilidade do STF para além das meras bandeiras ideológicas de momento.

## 4. A TI RAPOSA SERRA DO SOL E SUAS CIRCUNSTÂNCIAS. IMPACTOS ECONÔMICOS E POLÍTICOS PARA RORAIMA

Antes de mais nada, é preciso ter claro o que é a TI Raposa Serra do Sol e onde está localizada. A TI Raposa Serra do Sol ocupa uma área aproximada de 1.747.464 milhão de hectares (por volta de 17 mil quilômetros quadrados), onde vivem por volta de 18.653 mil índios[13] de várias etnias (entre as quais Macuxi, Wapichana, Ingaricó, Taurepang e Patamona). Esses grupos estavam distribuídos em 191 aldeias com 3 a 884 habitantes, resumindo uma média populacional de 97 habitantes por aldeia. A terra indígena está situada no extremo norte do Estado de Roraima, onde faz fronteira com a Guiana e Venezuela por meio de área que representa pouco mais de 7,8% do Estado de Roraima.

Dos três principais grupos étnicos formadores da comunidade indígena da região, os Macuxis e os Wapichanas desenvolveram um estilo de vida intercambiado com a população não indígena e, embora os textos mais apaixonados forcem a narrativa de que agricultores da região subverteram a cultura dos nativos[14], o fato é que tais comunidades viviam também da agri-

---

[13] Segundo Censo realizado pela Funai em 2007 e pelo Censo Demográfico 2010 do IBGE, a população total no território dos três municípios englobados pela demarcação (Normandia, Pacaraima e Uiramutã) era de 27.748 indivíduos; a população rural era de 19.785 habitantes; e a população urbana era de 7.963 pessoas.

[14] Esses são o tom e a linha de raciocínio, por exemplo, de Santilli (2001) e de Jesus Silva e Braga (2011).

cultura e da pecuária, do trabalho doméstico ou da prestação de serviços na lavoura. Esse foi o caso dos quase 10 mil Macuxis (divididos em 83 aldeias) e dos 6 mil Wapichanas localizados principalmente entre o rio Branco e o rio Tacutu. Os 1.170 Ingaricós (apenas 6% da população da Raposa Serra do Sol) talvez formem a comunidade indígena menos aculturada, com pouco contato com os "brancos", em virtude também do difícil acesso às suas aldeias.

Embora haja uma feroz briga pela "primazia da narrativa" que conta a história da região – e, infelizmente, o STF tomou lado nessa disputa ideológica, em vez de simplesmente querer resolver o problema em Roraima –, a realidade mais evidente é que as comunidades indígenas da região, especialmente os Macuxis e os Wapichanas, desenvolveram, como sistema de subsistência econômica, a agricultura (especialmente a "roça de coivara") e a pecuária familiar com a criação de galinhas, peixes, porcos e outros, não mais praticando a caça como atividade de sobrevivência (JESUS SILVA; BRAGA, 2011, p. 126). Até a atividade de garimpo rudimentar, embora proibida pela decisão do STF, faz parte de parcela importante da atividade econômica dos índios na região. A visão do índio caçador ou pescador na região (que estava na base da decisão do STF) era bastante romântica, e mais utópica ainda era a ideia de que o fechamento dessa população em uma "terra indígena" traria contentamento e realização cultural para essas comunidades.

Sua demarcação por meio do "modelo contínuo" representou a retirada de uma população não indígena de aproximadamente 340 famílias de brancos e mestiços que se dedicavam ao plantio de arroz e à pecuária por mais de cinco gerações, cujas fazendas respondiam por aproximadamente 7% do Produto Interno Bruto (PIB) do Estado. Em reforço a esse quadro, o censo agropecuário do IBGE de 2006 apontava que na região dos antigos municípios de Normandia, Pacaraima e Uiramutã havia 302 estabelecimentos de agricultura familiar e 1.653 pessoas ocupadas nesse tipo de agricultura. Está-se a falar, portanto, de uma perda estimada de 220 milhões de reais por ano com a criação dessa terra indígena no modelo proposto[15]. É importante destacar ainda, para a contextualização da decisão do STF, que a população de Roraima gira em torno de 400 mil pessoas e um quarto desses habitantes vive na zona rural.

A cultura do arroz é símbolo dos impactos negativos causados pela demarcação: segundo dados do Estado, a área plantada de arroz no Estado em 2004 era de 26.300 hectares, caindo para 15.500 hectares em 2010. Já a

---

[15] Os impactos nefastos para o Estado de Roraima já estavam sendo anunciados pelas autoridades públicas antes mesmo da decisão final do STF. Veja Arruda (2008).

produção de arroz em 2004, que era de 136.630 toneladas, passou a ser de 85.325 toneladas em 2010 (SEPLAN/CGEES, 2011). Somente no município de Normandia foi de 47.300 toneladas em 2004 para 18.551 toneladas em 2010. Níveis assemelhados de quedas também foram observados nas culturas de milho, soja e limão. De 2004 até 2010, verificou-se uma queda significativa na área plantada total no Estado (de 66.749 hectares para 42.193 hectares) e na própria produção agrícola (de 319.126 toneladas para 246.342 toneladas) (SEPLAN/CGEES, 2011).

Ademais, há dados do Censo Demográfico de 2010 que também são bastante importantes, especialmente se comparados com as informações do Censo IBGE de 2000. A população da região dos três municípios, por exemplo, cresceu, nesses dez anos, 47,02%, passando de 18.874 para 27.748 pessoas. Somente na zona rural esse aumento foi de 39,94%, o que demonstra que a região já vivia sua própria dinâmica socioeconômica de crescimento, tal como qualquer outra região no Brasil com o desenvolvimento agrário.

Por outro lado, o índice de desenvolvimento humano (IDHM) cresceu, nesses dez anos, nos três municípios (em Normandia, por exemplo, foi de 0,373 para 0,594; em Pacaraima foi de 0,544 para 0,650; e em Uiramatã o número cresceu de 0,333 para 0,453), o que mostra a importância da atividade de agricultura para a condição de vida da população. Esse número, por exemplo, demonstra muito mais a pujança da atividade econômica entre 2000 e 2010 do que o período de transição e incerteza que ocorreu entre agosto de 2009 (fim da desocupação) e agosto de 2010 (coleta de dados do recenseamento).

O somatório da área das terras indígenas na região chega, com essa demarcação, ao percentual de 46,37% do território do Estado. Além disso, 7,61% delas estão sob a administração do ICMBio, 13,81% são áreas de preservação, 6,6% estão sob o domínio do Instituto Brasileiro do Meio Ambiente e dos Recursos Naturais Renováveis (Ibama), 5,98% estão com o Instituto Nacional de Colonização e Reforma Agrária (Incra), e 1,23% representa área do Ministério da Defesa, o que totaliza 74,24% de comprometimento daquela unidade federativa (SEPLAN, 2012), números que definitivamente não ajudam a projetar um futuro promissor do Estado com o menor PIB dentre todas as unidades da Federação segundo o IBGE (2011). Talvez por esse motivo a economia de Roraima esteja baseada em sua maioria no funcionalismo público[16].

---

[16] Calcula-se que cerca de 48% do dinheiro circulante no Estado seja advindo da administração pública, defesa e seguridade social (AGOSTINHO; GODIM; MAGALHÃES NETO; SANTOS, 2008; na mesma linha ver: SILVA, 2011).

Ao final, a demarcação da terra indígena englobou os municípios de Pacaraima, Uiramutã e Normandia e vários quilômetros de estradas. Por outro lado, sabe-se que a região é rica em minério, tais como estanho, diamante, zinco, caulim, ametista, cobre, diatomito, barita, molibdênio, titânio, calcário, além de dispor, ao que tudo indica, da segunda maior reserva de urânio do planeta, a maior jazida de ouro do mundo, e a jazida de nióbio que representa 14 vezes todo o nióbio conhecido no planeta (com potencial de extração de 1.200 anos).

É importante ainda destacar que o processo de demarcação começou em 1977, tendo sido concluído em 1993. A demarcação administrativa ocorreu em 1998 quando o Ministro da Justiça editou a Portaria nº 820, com homologação em 2005 por meio de decreto do Presidente da República.

## 5. O STF EM POSIÇÃO ESTRANHA

É fácil perceber que o quadro social e econômico na região era delicado e uma solução razoável da questão indígena e da população não indígena na região exigiria sensibilidade política do STF e uma análise consistente das prognoses[17] e dos fatos utilizados pela Fundação Nacional do Índio (Funai), Ministério da Justiça e Presidência para determinar essa demarcação. Perguntas triviais, portanto, deveriam ter sido feitas para o exame pelo Tribunal da decisão executiva plasmada no decreto presidencial. Como se dá hoje a relação entre índios e não índios na região? Qual é a forma de sustento e de economia básica das comunidades indígenas em Roraima? Suas tradições e cultura estão ameaçadas pelo crescimento da economia rural no Estado? A demarcação contínua é a única solução possível para a defesa dos direitos indígenas? É possível a subsistência dessas comunidades isolando-as em uma demarcação, considerando a forma como até hoje sobreviveram? Embora o estudo doutrinário da necessidade de avaliação das prognoses pela jurisdição constitucional tenha sempre se dirigido ao controle concentrado de constitucionalidade, não há dúvida de que é no Poder Executivo que a valoração dos fatos e o bom diagnóstico dos elementos concretos (especialmente nas políticas de discriminação reversa e de compensação de desigualdades) se

---

[17] Em 1997, Gilmar Ferreira Mendes sustentou a relação entre a jurisdição constitucional, a interpretação da Constituição e a necessidade de revisão e estudos dos fatos e prognoses legislativas em texto que se tornou célebre, mas que infelizmente parece não ter gerado frutos nos debates doutrinários (MENDES, 1998, p. 453).

colocam como fundamentais para atestar a constitucionalidade de determinada providência administrativa ou política pública.

O STF no julgamento da PET nº 3.388, portanto, acabou por examinar problema sobre o qual tinha poucas e inconsistentes informações e se limitou a decidir com base em argumentação genérica.

O equívoco do Tribunal, portanto, perpassou e ignorou duas premissas essenciais do problema: (i) não realizou um exame independente de prognoses que informassem as bases da decisão administrativa de demarcação da terra indígena; e (ii) acabou por assumir a responsabilidade política e de gestão administrativa quando avalizou, sem examinar criticamente, a decisão do Poder Executivo acerca da criação da terra indígena contínua. Ao concordar implicitamente com os dados e conclusões do Poder Executivo, assumiu de modo infortuito a responsabilidade pela tragédia que ainda se verifica na região.

Daí seguiu-se outra prova do equívoco da postura do STF diante dessa questão: seus ministros assumiram como natural uma conduta absolutamente estranha à função judicante, qual seja, a presidência do processo de "desintrusão" da população não indígena da nova terra indígena que deveria ser, com todas as suas consequências, do Ministério da Justiça, que inicialmente propusera a demarcação contínua. Esse fato franqueou parte da imagem institucional do STF, debilitando no processo sua própria autoridade, pois se obrigou a tratar de temas menores, questiúnculas operacionais, providências executivas e de gestão administrativas, o que escapava abissalmente de suas verdadeiras responsabilidades constitucionais. É certo que parte do esforço foi dividida com o Tribunal Federal da 1ª Região, especialmente com o Desembargador Federal Jirair Meguerian e com os Juízes Federais Lincoln de Faria e Reginaldo Pereira, mas não como é possível entender que o Tribunal foi agente espectador de todo esse processo.

## 6. PROBLEMAS E CONSEQUÊNCIAS DA DECISÃO

### ONGs e desunião

Em realidade, a decisão pela demarcação contínua da terra mostrou-se um equívoco desde o início. Suas consequências podem ser verificadas tanto no plano da interpretação constitucional como – o que é bem mais grave – no da repercussão social e econômica na região.

De fato, quanto a esse segundo aspecto, é possível afirmar que a infeliz decisão do Tribunal de março de 2009 resultou em um verdadeiro desastre socioeconômico com a expulsão das famílias de não índios, dentre pequenos e médios produtores de arroz e pecuaristas, e que precipitou êxodo também

**242** DECISÕES CONTROVERSAS DO STF – *Direito Constitucional em casos*

de mestiços e de parcelas dos índios da área recém-demarcada; estes últimos em busca de educação, saúde e saneamento para suas famílias.

É importante destacar que os índios aculturados da região já haviam, em sua grande maioria, se incorporado à economia rural da região, retirando do trabalho nas lavouras e da venda de suas produções familiares o sustento de seus filhos e esposas. Nos levantamentos mais honestos divulgados após a "desintrusão", a opinião consensual é de que "quase nada melhorou. [...] Economicamente existe muito a ser melhorado, e apesar de existir um enorme potencial para produção agrícola, mas não há produção excedente, o que poderia ser uma boa fonte de renda para a sobrevivência das comunidades" (JESUS SILVA; BRAGA, 2011, p. 140), segundo a opinião de representantes dos índios Macuxis. Sua própria fala indica que pensar uma solução em termos do "bom selvagem" (FRANCO, 2004) que levasse à uma cisão radical da simbiose que se desenvolveu nos últimos anos entre índios, mestiços e brancos na região da Raposa Serra do Sol foi, sem dúvida, o maior problema dA demarcação, da forma como se deu, e a expulsão daqueles que formavam a base da economia local, em realidade, geraram o absoluto abandono dos índios remanescentes, situação que foi catalisada pela conhecida inoperância e incompetência dos órgãos públicos federais – especialmente a Funai – para administrar e proteger a vida das comunidades indígenas. Sob o argumento da autonomia dos índios nessas terras, o "governo" dos índios foi, em realidade, transferido para uma plêiade confusa e sem união de ONGs e por um grito seco dos silvícolas por mais políticas públicas, mais incentivos governamentais ao empreendedorismo, por mais educação, por mais saúde e por melhores condições de saneamento e infraestrutura, providências que, diante da omissão estatal, estavam sendo compensadas até 2009 pelo crescimento econômico da região com base na agricultura e pecuária.

Ao final, a infelicidade dessas pessoas, sejam índios, mestiços ou "brancos", foi ter sua situação de vida elegida por burocratas e ideólogos como um "caso paradigma de violação aos direitos dos índios" e tudo isso coroado por uma decisão infeliz do STF. De fato, são inúmeras ONGs que disputam na região a representação dos índios e que comumente divergem acerca das políticas, das providências e das prioridades das comunidades na região. O nível de desajuste entre elas é tamanho que parcela dessas organizações da sociedade civil foi contra a desocupação da população não indígena. Foram favoráveis à "desintrusão" o Conselho do Povo Indígena Ingaricó (Coping), a Associação dos Povos Indígenas do Estado de Roraima (Apirr), que se separou do Conselho Indígena do Território Federal de Roraima (Cinter) após divergências; a Organização das Mulheres Indígenas de Roraima (Omir); a Organização dos Professores Indígenas de Roraima (Opir); e o Conselho Indígena de Roraima (CIR). De outro lado, as ONGs que se colocaram contrárias à desintrusão e à demarcação contínua foram: a Sociedade de Defesa dos Índios Unidos de Roraima (Sodiurr); e a Aliança para Integração e Desenvolvimento das Comunidades Indígenas (Alidcir). Hoje, são essas ONGs que disputam a relevância na região, a governança dos índios e o melhor acesso às autoridades públicas federais e, assim fazendo, promovem a confusão e o desgoverno em prejuízo de todos.

### Desamparo aos índios

Essa situação de confusão e desesperança ignorada pelo Tribunal ficou evidenciada após dois anos de demarcação da TI Raposa Serra do Sol, quando se verificou o aparecimento de verdadeiras favelas – tais como Monte das Oliveiras, Santa Helena, São Germano, Nova Esperança e Brigadeiro – na periferia de Boa Vista.

Segundo reportagens da revista *Veja*, de 1º.06.2011 (COUTINHO, 2011) e da *Folha de S. Paulo*, de 20.04.2013 (DECAT, 2013), índios, especialmente da etnia Macuxi, haviam optado por abandonar a terra demarcada, denunciando a miséria do local e a falta de perspectivas. Reclamavam da falta de apoio na agricultura, da ausência de infraestrutura, da privação de educação e de saúde para suas famílias, tudo em nome da ridícula e romântica desculpa da necessidade de "preservar a tradição e cultura dos índios". Nem mais estradas e pontes a área interna da Raposa Serra do Sol poderia contar, uma vez que a manutenção dessas vias era feita exatamente por aqueles que haviam sido expulsos da região e pela necessidade anterior de escoamento da produção agrícola que se tinha. Na época, segundo apurado pela imprensa, anunciou-se que por volta de mil índios haviam feito o caminho da favelização em virtude do abandono da população local que representou a criação da TI Raposa Serra do Sol.

Verificou-se, portanto, uma evidente deterioração de parcela da população indígena que curiosamente havia sido utilizada, em março de 2009, como justificativa para a demarcação contínua da terra indígena. Essa degeneração, segundo relatos dos próprios índios à revista e ao jornal, passava pela falta de acesso a escolas, inexistência de sistema de saúde adequado ou de mercado de trabalho, com a consequente remoção desse grupo para favelas e aterros sanitários às margens da capital de Roraima.

### Desamparo aos não índios

O mesmo aconteceu com a população de "brancos" e mestiços que igualmente foi jogada à própria sorte e à pobreza. A desconsideração começou a partir do início do cumprimento da decisão, quando o Tribunal foi leniente com a postura da Funai e da União diante da população não indígena. A Funai, por exemplo, foi incapaz de oferecer meios materiais, de transporte e recursos humanos para auxiliar na retirada das famílias humildes de não índios da área demarcada (COUTINHO, 2011)[18]. Por outro lado, os órgãos da União também demonstraram despreparo em proteger a colheita das fazendas de arroz após a decisão do Tribunal, o que resultou em decisão do Ministro Relator Carlos Ayres Britto em autorizar, pelo período de dez dias, a entrada dos rizicultores, sob a fiscalização da Polícia Federal, para retirar a plantação antes da saída definitiva[19]. O próprio Tribunal foi insensível para reconhecer a posição jurídica de certos agricultores[20].

Um dos graves problemas advindos da desocupação da região foi relatado por um grupo de Deputados integrantes da Comissão da Amazônia, Integração Nacional e Desenvolvimento Regional da Câmara dos Deputados ao Ministro Ayres Britto relativo ao futuro das famílias mais humildes que deveriam sair de suas terras. Na oportunidade, o então Deputado Fernando Gabeira destacava a preocupação com o destino da população mais pobre de Surumum que, em tese, seria encaminhada para uma área urbana de Boa Vista sem ainda previsão de instalação de infraestrutura básica. Outras 42 famílias de pequenos agricultores instaladas na região também tinham destino incerto, pois não sabiam como proceder com suas cabeças de gado e que a área que em tese passariam a ocupar estaria distante 80 quilômetros sem estrada de ligação[21].

Entretanto, parcela do caos que se instalou na vida de quem foi desalojado está na forma como o STF preferiu construir seu argumento para a decisão. Ao sustentarem a criação da TI Raposa Serra do Sol com base no argumento da ocupação "originária" dos índios, os ministros do STF classificaram esse grupo de brasileiros, sujeitos de direitos, como "invasores", satisfazendo o desejo pequeno de determinados militantes sociais. O Tribunal então, de forma radical e impiedosa, sustentou a tese esdrúxula da invasão, fazendo questão de ignorar o fato de que vários deles detinham regulares títulos de propriedade de suas terras (alguns com mais de 100 anos na cadeia dominial).

---

[18] "Deputados pedem prazo maior para saída de famílias". *Consultor Jurídico*, 29.04.2009.

[19] "Arrozeiros têm 10 dias para terminar colheita". *Consultor Jurídico*, 04.05.2009.

[20] Veja, por exemplo, o caso do processo PET nº 3.744, referente ao pedido do agricultor Paulo Cesar Justo Quartiero de permanência temporária na terra até o pagamento da indenização.

[21] Disponível em: http://www.stf.jus.br/portal/cms/verNoticiaDetalhe.asp?idConteudo=107068&caixaBusca=N.

Embora tivesse havido um "esforço" equivocado para desenhá-los como grandes latifundiários, uma vez que somente assim a "causa indígena" ganharia o apelo social que se queria, é bem verdade que a maioria da população branca e mestiça era de pequenos agricultores e pecuaristas que, por serem "invasores", apenas foram indenizados nas edificações, em desproporcional reparação àquilo que suas famílias investiram na região durante anos e décadas. Suas indenizações variaram entre 50 mil reais e 230 mil reais, o que significou uma redução drástica de suas próprias condições de vida, embora sempre tivesse recebido a promessa de auxílio e indenização justa, inclusive do próprio STF[22]. A situação em si já é grosseiramente cruel, mas ganha contornos de irresponsabilidade institucional quando se ouve o depoimento daqueles que concretamente sofreram com a decisão do STF, pessoas que nesse momento deixam de ser meros números de estatística, casos como do pecuarista Wilson Alves Bezerram (69 anos), ouvido pela reportagem da revista *Veja* (COUTINHO, 2011), que detinha uma fazenda de 50 quilômetros quadrados, na qual eram criadas 1.300 cabeças de gado, e recebeu 72 mil reais de indenização; ou de Coema Magalhães Lima (64 anos); que tinha 200 cabeças de gado e 70 cavalos e, mesmo sendo descendente de índios, foi expulsa da área sob a pecha de invasora, tendo recebido 24 mil reais de reparação.

Das 340 famílias desalojadas pela decisão desastrosa do STF, apenas 130 seriam reassentadas pelo Instituto Nacional de Colonização e Reforma Agrária (Incra), e nenhuma delas receberia gleba superior a 5 quilômetros quadrados. A situação toda denunciou não só o equívoco monstruoso cometido pelos ministros do STF, mas também demonstrou que uma decisão como essa pode avalizar, sem apuração de responsabilidades, a incompetência das autoridades públicas federais responsáveis primeiras pela população do Estado. O assentamento Serra da Lua, por exemplo, próximo à área da Raposa Serra do Sol e para onde foram dirigidas algumas famílias desalojadas, em 2013 já sofria com a ameaça do Ministério do Meio Ambiente de sua transformação em reserva ambiental.

---

[22] Em 25.03.2009, o Ministro Relator, após reunião com o então Ministro da Justiça (Tarso Genro), o Diretor-Geral da Polícia Federal (Luiz Fernando Corrêa), o então Advogado-Geral da União (Dias Toffoli) e então Vice-Procurador Geral da República (Roberto Gurgel) e o então Presidente do TRF1 (Jirair Meguerian), anunciou que a retirada dos agricultores deveria ocorrer até 30 de abril e fez questão de assinalar que eventuais desempregados seriam assistidos pelo Governo. O quadro que se apresentou depois demonstra que essa promessa não se realizou.

Outro exemplo radical desse quadro de exageros construído pelo STF pode ser bem identificado por meio da AC nº 2.541, ação cautelar ajuizada pelo então Governador do Estado de Roraima que tentou evitar que a ocupação de índios no chamado "Assentamento Nova Amazônia", área de 3.200 hectares para onde foi encaminhada outra parcela dos agricultores desocupados da reserva Raposa Serra do Sol[23]. Também na esteira desse mesmo julgamento, outras comunidades indígenas se animaram a reclamar território no próprio Estado de Roraima, sem que a Funai ouvisse os agricultores instalados na região[24].

## 7. CONCLUSÃO

A decisão do STF acabou por funcionar como uma janela aberta para o despreparo das autoridades públicas em fazer valer uma decisão judicial muito pouco sustentada em preocupações práticas e concretas e mais interessada no contexto militante e panfletário do problema na região. Ademais, não há dúvida de que a posição adotada pelo STF desestabilizou e desequilibrou as partes envolvidas, gerando a impressão de que as comunidades indígenas da região teriam uma espécie de "superdireito" a subjugar a qualquer momento e em qualquer lugar os direitos das populações não indígenas e as prerrogativas institucionais do próprio Estado-membro[25]. A sanha demarcatória da Funai,

---

[23] A AC nº 2.541, de relatoria do Ministro Gilmar Mendes, e apensada posteriormente à ACO nº 1.522 (em 24.11.2011), teve uma liminar deferida em 29.01.2010, no sentido de vedar o acesso à região de novos grupos indígenas e determinar que a Funai e a União suspendam quaisquer atos no sentido de reconhecer a referida área como terra indígena. A ação cautelar, bem como a ação civil originária chegaram a ser suspensas sucessivamente por 90 dias (27.09.2013), por 90 dias (12.03.2014), 180 dias (27.06.2014) e mais 180 dias (23.09.2015) para a discussão de uma solução consensual no âmbito da Câmara de Conciliação e Arbitragem da Administração Federal (CCAF). O processo ainda não teve um desfecho.

[24] Veja, por exemplo, o MS nº 28.574, de relatoria do Ministro Gilmar Mendes, referente à demarcação da Terra Indígena Anaro, no município de Amajari, no Estado de Roraima.

[25] É importante destacar que, nesse caso, não se observou qualquer comportamento duvidoso do Estado de Roraima com relação ao problema colocado e especificamente quanto aos índios; quadro, portanto, diferente do famoso caso externado na ACO nº 362 acerca do Parque Nacional do Xingu. Talvez aqueles fatos tenham gerado uma injusta pré-compreensão sobre a posição hipossuficiente dos índios em temas como esses. Sobre o caso, ver Mendes (1988).

avalizada nesse processo pelo STF, comprometeu, só no Estado de Roraima, um total de 10.470.981 hectares para uma população indígena de 41.864 pessoas, o que representa 250,12 hectares por cada indígena. Isso tudo ao preço da destruição parcial de um setor da economia estadual e do aniquilamento dos produtores agrícolas da região (SILVA, 2011, p. 7).

A lamentável decisão do STF, ao se sustentar em mera retórica ideológica, ao preferir optar por uma narrativa da exploração indígena, ao se omitir a examinar cenários de convivência e de transição menos radicais e agressivos, deu uma demonstração eloquente dos problemas causados quando o juiz constitucional, em vez de se preocupar em solucionar uma questão prática delicada, prefere abrir mão desse desiderato para fazer proselitismo ideológico-judicial. Por mais que os membros do STF tenham seus próprios posicionamentos políticos e visões de mundo, há certos limites que não podem ser ultrapassados sob o risco da erupção de sistêmica desestabilização jurídica e social. Ao tratar de temas imbricados e complexos, o Tribunal precisa se recolher à sua dignidade histórica de poder invisível e abrir mão de uma função salvadora e revolucionária. Precisa se reconhecer em sua função pragmática, de contenção de tensão e construção de pontes para o futuro. Um antigo e histórico membro da Corte, de perfil austero e bastante zeloso com a institucionalidade da Casa, uma vez disse: "o STF precisa sempre ter cautela. Onze pessoas – e talvez ninguém mais – podem rapidamente acabar com a República. São os ministros do STF".

## REFERÊNCIAS

AGOSTINHO, Jaime; GONDIM, Hamilton; MAGALHÃES NETO, João Bezerra; SANTOS, Haroldo Eurico Amoras dos. Roraima e os desafios do desenvolvimento sustentável. *P&C Amazônia*, Manaus, ano VI, n. 14, p. 103-105, jun. 2008.

ARRUDA, Roldão. RR prevê forte abalo na economia. *O Estadão*, 13 dez. 2008.

BRASIL. Supremo Tribunal Federal. PET nº 3.3888, relator Ministro Carlos Ayres Britto, julgamento em 19.03.2009, *DJe* 25.09.2009, republicação *DJe* 1º.07.2010.

COUTINHO, Leonardo. Uma reserva de miséria. *Veja*, São Paulo, ano 44, n. 26, p. 134-137, jun. 2011.

CUNHA, Manuela Carneiro da; BARBOSA, Samuel Rodrigues. *Direitos dos povos indígenas em disputa*. São Paulo: Editora Unesp, 2018.

DECAT, Erich. Índios abandonam área e vivem situação precária em Roraima. *Folha de S.Paulo*, São Paulo, 20 abr. 2013.

ESKRIDGE, William N.; LEVINSON, Sanford (Ed.) *Constitutional Stupidities, Constitutional Tragedies*. New York and London: New York University Press, 1998.

FERRAZ, Rudy. O princípio da segurança jurídica e a linguagem empregada no artigo 231 da Constituição da República. 2018. Inédito.

FERREIRA, Elaine Freitas Fernandes. O positivismo jurisprudencial brasileiro: a judicialização da terra indígena raposa serra do sol. *Teoria constitucional*. Florianópolis: Conpedi, 2015.

FRANCO, Afonso Arinos de Melo. *O índio brasileiro e a revolução francesa*: as origens brasileiras da teoria da bondade natural. 3. ed. Rio de Janeiro: TopBooks, 2004.

GOMES, Luiz Flávio. STF – Ativismo sem precedentes? *O Estado de S.Paulo*, 30 maio 2009, Espaço Aberto, p. A2.

IBGE – Instituto Brasileiro de Geografia e Estatística. *Censo Agropecuário*, 2006.

_____. *Censo Demográfico*, 2010.

_____. *Contas Regionais do Brasil 2011*. Rio de Janeiro, 2013. Disponível em: http://biblioteca.ibge.gov.br/.

JESUS SILVA, Luis Cláudio de; BRAGA, Yarraha da Costa. Terra Indígena Raposa Serra do Sol: as estratégias das ONGs indígenas no setentrião brasileiro. *Revista de Administração de Roraima* – RARR, v. 1, n. 1, p. 121-144, 2011.

MEDEIROS, Rui. *A decisão de inconstitucionalidade*: os autores, o conteúdo e os efeitos da decisão de inconstitucionalidade. Lisboa: Universidade Católica Editora, 1999.

MENDES, Gilmar Ferreira. *O domínio da União sobre as terras indígenas*: o Parque Nacional do Xingu. Brasília: Ministério Público Federal, 1988.

_____. Controle de constitucionalidade: hermenêutica constitucional e revisão de fatos e prognoses legislativos pelo órgão judicial. *Direitos fundamentais e controle de constitucionalidade*. Estudos de direito constitucional. São Paulo: Instituto Brasileiro de Direito Constitucional – IBDC, 1998. p. 453.

MINHOTO, Antonio Celso Baeta. O ativismo judicial em face do tenso e frágil equilíbrio entre inclusão social e livre-iniciativa: o papel do Poder Judiciário na construção de políticas públicas e sua intervenção no domínio econômico. *Constituição, Economia e Desenvolvimento: Revista da Academia Brasileira de Direito Constitucional*, Curitiba, v. 6, n. 10, p. 167-184, jan.-jun. 2014.

SANTILLI, Paulo. *Pemongon Patá*: território Macuxi, rotas de conflito. São Paulo: Unesp, 2001.

SEPLAN (Secretaria de Planejamento e Desenvolvimento do Estado de Roraima)/ CGEES (Coordenadoria Geral de Estudos Econômicos e Sociais), 2011.

_____; Centro de Geotecnologia, Cartografia e Planejamento Territorial de Roraima. Anuário de 2012. 1.

SILVA, Vilmar Antônio da. A questão da demarcação das Terras Indígenas Raposa Serra do Sol e o desenvolvimento socioeconômico de Roraima. *Revista Eletrônica de Ciências Sociais, História e Relações Internacionais*, v. 4, n. 1, p. 1-10, 2011.

SOUZA NETO, Cláudio Pereira; SOUSA FILHO, Ademar Borges. Raposa Serra do
Sol expõe limites às sentenças aditivas, 2018. Disponível em: https://www.conjur.
com.br/2013-mar-07/raposa-serra-sol-expoe-limites-producao-sentencas-
aditivas. Acesso em: 20 maio 2018.

YAMADA, Erica Magami; VILLARES, Luiz Fernando. Julgamento da Terra Indígena
Raposa Serra do Sol: todo dia era dia de índio. *Revista Direito GV*, São Paulo,
v. 6, n. 1, p. 143-158, jan.-jun. 2010.

---

## Questões para discussão

1. Qual deve ser a postura julgadora do STF em casos que envolvam a interpretação do princípio da igualdade e do direito de minorias de maneira a
evitar a demonização de um dos lados e a vitimização do outro?

2. O STF desenvolve atividade legítima quando, para além do julgamento
do caso, tenta impor uma narrativa de fatos históricos e de identificação
de grupos para sustentar sua posição? Agindo assim, o Tribunal acirra ou
abranda ânimos?

3. Em vários julgamentos, não se tem mais no Tribunal um problema de falta de dados e estatísticas, mas, sim, um excesso deles. O que deve fazer
o STF para garantir que as informações, prognoses e dados com os quais
trabalha sejam consistentes, imparciais e os melhores do ponto de vista
histórico e científico? Que tipo de metodologia garante a eficácia e funcionalidade da decisão em casos de minorias?

4. É possível à jurisdição constitucional exarar sentenças aditivas? Quais os
limites da atuação legiferante do STF sob a perspectiva do princípio da
separação dos Poderes?

5. Em casos cujos efeitos da decisão sejam desastrosos, é possível imaginar
um formato de responsabilização institucional do STF? Como deve se desenvolver a sua posterior jurisprudência de forma que as consequências
daquele precedente sejam mais bem apuradas, seus danos minorados e
seus efeitos positivos aprimorados?

# CASO 16 – MI-QO 107

## MANDADO DE INJUNÇÃO E UMA CRÔNICA SOBRE OS DILEMAS DA JURISDIÇÃO CONSTITUCIONAL

**FÁBIO LIMA QUINTAS**

Doutor em Direito do Estado pela USP. Mestre em Direito do Estado pela UnB. Professor no curso de graduação em Direito e no mestrado acadêmico em Direito Constitucional da Escola de Direito de Brasília (EDB) do Instituto Brasiliense de Direito Público (IDP).

**Sumário:** 1. Introdução – 2. O mandado de injunção em seu alvorecer: a sua autoaplicabilidade e o desafio de superar a visão do STF como legislador negativo – 3. O mandado de injunção e o despertar da jurisdição constitucional: o suprimento das omissões legislativas inconstitucionais – 4. Repensando os limites da jurisdição constitucional por meio do mandado de injunção – Referências.

## 1.    INTRODUÇÃO

Nos 30 anos da promulgação da Constituição de 1988, ainda constitui fonte de dúvidas e inquietações de processualistas e constitucionalistas o mandado de injunção, instituto criado pelo nosso Constituinte, sem congênere no direito comparado e positivado no inciso LXXI do art. 5º do texto constitucional, com a seguinte redação:

> LXXI – conceder-se-á mandado de injunção sempre que a falta de norma regulamentadora torne inviável o exercício dos direitos e liberdades constitucionais e das prerrogativas inerentes à nacionalidade, à soberania e à cidadania.

Nesses 30 anos de vida, o instituto teve uma história atribulada e, para muitos, com descontinuidades: desde o julgamento do MI-QO 107, pelo STF, em 1989, visto por muitos como desastroso, passando pelo festejado julgamento dos Mandados de Injunção 670, 708 e 712, em 2007, até a promulgação da Lei 13.300, de 23.06.2016, que se propôs a trazer uma ampla regulamentação legal do instituto, lei essa resultante do denominado II Pacto Republicano (II Pacto Republicano de Estado por um Sistema de Justiça mais acessível, ágil e efetivo), firmado em 2009, e originado de proposição encaminhada pelos Ministros Teori Zavascki, do Superior Tribunal de Justiça (STJ), e Gilmar Mendes, do Supremo Tribunal Federal (STF).

Visto em retrospectiva, o desenvolvimento do mandado de injunção nesses 30 anos serve bem ao propósito de refletir sobre os caminhos e descaminhos da jurisdição constitucional praticada no Brasil nesse período.

## 2. O MANDADO DE INJUNÇÃO EM SEU ALVORECER: A SUA AUTOAPLICABILIDADE E O DESAFIO DE SUPERAR A VISÃO DO STF COMO LEGISLADOR NEGATIVO

No distante ano de 1989, nos autos do MI-QO 107, o STF enfrentou a questão da mais alta relevância acerca da autoaplicabilidade ou não do art. 5º, LXXI, da Constituição Federal, que instituiu essa nova modalidade de ação no nosso ordenamento jurídico.

O STF, nesse julgamento paradigmático, ao tempo em que reconheceu a autoaplicabilidade do mandado de injunção, cuidou de enfatizar a natureza e a dimensão de eficácia do provimento em sede de mandado de injunção, ao assentar que essa espécie de ação "visa a obter do Poder Judiciário a declaração de inconstitucionalidade dessa omissão se estiver caracterizada a mora em regulamentar por parte do poder, órgão, entidade ou autoridade de que ela dependa, com a finalidade de que se lhe de ciência dessa declaração, para que adote as providências necessárias" (trecho da ementa, *DJ* 21.09.1990).

A questão da autoaplicabilidade do mandado de injunção tornou--se, pois, a partir desse julgamento, uma página virada da nossa história constitucional. Isso não significa, contudo, que estivessem superadas questões importantíssimas acerca do papel das instituições, notadamente do Legislativo e do Judiciário, na sempre delicada tensão entre o princípio da separação de poderes e a garantia da efetividade da jurisdição.

Com efeito, do teor do julgamento do MI-QO 107 vislumbram-se, acerca dessa discussão, duas posições bastante marcadas. De um lado, o parecer da Procuradoria-Geral da República, subscrito pelo então Subprocurador-Geral Inocêncio Mártires Coelho, que antevia no mandado de injunção um futuro promissor, de assegurar ao jurisdicionado a outorga do direito subjetivo que não podia ser exercido em razão da desídia do poder regulamentador na normatização de um direito fundamental, nos termos do inciso LXXI do art. 5º. Um instituto de tão vigoroso alcance trazia o risco de desestabilizar o sempre delicado equilíbrio entre os três Poderes. Por isso, em vista das aptidões do instituto, o parecer do Ministério Público entendeu que seu manejo demandaria prévia regulamentação, a ser feita seguindo o processo legislativo, no qual o Legislativo e o Executivo seriam chamados a dar sua contribuição na conformação do instituto. Daí por que, concluiu o parecer, o inciso LXXI do art. 5º carecia de autoaplicabilidade.

De outro lado, identificou-se nesse julgamento o entendimento, que prevaleceu, do relator, Ministro Moreira Alves, que não vislumbrava uma perspectiva tão auspiciosa para o mandado de injunção. Essa ação constitucional, pela conformação da Constituição de 1988 e pelo princípio da separação de Poderes, não poderia ser instrumento de intervenção do Judiciário no processo decisório de outro Poder. Para esse futuro mais modesto – que limita a eficácia do provimento do mandado de injunção à declaração da mora do poder regulamentador e ao apelo de que essa omissão seja suprida –, essa ação constitucional poderia andar, desde logo, com as próprias pernas, sem necessidade de regulamentação.

Observa-se, como enfatizado, que o pano de fundo da discussão se situava na compreensão sobre o princípio da separação de Poderes e na percepção da legitimidade do Judiciário para substituir-se, por exemplo, ao legislador eleito pelo voto direto, com o objetivo de oferecer a tutela jurisdicional. Essas preocupações eram comuns ao STF e à Procuradoria-Geral da República, sobretudo no contexto da recente redemocratização do País e do significado da Constituição de 1988 nesse processo.

Resolveu-se esse dilema, como antecipado, com o entendimento de que o mandado de injunção serviria apenas para fazer um apelo ao legislador, em caso de omissão legislativa inconstitucional. Esse foi o resultado do julgamento do MI-QO 107, que frustrou grande parcela da comunidade jurídica nacional, que via no mandado de injunção a possibilidade de superar a letargia legislativa com a atuação da Suprema Corte, que teria, nessa visão, competência para outorgar o direito não conferido pelo legislador.

## 3. O MANDADO DE INJUNÇÃO E O DESPERTAR DA JURISDIÇÃO CONSTITUCIONAL: O SUPRIMENTO DAS OMISSÕES LEGISLATIVAS INCONSTITUCIONAIS

Não se quer dizer que o desenvolvimento da jurisdição constitucional no Brasil teve como epicentro o mandado de injunção. Longe disso, é certo que importantes decisões proferidas no âmbito da tutela das omissões inconstitucionais ocorreram a partir de outros institutos processuais, na esfera da ação direta de inconstitucionalidade, da arguição de descumprimento de preceito fundamental e do recurso extraordinário.

O que se quer defender, no entanto, é que o desenvolvimento histórico do mandado de injunção oferece um ponto de vista privilegiado acerca da evolução da jurisdição constitucional na tutela das omissões inconstitucionais[1].

No histórico julgamento da MI-QO 107, o STF não deu perspectiva muito promissora ao instituto, apesar de ter concluído pela autoaplicabilidade do *writ*, sem necessidade de interferência legislativa.

Deveras, não viu o STF, naquele momento, no mandado de injunção, provimento jurisdicional que pudesse constituir o cidadão na situação jurídica decorrente do suprimento da inércia legislativa (dar o seguro-desemprego para o cidadão que aguardava a regulamentação do dispositivo constitucional, por exemplo). Entendeu que o mandado de injunção se voltava contra o órgão que deve proferir a norma jurídica concretizadora do direito fundamental. Concluiu, então, que a eficácia do mandado de injunção é mandamental, de todo semelhante ao mandado de segurança, porém consistente apenas num apelo ao legislador. Em síntese, o STF, no MI-QO 107, todavia, diluiu essa mandamentalidade em declaratividade, pois desproveu seu comando de qualquer força injuntiva.

A leitura que a Corte fez da conformação possível da interferência de um Poder em outro não permitia que o Judiciário se imiscuísse no processo da formação de vontade ínsito a outro Poder (nesse sentido, é comum ouvir o dogma de que o Supremo apenas pode agir como legislador negativo). Daí limitar o provimento a declarar a demora na regulamentação do direito ou prerrogativa e ordenar (sem impor pena) o suprimento da mora.

---

[1] Para uma completa análise do assunto, remete-se o leitor ao livro de nossa autoria: *Mandado de injunção no Supremo Tribunal Federal*. São Paulo: Saraiva, 2016. p. 214-223.

Essa orientação – considerada regra geral – sofreu um primeiro abalo no julgamento dos Mandados de Injunção 283 e 284, pelo STF, em março de 1991.

Tratava-se de mandados de injunção que visavam à regulamentação do direito previsto no art. 8º, § 3º, do ADCT, que previa reparação pecuniária àqueles perseguidos por meio de certas portarias do Ministério da Aeronáutica, em 1964.

Tendo em vista a renitência do Congresso Nacional em não editar a norma no prazo constitucionalmente assinalado de doze meses a partir da promulgação da Carta, o Supremo Tribunal Federal admitiu que, após a declaração da lacuna normativa, e não havendo purgação da mora, caberia indenização por perdas e danos.

Não é possível, contudo, retirar desse caso a conclusão de que o Supremo alterou a natureza do provimento do mandado de injunção de mandamental para condenatória. Em verdade, o deferimento da reparação pecuniária, a ser liquidada posteriormente, foi estabelecida como consequência do descumprimento da ordem judicial. No caso, portanto, a natureza mandamental do *writ* foi reforçada, dado que a eficácia da ordem foi potencializada, com a conversão da obrigação de fazer infungível em perdas e danos (logo que impossível, na visão da Corte, compelir outro Poder a emitir a norma).

O segundo caso paradigmático, na evolução jurisprudencial do instituto, ocorreu no final de 1991, no julgamento do MI 232, quando se discutia o alcance do § 7º do art. 195 da Constituição (que trata de isenção das contribuições previdenciárias para entidades beneficentes de assistência social).

Nesse caso, o STF verberou o entendimento de que, se não houvesse regulamentação, a norma seria considerada, a partir de então, com eficácia contida. Note-se que, aqui, houve tutela judicial que garantiu o melhor resultado prático que adviria do cumprimento da ordem (e não conversão da obrigação de fazer em perdas e danos). Por outro lado, essa tutela decorreu de mera técnica interpretativa do § 7º do art. 195 da Constituição: o STF transformou uma norma constitucional de eficácia limitada em norma constitucional de eficácia contida.

Em agosto de 2007, o STF concedeu a ordem requerida em mandado de injunção para garantir o direito à aposentadoria especial a servidor da Fundação Oswaldo Cruz por exercer trabalho em ambiente insalubre, ante a omissão inconstitucional do legislador em regular o disposto no art. 40, § 4º, da Constituição (MI 721).

Alguns meses depois, de forma mais audaciosa, ampliando os efeitos de sua decisão para além das partes do processo, o STF concluiu a apreciação de três mandados de injunção (MI 670, MI 702, MI 712), decidindo, por maioria, conceder a segurança a fim de suprir a omissão legislativa na regulação de direito constitucionalmente assegurado (direito de greve do servidor público), determinando, para esse fim, a aplicação da Lei 7.783/1989, que trata do exercício do direito de greve dos empregados celetistas.

Em junho de 2011, o STF, por considerar injustificada a demora na regulamentação do aviso prévio (art. 7º, XXI, da Constituição), cogitou ele próprio fixar regras para que o aviso prévio seja proporcional ao tempo de serviço prestado por um trabalhador (MI 943, MI 1.010, MI 1.074 e MI 1.090). Antes de concluído o julgamento, no entanto, o Congresso Nacional apressou-se a editar a Lei 12.506, de 11.10.2011. Em vista disso, o STF acabou por reconhecer aos impetrantes o direito de ver seu aviso prévio regido pelas regras da novel legislação.

Com o advento da Lei 13.300/2016, os contornos dados ao mandado de injunção pelas mãos do STF foram amplamente legitimados pelo Poder Legislativo, estabelecendo-se regramento que, em certa medida, até mesmo amplia os poderes do STF no tratamento das omissões legislativas inconstitucionais.

No que se refere ao cabimento, a Lei 13.300/2016, indo além do que admitia o STF, permite a impetração do mandado de injunção não apenas para impugnar omissões inconstitucionais totais, mas também para lidar com as omissões parciais e relativas, "quando forem insuficientes as normas editadas pelo órgão legislador competente" (art. 2º, *caput* e parágrafo único).

Quanto ao procedimento, mimetiza-se o rito do mandado de segurança, em linha com o que já era praticado na jurisprudência do STF, a partir do disposto no art. 24, parágrafo único, da Lei 8.038/1990: (i) o autor do mandado de injunção é denominado impetrante (art. 3º); (ii) o polo passivo deve ser ocupado pela pessoa jurídica ao qual estão vinculados o órgão ou autoridade responsáveis pela edição do ato normativo (art. 4º); (iii) os quais ocupam a posição de impetrados (art. 5º) e devem prestar informações ao Tribunal (fazendo as vezes de autoridade coatora, no modelo do mandado de segurança); (iv) há intervenção obrigatória do Ministério Público (art. 7º).

No que concerne à natureza do provimento judicial em mandado de injunção e aos requisitos para sua concessão, a nova Lei tem o mérito de oferecer alguma sistematização, conquanto o faça de forma minimalista: (i) a concessão do *writ* demanda não apenas omissão inconstitucional, mas também o reconhecimento de mora legislativa (art. 8º); (ii) o provimento volta-se, em princípio, para determinar que o impetrado promova a edição da norma regulamentadora, investindo o Tribunal do poder de estabelecer as condições necessárias para o exercício dos direitos cuja fruição foi obstada pela omissão legislativa inconstitucional, caso a mora não seja purgada (art. 8º).

Quanto à extensão dos efeitos do provimento judicial, a Lei estabelece que, em princípio, "a decisão terá eficácia subjetiva limitada às partes" e eficácia temporal "até o advento da norma regulamentadora" (art. 9º). Os efeitos subjetivos poderão ser ampliados pelo Tribunal para alcançar toda a coletividade (eficácia *ultra partes* ou *erga omnes*), "quando isso for inerente ou indispensável ao exercício do direito, da liberdade ou da prerrogativa objeto da impetração" (§ 1º do art. 9º). Se o Tribunal não confere efeitos *erga omnes* à sua decisão, a Lei 13.300/2016 admite que os relatores decidam monocraticamente casos análogos (§ 2º do art. 9º).

No tocante aos efeitos temporais, o advento da norma regulamentadora "produz efeitos *ex nunc* em relação aos beneficiados por decisão transitada em julgado", permitindo-se que a nova legislação tenha efeitos retroativos, "se a norma editada lhes for mais favorável" (art. 11).

Pode-se afirmar, de todo esse desenvolvimento jurisprudencial e legal a respeito do mandado de injunção, que ele bem retrata o protagonismo que o STF assumiu na arquitetura constitucional brasileira, a partir do exercício da jurisdição constitucional, inclusive na situação-limite das omissões legislativas reputadas inconstitucionais.

Essa evolução também traz à consideração que o exercício da jurisdição constitucional, em situações de omissão legislativa inconstitucional, deve ser visto com prudência e parcimônia: a atuação do STF não demanda apenas a configuração de omissão legislativa, mas de verdadeira mora legislativa (ou seja, a conclusão de que a omissão legislativa é qualificada como demora injustificada). Além disso, para o suprimento da omissão, o Supremo pode valer-se de várias técnicas: desde o apelo ao legislador até o suprimento da omissão, por meio de regra que deverá ser observada por todo o Poder Judiciário.

## 4.  REPENSANDO OS LIMITES DA JURISDIÇÃO CONSTITUCIONAL POR MEIO DO MANDADO DE INJUNÇÃO

Luís Roberto Barroso, em provocativo artigo publicado em 1998 (antes, portanto, da "virada" que o instituto sofreu), sugeria que o mandado de injunção teria se tornado uma complexidade desnecessária no nosso ordenamento jurídico, "na premissa de que a efetividade das normas constitucionais definidoras de direitos subjetivos pode e deve prescindir do mandado de injunção como instrumento de sua realização". Na visão do constitucionalista, "mais simples, célere e prática afigura-se a atribuição, ao juiz natural do caso, da competência para a integração da ordem jurídica, quando necessária para a efetivação de um direito subjetivo constitucional submetido à sua apreciação". E, de forma irreverente, chega a sugerir proposta de emenda constitucional para extinguir o mandado de injunção[2]. Essa, certamente, é uma forma de ver a situação, na perspectiva de que a concretização da Constituição, mesmo em situações de omissão legislativa, é mais bem realizada por meio do Judiciário no exercício da função jurisdicional ordinária.

Não é esse, contudo, o nosso entendimento. Na nossa leitura, o mandado de injunção pode ser veículo de oportuna reflexão sobre os limites da jurisdição constitucional.

Deferência ao legislador, autocontenção do Judiciário, respeito a uma sociedade pluralista e complexa, que entende que a criação do direito é um ato político e não encontra nos Tribunais, em geral, e no STF, em específico, o melhor *loci* de sua realização são lições constitucionalmente relevantes que podem ser tiradas a partir da reflexão a respeito dos limites da jurisdição constitucional e do mandado de injunção.

Deve-se partir da premissa de que, para ser factível e efetivo, o controle das omissões legislativas inconstitucionais a cargo do STF precisa ser exercido com prudência e manter diálogo próximo não só com o legislador, mas também com a jurisdição ordinária. Para tanto, cabe ao STF valer-se dos métodos decisórios à disposição da jurisdição constitucional, "que permitem, ao mesmo tempo, colocar o legislador diante de suas responsabilidades e valorizar o papel dos juízes ordinários na difusão dos valores constitucionais"[3].

Enfim, talvez tenha chegado o tempo de fazer a revisitação histórica do julgamento do MI-QO 107, reconhecendo o valor da postura do STF que se investiu da difícil atribuição de colocar o legislador em mora constitucional, instando-lhe a supri-la, na premissa de que, no Estado Constitucional, todos os Poderes e toda a sociedade deve perseguir a concretização da Constituição.

## REFERÊNCIAS

BARROSO, Luís Roberto. Mandado de injunção – o que foi sem nunca ter sido. *RePro*, v. 89, jan.-mar. 1998.

---

[2] BARROSO, Luís Roberto. Mandado de injunção – o que foi sem nunca ter sido. *RePro*, v. 89, p. 57, jan.-mar. 1998); In: CLÈVE, Clèmerson Merlin; BARROSO, Luís Roberto. *Doutrinas essenciais*: direito constitucional (defesa da Constituição). São Paulo: RT, 2011. p. 693-694.

[3] FAVOREU, Louis. *As cortes constitucionais*. Tradução Dunia Marinho Silva. São Paulo: Landy, 2004. p. 87.

_____. Mandado de injunção – o que foi sem nunca ter sido. In: BARROSO, Luís Roberto; CLÈVE, Clèmerson Merlin. *Doutrinas essenciais*: direito constitucional (defesa da Constituição). São Paulo: RT, 2011.

BRASIL. Supremo Tribunal Federal, Tribunal Pleno, MI 232, Rel. Min. Moreira Alves, j. 02.08.1991, *DJ* 27.03.1992.

_____. Supremo Tribunal Federal, Tribunal Pleno, MI 283, Rel. Min. Sepúlveda Pertence, j. 20.03.1991, *DJ* 14.11.1991.

_____. Supremo Tribunal Federal, Tribunal Pleno, MI 284, Rel. Min. Marco Aurélio, j. 22.11.1991, *DJ* 26.06.1992.

_____. Supremo Tribunal Federal, Tribunal Pleno, MI 107 QO, Rel. Min. Moreira Alves, j. 23.11.1989, *DJ* 21.09.1990.

_____. Supremo Tribunal Federal, Tribunal Pleno, MI 168, Rel. Min. Sepúlveda Pertence, j. 21.03.1990, *DJ* 20.04.1990.

_____. Supremo Tribunal Federal, Tribunal Pleno, MI 670, Rel. p/ acórdão Min. Gilmar Mendes, j. 25.10.2007, *DJe* 30.10.2008.

_____. Supremo Tribunal Federal, Tribunal Pleno, MI 708, Rel. Min. Gilmar Mendes, j. 25.10.2007, *DJe* 31.10.2008.

_____. Supremo Tribunal Federal, Tribunal Pleno, MI 712, Rel. Min. Eros Grau, j. 25.10.2007, *DJ* 30.10.2008.

_____. Supremo Tribunal Federal, Tribunal Pleno, MI 721, Rel. Min. Marco Aurélio, j. 30.08.2007, *DJ* 30.11.2007.

_____. Supremo Tribunal Federal, Tribunal Pleno, MI 758, Rel. Min. Marco Aurélio, j. 1º.07.2008, *DJ* 26.09.2008.

FAVOREU, Louis. *As cortes constitucionais*. Trad. Dunia Marinho Silva. São Paulo: Landy, 2004.

QUINTAS, Fábio Lima. *Mandado de injunção no Supremo Tribunal Federal*. São Paulo: Saraiva, 2016.

_____. STF julga se há omissão inconstitucional na criminalização da homofobia. *Conjur*, 9 fev. 2019. Disponível em: https://www.conjur.com.br/2019-fev-09/observatorio-constitucional-stf-julga-congresso-omisso-criminalizacao-homofobia.

## Questões para discussão

1. Considerando o contexto normativo de 1989, se lhe fosse dado a decidir a respeito da autoaplicabilidade do mandado de injunção, qual seria seu entendimento? Por quê?

2. O que significa mora legislativa? Sua configuração é sempre necessária para a caracterização da omissão legislativa inconstitucional?

3. Foi proposto perante o STF mandado de injunção alegando que haveria omissão inconstitucional consistente na falta de criminalização da homofobia e transfobia (MI 4733)[4]. Em seu entendimento, cabe mandado de injunção para postular a criminalização da homofobia? Superado o óbice do cabimento, a falta de tipo penal específico para o tema traduz situação de omissão legislativa inconstitucional?

4. Ao reconhecer a omissão legislativa inconstitucional, o STF pode limitar seu pronunciamento a dar ciência dessa situação ao Poder Legislativo? Em que situações o STF deve utilizar-se da técnica do apelo ao legislador no julgamento de mandados de injunção?

5. Deve ser admitida a concessão de liminar em mandado de injunção? Qual o entendimento do STF? Posicione-se a respeito do tema.

---

[4] Para contextualização do julgamento, vide o seguinte texto: QUINTAS, Fábio Lima. STF julga se há omissão inconstitucional na criminalização da homofobia. *Conjur*, 9 fev. 2019. Disponível em: https://www.conjur.com.br/2019-fev-09/observatorio-constitucional-stf-julga-congresso-omisso-criminalizacao-homofobia.

# Caso 17 – ADIs 4.357/DF e 4.425/DF

## O CASO DOS PRECATÓRIOS – AS CONSEQUÊNCIAS DAS DECISÕES QUE NÃO SE ATENTAM AO EXAME DOS FATOS E DAS PROGNOSES LEGISLATIVAS

### Rodrigo de Bittencourt Mudrovitsch

Advogado. Doutor em Direito Constitucional pela Universidade de São Paulo (USP), com o tema Democracia e Governo Representativo no Brasil. Mestre em Direito Constitucional pela Universidade de Brasília (UnB), com o tema Desentrincheiramento da Jurisdição Constitucional (São Paulo: Saraiva, 2014). Graduado em Direito pela UnB. Professor do IDP e da EDB. Ex-professor voluntário da UnB na área de Direito Público. Coordenador adjunto da pós-graduação em Direito Constitucional do IDP. Ex-coordenador dos Grupos de Pesquisa sobre Jurisdição Constitucional e Direitos Fundamentais da UnB e Reconstrução Histórica da Assembleia Nacional Constituinte de 1987-1988 do IDP. Membro do Conselho Científico da Série IDP/Saraiva e do Observatório da Jurisdição Constitucional.

### Matheus Pimenta de Freitas

Advogado. Graduado em Direito pela Universidade de Brasília (UnB) em 2017. Professor de Direito Constitucional. Coordenador do Grupo de Estudos e Pesquisa em Direito Eleitoral da UnB. Membro da Comissão de Direito Eleitoral da OAB/DF. Contribuiu na elaboração da 13ª edição (ano de 2018) e da 14ª edição (ano de 2019) da obra *Curso de direito constitucional*, de autoria de Gilmar Ferreira Mendes e Paulo Gonet Branco (São Paulo: Saraiva, 2018 e 2019). Desenvolve pesquisas e possui artigos publicados sobretudo na área de Direito Público.

**Sumário:** 1. Introdução – 2. A Emenda Constitucional n. 62/2009, o julgamento das ADIs pelo STF e os resultados da decisão – 3. A não verificação dos fatos e das prognoses legislativas no julgamento das ADIs e o diálogo institucional estabelecido após a decisão do STF: 3.1 Evolução da hermenêutica constitucional – A importância da análise de fatos e prognoses no modelo moderno de controle abstrato de constitucionalidade; 3.2 A ausência de análise de fatos e prognoses no julgamento das ADIs n. 4.357/DF e n. 4.425/DF; 3.3 O diálogo institucional estabelecido a partir da Emenda Constitucional n. 94/2016 – A clara resposta do Legislativo à decisão do STF – 4. Conclusão – Referências.

## 1. INTRODUÇÃO

A quitação dos débitos contraídos pelos órgãos e entidades da Administração Pública, reconhecidos a partir de sentenças judiciais transitadas em julgado, é realizada por meio de precatórios, que se trata de requisições de pagamento remetidas pelo Poder Judiciário à União, aos estados, ao Distrito Federal, aos municípios, bem como às autarquias e fundações públicas. Após o recebimento dessas requisições, os entes endividados devem fazer que seus respectivos orçamentos subsequentes contemplem dotação suficiente para a devida liquidação de seus débitos judiciais.

O regime estabelecido pelo art. 100 da Constituição Federal estabelece ainda que os pagamentos devem ser realizados observada ordem cronológica de apresentação dos precatórios, vedada a designação de casos ou de pessoas nas dotações orçamentárias e nos créditos adicionais abertos para esse fim.

Contudo, é notório o fato de que, desde a promulgação da Carta, a Fazenda tem encontrado severas dificuldades no que diz respeito ao pagamento de seus débitos judiciais. Em todos os níveis da Administração Pública, os precatórios pendentes acumulam-se e alcançam valores exorbitantes. Segundo levantamento recente realizado pelo Conselho Nacional de Justiça, a União, os estados e os municípios brasileiros, já no ano de 2014, acumulavam dívida de R$ 97,3 bilhões em precatórios, os quais foram emitidos pelo Poder Judiciário federal, estadual e trabalhista.[1]

Diante desse cenário de perceptível dificuldade no pagamento dos precatórios pelo Poder Público, foi promulgada a Emenda Constitucional n. 62/2009, que, ao prever um modelo mais temperado para o pagamento dos débitos judiciais do Estado, teve por objetivo central solucionar a problemática do inadimplemento da Administração Pública naquele âmbito.

Todavia, questionada perante o Supremo Tribunal Federal (STF) por meio das ADIs n. 4.357/DF e n. 4.425/DF, a referida emenda acabou por ser declarada inconstitucional pela Corte em um dos julgamentos mais controvertidos de sua história recente.

O presente capítulo tem como finalidade a análise crítica da mencionada decisão e dos dramáticos efeitos que se ergueram como reflexo daquele julgamento.

---

[1] Informação publicada institucionalmente pelo Conselho Nacional de Justiça. Disponível em: http://www.cnj.jus.br/noticias/cnj/77269-o-que-sao-os-precatorios. Acesso em: 23 maio 2018.

## 2. A EMENDA CONSTITUCIONAL N. 62/2009, O JULGAMENTO DAS ADIS PELO STF E OS RESULTADOS DA DECISÃO

A Emenda Constitucional n. 62 foi instituída no ano de 2009, em meio a cenário conturbado no que diz respeito ao regime de pagamentos dos precatórios pelas Fazendas Públicas Federal, Estaduais, Distrital e Municipais.

À época da propositura da emenda, os estados e municípios acumulavam elevado número de precatórios ainda a serem pagos. Estimava-se o total de 61 bilhões de reais pendentes de pagamento, a preços de junho de 2004, dos quais, aproximadamente, 45 bilhões referiam-se a débitos judiciais estaduais. Concomitantemente a esse fato, a saúde financeira dos estados e municípios era calamitosa, com grande parte da receita corrente líquida comprometida, restando apenas a ínfima parcela de cerca de 15% desse saldo a ser destinada a demais gastos.[2]

Em meio a esse cenário desacertado, no ano de 2006, o Senado Federal apresentou a Proposta de Emenda à Constituição n. 12/2006, com o objetivo de instituir regime especial de pagamento de precatórios, que viabilizasse a liquidação – ainda que de forma gradual – das dívidas judiciais do Poder Público.

O relatório da Comissão de Constituição, Justiça e Cidadania do Senado Federal denota de forma categórica o espírito elementar que se projetava por trás da PEC n. 12/2006, *verbis*:

> Seria desejável que os orçamentos dos estados e municípios permitissem o pagamento imediato das dívidas de precatórios. A realidade, entretanto, é bem diferente. A situação de muitos estados e municípios em relação ao endividamento de precatórios é bastante delicada. No Estado do Espírito Santo, por exemplo, o saldo de precatórios em atraso alcançou em 2007 a marca de R$ 7 bilhões, o que representa mais que o valor de toda receita anual do estado. Em outros entes a situação é semelhante. No município de São Paulo o saldo atual de precatórios é de R$ 11,2 bilhões, montante equivalente a 40% da receita anual do município.

---

[2] Exposição de Motivos da Emenda Constitucional n. 62/2009, publicada no *Diário do Senado Federal*, 8 mar. 2006, p. 7055. Disponível em: http://www2. camara.leg.br/legin/fed/emecon/2009/emendaconstitucional-62-9-dezembro- -2009-596950-exposicaodemotivos-149253-pl.html. Acesso em: 23 maio 2018.

[...]

Ao mesmo tempo em que possuem dívidas de precatórios que representam parcela significativa de suas receitas, os entes federados não dispõem de grande margem para assunção de novos compromissos em virtude da grande vinculação de seus orçamentos. Considerando apenas os gastos com pagamento de pessoal, juros da dívida fundada, educação e saúde, que por motivos de ordem legal ou operacional não podem ser reduzidos, grande parte dos estados e municípios compromete mais de 85% de suas despesas, chegando a atingir 95% em alguns casos.[3]

Nota-se, inequivocamente, que a propositura da PEC tinha o objetivo claro de encontrar alguma forma de viabilizar a quitação dos débitos judiciais pela Fazenda Pública. Promulgada em 2009, a emenda constitucional que derivou daquela PEC recebeu a numeração 62/2009.

A Emenda Constitucional n. 62/2009 alterou o art. 100 da Constituição Federal para determinar a obrigatoriedade do abatimento, a título de compensação, do valor correspondente aos débitos líquidos e certos, inscritos ou não em dívida ativa e constituídos contra o credor original pela Fazenda Pública devedora, no momento da expedição dos precatórios (CF, art. 100, § 9º).

Passou-se a permitir, ademais, que os credores utilizassem os créditos em precatórios na compra de imóveis públicos da Fazenda devedora, bem como a cessão de precatórios a terceiros, sem que houvesse a necessidade de anuência do ente federado, exigida apenas a comunicação prévia (CF, art. 100, §§ 11, 13 e 14).

Também se possibilitou, a partir da emenda constitucional, que lei complementar estabelecesse regime especial para pagamento de créditos de precatórios pelos estados, Distrito Federal e municípios, dispondo sobre vinculações à receita corrente líquida, forma e prazo de liquidação dos débitos (CF, art. 100, § 15). Além disso, permitiu-se à União a assunção de débitos, oriundos de precatórios, de estados, Distrito Federal e municípios (CF, art. 100, § 16).

Por fim, a emenda acrescentava ao Ato das Disposições Constitucionais Transitórias da Constituição Federal o art. 97. O dispositivo determinava que, até a edição da lei complementar de que tratava o § 15 do art. 100, os Estados, o Distrito Federal e os Municípios que, na data de publicação da emenda,

---

[3] Relatório Legislativo da CCJ do Senado Federal, 1º abr. 2009, p. 2-3. Disponível em: https://www12.senado.leg.br/hpsenado. Acesso em: 23 maio 2018.

**Parte 4 · CASO 17 – ADIS 4.357/DF E 4.425/DF** 265

estivessem em mora na quitação de precatórios vencidos poderiam realizar os pagamentos de forma parcelada, pelo prazo de até quinze anos, sendo devido, para tanto, realizar depósitos mensais, em conta especial criada para aquele fim, em valor correspondente a 1/12 do valor calculado percentualmente sobre as respectivas receitas correntes líquidas de cada ente federativo.

Em face da criação desses novos institutos no regime de precatórios, o Conselho Federal da Ordem dos Advogados do Brasil (CFOAB), a Associação dos Magistrados Brasileiros (AMB), a Associação Nacional dos Membros do Ministério Público (Conamp), a Associação Nacional dos Servidores do Poder Judiciário (ANSJ), a Confederação Nacional dos Servidores Públicos (CNSP) e a Associação Nacional dos Procuradores do Trabalho (ANPT) submeteram ao exame do STF, por meio das ADIs n. 4.357/DF e n. 4.425/DF, controvérsia acerca da constitucionalidade dessa emenda constitucional.

Alegava-se, principalmente, que o fracionamento do pagamento dos créditos possibilitado pela emenda supostamente violaria os princípios da dignidade humana, da razoabilidade e da proporcionalidade. Defendiam os autores, nesse âmbito, que a possibilidade de o Poder Público dilatar por quinze anos a completa execução das sentenças judiciais transitadas em julgado ofenderia as garantias do livre e eficaz acesso ao Poder Judiciário e da razoável duração do processo, além de afrontar a autoridade das decisões judiciais já insuscetíveis de recurso, bem como os princípios do Estado de Direito, da igualdade e da proporcionalidade.

Além disso, suscitou-se violação ao direito de liberdade e de propriedade em razão da perda da disposição dos bens e do patrimônio dos credores, uma vez que estes seriam obrigados a compensar o crédito com débitos, inscritos ou não em dívida ativa, constituídos na Fazenda Pública devedora.

Ademais, foi alegado que a compensação dos débitos contraídos pelo cedente após a cessão do crédito para o cessionário infringiria os princípios da segurança jurídica e do devido processo legal, uma vez que o texto da emenda se referia à compensação de débitos do credor original do precatório. Assim, segundo os autores, caso houvesse a cessão do crédito inscrito em precatório, a compensação acabaria por se operar com débito de terceiro, o que impossibilitaria ao cessionário a previsibilidade do risco acerca da redução de seu direito, na hipótese de o cedente vir a incorrer em débitos após a cessão.

Em sessão plenária de março de 2013, o STF julgou parcialmente procedentes as ADIs para reconhecer a inconstitucionalidade do regime especial de pagamento dos precatórios instituído pela Emenda Constitucional n. 62/2009, sem adotar, naquele momento, qualquer modulação de efeitos para a decisão. Assim, determinou a Corte que o regime de pagamento de precatórios retornasse ao *status quo ante*, o qual dispunha que a União, os estados e os municípios deveriam quitar todas as suas dívidas judiciais no prazo máximo de apenas um ano.

Ocorre que grande parte dos entes federados brasileiros encontrava-se em situações de severa adversidade financeira e orçamentária, o que tornou absolutamente inviável o cumprimento da decisão tomada pelo STF. Com efeito, em razão desse impasse, os chefes do Poder Executivo de diversos estados e municípios paralisaram por completo os pagamentos de precatórios, que, sob o regime especial de pagamento instituído pela Emenda Constitucional n. 62/2009, vinham sendo realizados, em última análise, de maneira exitosa.

Portanto, com o objetivo de que o pagamento dos precatórios fosse realizado de forma mais rápida e favorável aos contribuintes, o julgamento das ADIs n. 4.357/DF e n. 4.425/DF acabou por gerar cenário ainda mais desvantajoso aos cidadãos, uma vez que fez que os pagamentos dos precatórios, que vinham sendo feitos pelo Poder Público – ainda que gradualmente –, passassem a não mais sê-lo.

Em ato de reação à inusitada situação, os autores retornaram ao STF e formularam pedido liminar perante a Corte, requerendo que o Poder Público continuasse a realizar o pagamento dos precatórios na forma estabelecida pela Emenda Constitucional n. 62/2009 – que acabara de ser declarada inconstitucional, por iniciativa deles próprios – até que houvesse a modulação dos efeitos da decisão anterior pelo Plenário do STF.

Em seguida, o Ministro Luiz Fux, redator para o acórdão de julgamento das ações diretas, julgou procedente o pedido liminar autoral, de modo a devolver vigência ao regime especial de pagamento de precatórios, previsto na Emenda Constitucional n. 62/2009.

Posteriormente, em 2015, o STF concluiu o julgamento da modulação dos efeitos da decisão, determinando que se mantivesse o regime especial de precatórios instituído pela Emenda Constitucional n. 62/2009 por mais cinco exercícios financeiros, a contar de 1º de janeiro de 2016.

Em face da decisão a respeito da modulação dos efeitos da decisão, o CNSP, a ANSJ e o CFOAB opuseram embargos de declaração, que foram julgados prejudicados em virtude da superveniência da Emenda Constitucional n. 94/2016.

Com efeito, a supracitada emenda fora promulgada pelo Congresso Nacional – em clara resposta à decisão que julgara inconstitucional a Emenda Constitucional n. 62/2009 – para que se alterasse, novamente, a sistemática de quitação dos débitos judiciais pela Fazenda Pública, com a instituição de novo regime especial de pagamento de precatórios, intentando-se facilitar, mais uma vez, a liquidação das dívidas públicas reconhecidas judicialmente.

Exibido o pano de fundo que havia por trás do julgamento das ADIs n. 4.357/DF e n. 4.425/DF, ao se examinar a decisão proferida pelo STF, naquele caso, é possível notar os efeitos perversos que podem ser gerados por decisões que, em sede de controle abstrato de constitucionalidade, deixam de analisar as condições fáticas vigentes e de fazer estudo de prognoses para o futuro.

Com esses pontos em vista, buscar-se-á, no tópico seguinte, estudar criticamente a decisão proferida pelo STF no julgamento das ações diretas ora em questão.

## 3. A NÃO VERIFICAÇÃO DOS FATOS E DAS PROGNOSES LEGISLATIVAS NO JULGAMENTO DAS ADIS E O DIÁLOGO INSTITUCIONAL ESTABELECIDO APÓS A DECISÃO DO STF

### 3.1 Evolução da hermenêutica constitucional – A importância da análise de fatos e prognoses no modelo moderno de controle abstrato de constitucionalidade

Em primeiro lugar, antes de adentrar, propriamente, no exame crítico da decisão proferida pelo STF no julgamento das ADIs n. 4.357/DF e n. 4.425/DF, mostra-se oportuno traçar panorama, ainda que superficial, da evolução da aplicação da hermenêutica nos processos de controle abstrato de constitucionalidade perante as Supremas Cortes.

Originalmente, quando se exercia o controle abstrato de constitucionalidade de determinado ato normativo, aplicava-se, em regra, a hermenêutica constitucional clássica. Naquele modelo, a norma impugnada era contraposta somente às regras e aos princípios constitucionais – de forma rudimentar, sem qualquer observância de outros elementos que fossem alheios a esse exame – e, caso se entendesse que a norma questionada contrariava a Constituição, encerrava-se a sua vigência.

No entanto, com o evoluir do estudo da Jurisdição Constitucional, notou-se que aquela análise metodológica clássica acabava por gerar redução ou limitação do controle de constitucionalidade, uma vez que levava o STF a negar apreciações de questões problemáticas e relevantes, do ponto de vista constitucional, que demandassem, por exemplo, alguma dilação probatória.[4]

---

[4]   MENDES, Gilmar Ferreira. Controle de constitucionalidade: hermenêutica constitucional e revisão de fatos e prognoses legislativos pelo órgão judicial. *Revista de Direito Constitucional e Internacional*, v. 8, n. 31, abr.- jun. 2000.

A partir daí, passou-se a se considerar que o exame da constitucionalidade de determinado ato normativo não deveria se limitar tão somente ao contraponto frio entre as normas jurídicas questionadas e as normas constitucionais, mas deveria, por outro lado, levar em conta a realidade fática sobre a qual o legislador produzira o ato normativo impugnado, bem como a intenção ou o interesse do legislador com a edição da medida.

A referida dogmática surgiu no controle de constitucionalidade realizado pelo Tribunal Constitucional alemão (*Bundesverfassungsgericht*), que passou a considerar a comunicação entre norma e fato (*Kommunikation zwischen Norm und Sachverhalt*) elemento essencial da própria interpretação constitucional.[5]

Assim, as Cortes Constitucionais teriam competência para, além de assegurar o império da Constituição sobre as demais normas, avaliar se a realidade fática constatada pelo Poder Legislativo e os prognósticos então feitos na edição das normas estariam de acordo com a sistemática constitucional.

Nesse sentido, ensina Gilmar Ferreira Mendes:

> Restou demonstrado, então, que até mesmo no chamado controle abstrato de normas não se procede a um simples contraste entre disposição do direito ordinário e os princípios constitucionais. Ao revés, também aqui fica evidente que se aprecia a relação entre a lei e o problema que se lhe apresenta em face do parâmetro constitucional.
>
> Em outros termos, a aferição dos chamados fatos legislativos constitui parte essencial do chamado controle de constitucionalidade, de modo que a verificação desses fatos relaciona-se íntima e indissociavelmente com a própria competência do Tribunal.[6]

Com efeito, a hermenêutica constitucional moderna permite ao Tribunal Constitucional, por exemplo, declarar a inconstitucionalidade da medida questionada, caso se constate que a verificação dos fatos realizada

---

[5] MENDES, Gilmar Ferreira. Controle de constitucionalidade: hermenêutica constitucional e revisão de fatos e prognoses legislativos pelo órgão judicial. *Revista de Direito Constitucional e Internacional*, v. 8, n. 31, p. 90-108, abr.- jun. 2000.

[6] MENDES, Gilmar Ferreira; BRANCO, Paulo Gustavo Gonet. *Curso de direito constitucional*. 12. ed. São Paulo: Saraiva, 2018. p. 1188.

pelo legislador se realizara de maneira incorreta em determinada decisão de caráter restritivo.[7]

Por esse motivo, o Tribunal Constitucional alemão, certa feita, discutiu a constitucionalidade de uma lei do Estado da Baviera que condicionava a abertura de novas farmácias à autorização pelo Poder Público.[8]

No caso, foi defendido, por uma das partes processuais, que a Corte seria incompetente para analisar a adequação de determinada medida legislativa, haja vista que, em tese, o Tribunal não possuiria "condições de verificar a existência de outro meio igualmente eficaz e, ainda que isto fosse possível, de confirmar se esse exame seria realizável por parte do legislador".[9]

No entanto, a Corte reconheceu-se competente para o exame da matéria, em virtude do dever a ela atribuído de assegurar o pleno exercício dos direitos individuais em face do exercício legislativo, e, após análise minuciosa sobre a realidade social e econômica das farmácias na Alemanha, declarou a inconstitucionalidade da lei por violação ao direito à liberdade de exercício de profissão, garantido na Lei Fundamental.[10]

Como se depreende da hipótese, o controle de constitucionalidade debruçara-se sobre a razão da criação da lei e os fatos que circundavam a edição da norma, e, a partir disso, pôde-se perceber a ausência de razoabilidade da medida então questionada, ponto substancial para a declaração de inconstitucionalidade, naquele caso.

Tal qual ocorre no Direito alemão, a Jurisdição Constitucional brasileira também habitua dar importância aos elementos fáticos que circundam as normas objeto de impugnação.

Com efeito, tanto a Lei n. 9.868/1999 quanto a Lei n. 9.882/1999 – as quais dispõem sobre o processamento e julgamento das ações de controle concentrado de constitucionalidade no Brasil – permitem o exame fático da norma questionada, por meio, por exemplo, da realização de audiências públicas e da designação de perícias.

---

[7]    OSSENBÜHL Fritz. Kontrolle von Tatsachenfeststellungen und Prognosenentscheidungen durch das Bundesverfassungsgericht. In: STARCK, Christian (Org.). *Bundesverfassungsgericht und Grundgesetz*, v. I, p. 487, 1976.

[8]    Apotheken-Urteil, BVerfGE 7, 377 (415 s.).

[9]    MENDES, Gilmar Ferreira; BRANCO, Paulo Gustavo Gonet. *Curso de direito constitucional*. 12. ed. São Paulo: Saraiva, 2018. p. 1190.

[10]   MENDES, Gilmar Ferreira; BRANCO, Paulo Gustavo Gonet. *Curso de direito constitucional*. 12. ed. São Paulo: Saraiva, 2018. p 964.

270 | DECISÕES CONTROVERSAS DO STF – *Direito Constitucional em casos*

Por certo, o STF já se defrontou com diversos casos[11] nos quais o controle de constitucionalidade recaiu sobre a análise da realidade fática tangente à legislação questionada.

A título exemplificativo, pode-se mencionar a emblemática decisão proferida pelo STF, em que se julgou inconstitucional lei paranaense que estabelecia a pesagem obrigatória do botijão de gás liquefeito e a demonstração do peso ao consumidor.[12]

Naquele caso, o Ministro Sepúlveda Pertence, relator da ADI, apercebeu--se de que os custos decorrentes do procedimento de pesagem – introduzido a partir da lei questionada – seriam incorporados ao valor final do produto, de maneira a aumentar o preço e a prejudicar o consumidor, por conseguinte. Essas conclusões foram alcançadas mediante o relatório do Instituto Nacional de Metrologia, Normatização e Qualidade Industrial e mostraram-se fundamentais para que se reconhecesse a inconstitucionalidade daquela norma.

Como se nota, a análise dos fatos e das prognoses legislativas vem assumindo papel de relevo no controle de constitucionalidade dos atos normativos perante o STF e, indubitavelmente, constituem elemento essencial para a prolação de decisões responsáveis e ponderadas nesse âmbito.

## 3.2 A ausência de análise de fatos e prognoses no julgamento das ADIs n. 4.357/DF e n. 4.425/DF

Muito embora o STF tenha adotado a hermenêutica moderna na maior parte de seus julgados recentes, não foi isso o que ocorreu no julgamento das ADIs n. 4.357/DF e n. 4.425/DF.

Naquela oportunidade, ao declarar a inconstitucionalidade do regime especial de pagamento dos precatórios previsto na Emenda Constitucional n. 62/2009, o STF desconsiderou o estudo dos fatos e das prognoses, feito pelos parlamentares, que tangenciou sobremaneira a promulgação da referida emenda constitucional.

É notório, a todos, que a dificuldade de pagamento dos débitos judiciais sempre foi um problema da Administração Pública brasileira. É comum que

---

[11]  A título de exemplificação, mencionam-se: ADI n. 101/DF, Rel. Min. Cármen Lúcia, Tribunal Pleno, *DJe* 1º.06.2012; e ADIs n. 3.406/RJ e 3.470/RJ, Rel. Min. Rosa Weber, Tribunal Pleno, *DJe* 25.11.2016.

[12]  ADI-MC n. 855/PR, Rel. Min. Sepúlveda Pertence, Tribunal Pleno, *DJe* 1º.10.1993.

créditos já reconhecidos em decisão judicial transitada em julgado demorem dezenas de anos para serem satisfeitos pelo Poder Público.

Com efeito, editada no ano de 2009, a Emenda Constitucional n. 62/2009 nasceu em meio a cenário de alto índice de inadimplemento e de atraso, por parte da Fazenda, com relação ao pagamento dos precatórios. A própria exposição de motivos da emenda constitucional, com efeito, expunha preocupação justamente no que diz respeito a esse ponto, *verbis*:

> A questão de precatórios assumiu relevância no cenário nacional a partir do enorme volume de precatórios não pagos por parte dos Estados e Municípios. O total pendente de pagamento a preços de junho de 2004 é de 61 bilhões, dos quais 73% se referem a débitos dos Estados.
>
> Paralelamente a esta situação, Estados e Municípios apresentam uma situação financeira difícil. Os Estados apresentam uma média de comprometimento da receita corrente líquida de 85% (pessoal, saúde, educação e pagamentos de dívidas), ou seja, do total de recursos dos estados restam apenas 15% para outros gastos e investimentos.[13]

Como se nota, o fim precípuo visado pelo Congresso Nacional, ao instituir o regime especial de pagamento de precatórios, a partir da Emenda Constitucional n. 62/2009, foi justamente viabilizar o pagamento dos débitos judiciais pelo Poder Público, ainda que de forma mais temperada. Veja-se, a esse respeito, o seguinte trecho da exposição de motivos da emenda:

> Esta proposta de emenda à Constituição é apresentada como sugestão para viabilizar o debate na busca de uma solução para a questão de precatórios. Esta proposição busca contribuir para uma solução definitiva para a questão, equacionando os débitos existentes e ao mesmo tempo assegurando o pagamento dos novos precatórios.[14]

---

[13] Exposição de Motivos da Emenda Constitucional n. 62/2009, publicada no *Diário do Senado Federal*, de 8 mar. 2006, p. 7055. Disponível em: http://www2. camara.leg.br/legin/fed/emecon/2009/emendaconstitucional-62-9-dezembro-2009-596950-exposicaodemotivos-149253-pl.html. Acesso em: 23 maio 2018.

[14] Exposição de Motivos da Emenda Constitucional n. 62/2009, publicada no *Diário do Senado Federal*, de 8 mar. 2006, p. 7055. Disponível em: http://www2. camara.leg.br/legin/fed/emecon/2009/emendaconstitucional-62-9-dezembro-2009-596950-exposicaodemotivos-149253-pl.html. Acesso em: 23 maio 2018.

É evidente, portanto, que a edição da Emenda Constitucional n. 62/2009 buscava solucionar a mora histórica do Poder Público no que diz respeito ao pagamento dos precatórios.

No entanto, todas essas questões foram ignoradas pelo STF no julgamento das ADIs n. 4.357/DF e n. 4.425/DF. Naquela ocasião, o STF aplicou a hermenêutica puramente clássica ao controle abstrato de constitucionalidade, de maneira a tão somente confrontar, chapada e friamente, os dispositivos da Emenda Constitucional n. 62/2009, então questionada, em face das normas da Constituição Federal. Portanto, a interpretação constitucional promovida pelo STF limitou-se à pretensa incompatibilidade da norma impugnada com relação à Carta e se absteve da análise aprofundada dos motivos pelos quais a norma constitucional derivada havia sido promulgada e das circunstâncias fáticas vivenciadas pelo Brasil no momento da sua promulgação.

De fato, a Emenda Constitucional n. 62/2009 modificara substancialmente o sistema de liquidação dos débitos judiciais por parte do Poder Público. No entanto, as alterações foram concebidas pelo constituinte derivado levando-se em consideração a dificuldade de a Fazenda Pública quitar seus débitos judiciais por meio das regras anteriores, intentando-se desembaraçar o adimplemento das dívidas judiciais contraídas pela Administração a partir de uma sistemática mais temperada, que não inviabilizasse o pagamento dos precatórios.

Ao desconsiderar todo esse cenário, a declaração de inconstitucionalidade parcial da Emenda Constitucional n. 62/2009, com o retorno às regras anteriores de pagamento dos precatórios, acabou por gerar a imediata paralisação da destinação orçamentária dos estados para o pagamento dos precatórios. Isso porque, ao assim decidir, o STF prejudicou diretamente a organização orçamentária dos estados e municípios brasileiros, impossibilitando-se o pagamento dos precatórios naqueles moldes.

Diante daquele quadro, o então governador do Rio Grande do Sul, Tarso Genro, afirmou que a decisão do STF poderia levar à formação de grave crise institucional entre os Poderes da República e ressaltou a dificuldade financeira presente nos estados em adimplir os próprios débitos constituídos com a União, o que impediria, com maior razão, o pagamento dos precatórios nos termos da decisão do STF. Nesse sentido, confira-se trecho de seu discurso sobre a problemática:

> Quando o poder Judiciário determinar a requisição de valores (para pagamento de precatórios), o caixa dos estados e dos municípios vai ter que respeitar a parte da receita que é vinculada constitucionalmente à educação, à saúde, ao pagamento de servidores? O STF, que pode tudo, poderia determinar que se retire o valor desses

precatórios da parte da receita líquida (de estados e municípios) que vai para o pagamento da dívida com a União. Se fizer isso, pode ser ao mesmo uma solução para a questão dos precatórios e uma solução para a questão da dívida pública. Mas o Supremo fará isso?[15]

No mesmo sentido manifestaram-se diversos prefeitos, ressaltando que os dispositivos da emenda constitucional haviam sido produzidos a partir de negociações entre o Congresso Nacional e os chefes dos Executivos estaduais e municipais, com a finalidade de encontrar solução adequada àquele imbróglio.

Com efeito, a ausência de análise das questões fáticas pela Corte Constitucional gerou decisão superficial, a qual não se preocupou em avaliar eventuais consequências e efeitos negativos potencialmente originados dela. Na prática, notou-se que era impossível que os entes federativos realizassem os pagamentos dos precatórios nos moldes estabelecidos pelo STF, o que inviabilizou completamente o pagamento dos precatórios judiciais.

Portanto, o julgamento dos precatórios apresenta-se como exemplo manifesto das possíveis consequências negativas de uma decisão judicial, em controle abstrato de constitucionalidade, que não se atenta para o exame dos fatos e das prognoses legislativas que circundam a promulgação do ato normativo impugnado.

## 3.3 O diálogo institucional estabelecido a partir da Emenda Constitucional n. 94/2016 – A clara resposta do Legislativo à decisão do STF

Por fim, outro aspecto que merece ser destacado corresponde ao fato de o Congresso Nacional haver editado, no ano de 2016, a Emenda Constitucional n. 94, em clara resposta à decisão tomada pelo STF nas ADIs n. 4.357/DF e n. 4.425/DF.

Com efeito, a supracitada emenda fora promulgada pelo Congresso Nacional para que se alterasse, novamente, a sistemática de quitação dos débitos judiciais pela Fazenda Pública, com a instituição de novo regime especial de pagamento de precatórios, objetivando-se, mais uma vez, facilitar a liquidação das dívidas públicas reconhecidas judicialmente.

---

[15] Trecho do discurso proferido pelo Governador Tarso Genro perante a Federação das Associações Comerciais do Rio Grande do Sul. Disponível em: https://oglobo. globo.com/brasil/tarso-desafia-stf-pagar-precatorios-com-recursos-destinados- -divida-publica-7896808#ixzz5FORexxHc. Acesso em: 23 maio 2018.

Essa resposta do Poder Legislativo à decisão do Poder Judiciário representa hipótese explícita de diálogo institucional. Acerca do tema, assim ensina Paulo Gustavo Gonet Branco:

> A expressão "diálogo institucional" se refere a essa possibilidade de a legislatura responder à decisão de inconstitucionalidade, quer com a reformulação do diploma invalidado, quer com a manifestação de preponderância da norma legislada sobre o juízo de inconstitucionalidade havido.[16]

Na maioria dos casos, o Legislativo responde a decisão judicial mediante a promulgação de emenda constitucional, como forma de dar a última interpretação sobre a questão problemática.[17] Assim, as decisões produzidas pelo STF são capazes de influenciar positiva ou negativamente a atuação do Poder Legislativo, na medida em que novas normas podem ser promulgadas no mesmo sentido da decisão da Corte, ou em sentido oposto.[18]

Molda-se à hipótese de diálogo institucional, a título de exemplificação, a recente promulgação da Emenda Constitucional n. 96/2017, que voltou a permitir a prática da vaquejada no País, após o STF[19] ter declarado a inconstitucionalidade de lei cearense, proibindo-se a prática daquela manifestação cultural.

Da mesma forma, a promulgação da Emenda Constitucional n. 94/2016 denota outro exemplo marcante de diálogo institucional, uma vez que, diante da severa repercussão econômica gerada a partir da decisão tomada pelo STF no julgamento das ADIs n. 4.357/DF e n. 4.425/DF, promulgou-se a nova emenda constitucional para tornar viável o pagamento dos débitos judiciais pelo Poder Público.

---

[16]  BRANCO, Paulo Gustavo Gonet. Experiências no controle de constitucionalidade: o diálogo institucional canadense e a Constituição brasileira de 1937, p. 319.

[17]  VICTOR, Sérgio Antônio Ferreira. *Diálogo institucional e controle de constitucionalidade*: debate entre o STF e o Congresso Nacional. São Paulo: Saraiva, 2015. p. 221.

[18]  VICTOR, Sérgio Antônio Ferreira. *Diálogo institucional e controle de constitucionalidade*: debate entre o STF e o Congresso Nacional. São Paulo: Saraiva, 2015. p. 221.

[19]  ADI n. 4.983/CE, Rel. Min. Marco Aurélio, Tribunal Pleno, *DJe* 17.10.2016.

## 4. CONCLUSÃO

O presente capítulo buscou demonstrar a importância de se considerarem os fatos e as prognoses legislativas no controle abstrato de constitucionalidade, a fim de impedir que decisões proferidas pelo STF prejudiquem a Administração Pública e, ao fim, o próprio cidadão.

Foi examinado, para tanto, o julgamento das ADIs n. 4.357/DF e n. 4.425/DF pelo STF, no qual a Corte declarou a inconstitucionalidade do regime especial de pagamento dos precatórios previsto na Emenda Constitucional n. 62/2009 sem considerar o contexto fático sobre o qual o constituinte derivado editara a norma e tampouco os prognósticos feitos pelo Congresso Nacional à época da promulgação da emenda. Nesse sentido, o resultado da decisão atingiu negativamente a Administração Pública, na medida em que alterou a sistemática de pagamento dos débitos judiciais, onerando economicamente toda a gestão pública nos entes federados do País. A consequência inevitável foi a paralisação do pagamento dos precatórios em diversos estados e municípios brasileiros, em manifesto prejuízo aos próprios cidadãos.

A lição que resta do estudo do caso versado no presente capítulo caminha no sentido de que a análise dos fatos e das prognoses legislativas deve sempre ser considerada pelas Cortes Constitucionais ao realizarem o controle abstrato de constitucionalidade de determinado ato normativo. Somente a partir dela que se fará possível haver decisões contextualizadas e responsáveis, evitando-se, assim, consequências negativas para a sociedade.

## REFERÊNCIAS

BRANCO, Paulo Gustavo Gonet. Experiências no controle de constitucionalidade: o diálogo institucional canadense e a constituição brasileira de 1937. *Direito Público*. Porto Alegre, v. 7, n. 31 jan./fev. 2010.

MENDES, Gilmar Ferreira. Controle de constitucionalidade: hermenêutica constitucional e revisão de fatos e prognoses legislativos pelo órgão judicial. *Revista de Direito Constitucional e Internacional*, v. 8, n. 31, p. 90-108, abr.- jun. 2000.

_____; BRANCO, Paulo Gustavo Gonet. *Curso de direito constitucional*. 12. ed. São Paulo: Saraiva, 2018.

OSSENBÜHL Fritz. Kontrolle von Tatsachenfeststellungen und Prognosenentscheidungen durch das Bundesverfassungsgericht. In: STARCK, Christian (Org.). *Bundesverfassungsgericht und Grundgesetz*, v. I, p. 487, 1976.

VICTOR, Sérgio Antônio Ferreira. *Diálogo institucional e controle de constitucionalidade*: debate entre o STF e o Congresso Nacional. São Paulo: Saraiva, 2015.

## Questões para discussão

1. Ao se considerar o cenário fático que envolve o pagamento dos precatórios no Brasil, o que buscava o Senado Federal ao apresentar a PEC n. 12/2006, a qual culminou na promulgação da Emenda Constitucional n. 62/2009?

2. Quais foram os supostos vícios de inconstitucionalidade da Emenda Constitucional n. 62/2009 alegados pelo Conselho Federal da OAB nas ADIs n. 4.357/DF e n. 4.425/DF?

3. Que problemas podem decorrer de decisões proferidas em sede de controle concentrado de constitucionalidade que se limitam à realização do contraponto frio entre o ato normativo impugnado e a Constituição?

4. O que são fatos e prognoses legislativas e por que é importante que o STF os considere ao proferir decisões em sede de controle concentrado de constitucionalidade?

5. Em que consiste o diálogo institucional e como o Congresso Nacional pode, por meio dele, reparar as más consequências das decisões do STF que não consideram os fatos e as prognoses legislativas ao declarar inconstitucional um ato normativo?

Pré-impressão, impressão e acabamento

grafica@editorasantuario.com.br
www.graficasantuario.com.br
Aparecida-SP